Walter Riedler

# Schwäbische Sagen

# Schwäbische Sagen

Vom Odenwald bis zum Bodensee,
vom Schwarzwald bis zum Lech

Herausgegeben von Leander Petzoldt

Bechtermünz Verlag

Genehmigte Lizenzausgabe für
Weltbild Verlag GmbH, Augsburg 1998

Einbandgestaltung: Zembsch' Werkstatt, München
Gesamtherstellung: Wiener Verlag, Himberg bei Wien
Printed in Austria
ISBN 3-86047-205-4

# Inhalt

# Einleitung

»Die Schwaben sind nicht geboren, sondern gesät«, sagt ein alter Spruch, und der berühmte Volksprediger Geiler von Kaysersberg läßt im 15. Jahrhundert auf die Frage »Warum säst du nicht zarte Schwaben?« die ironische Antwort geben »das Erdreich trägt sie nicht«.

Solcherart sind die Schwaben schon früh zur Zielscheibe des Spottes geworden, doch werden Charakterisierungen dieser Art mit subtiler Boshaftigkeit in allen Landstrichen weitergegeben: Schildbürger gibt es nicht nur in Schilda, und die Einfalt ist überall zu Hause. Zweifellos hat zur Verbreitung dieser Charakteristik auch der Humor der Schwaben, ihr Hang zur Selbstverspottung beigetragen, der sich in zahlreichen Ortsneckereien niederschlägt und der seine gültige Form in dem schwäbischen ›Nationalepos‹ von den »Sieben Schwaben« gefunden hat, die vor einem Hasen Reißaus nehmen.

Hier muß freilich etwas zur Ehrenrettung der Schwaben gesagt werden, denn es steht keineswegs fest, daß es sich in diesem Fall um Schwaben handelte. In einem Schwankbuch des 16. Jahrhunderts von Martin Montanus wird das Abenteuer mit dem Hasen von neun Bayern erzählt, und an anderer Stelle wird Ähnliches von den benachbarten Schweizern berichtet. Und wenn es schließlich doch ursprünglich Schwaben gewesen sein sollten, da die Geschichte schon in Johannes Agricolas Sprichwörtersammlung erscheint, so muß doch bei Kenntnis des schwäbischen Volkscharakters, der sich vor allem durch einen gesunden Pragmatismus und eine weise Vorsicht auszeichnet, angenommen werden, daß es wohl letztere Eigenschaft war, die unsere Schwaben von dem Angriff auf den Hasen Abstand nehmen ließ – und ist nicht Vorsicht der bessere Teil der Tapferkeit?

Recht betrachtet vermag die Sagen- bzw. Erzählüberlieferung einer Landschaft durchaus Einblicke in die Mentalität ihrer Bewohner zu vermitteln, wenn auch nicht in der Art, daß sich eine umfassende ›Stammescharakteristik‹ daraus ableiten ließe. Denn es sind meistens nur Schlaglichter, die in einzelnen Erzählungen episodenhaft aufleuchten, und nur selten läßt sich eine Eigenschaft so deutlich aus dem Erzählgut ablesen wie das liebenswerte schwäbische Bemühen, die Dinge zu verkleinern, zu harmonisieren und damit in den Griff zu bekommen.

Schon der riesengroße Seehas' wird von den Sieben Schwaben verkleinernd als ›Ragenöhrle‹ angesprochen, was soviel bedeutet wie ›Steiföhrlein‹ (erst in späteren Bearbeitungen ist die Aufforderung an den Hasen »Ragenöhrle, anher gang« in die Aufforderung an den Vordermann »Ragine(r)li, gang du vorn an« umgedeutet worden). Vollends wird diese Eigenschaft im Umgang der Schwaben mit ihren Dämonen und Geistern deutlich. Die Wassergeister und Nixen sind hierorts nicht so unheimlich wie anderswo und den Erdmännlein und Holzfräulein eignet im Schwäbischen eine zumeist freundliche Gesinnung. Auch die Tierdämonen verlieren weitgehend ihren unheimlichen mythischen Charakter und werden nicht selten ins Schwankhafte umgebogen.

Das Bestreben, die Umwelt zu harmonisieren bestimmt auch das Verhältnis der Schwaben zu ihrer Obrigkeit. So erzählt eine schon zum Anekdotischen neigende Sage von der Treue der Schwaben zu ihrem Landesherrn Herzog Eberhard von Württemberg. Dieser rühmte sich im Kreise seiner Standesgenossen, er könne jederzeit ohne Sorge sein Haupt in den Schoß seiner Untertanen legen und sich getrost dem Schlaf überlassen (Nr. 245). In dieser überaus schätzbaren Eigenschaft hebt sich der Schwabe von den anderen deutschen Stämmen leuchtend ab, und er weiß warum, denn in der Tat haben die Schwaben auch immer die Landesfürsten gehabt, die sie verdienten. So ist man denn beinahe geneigt der Anekdote Glauben zu schenken, nach der einst ein Schwabe in seiner Begeisterung für seine Obrigkeit ausrief: »Wenn unser Herrgott nicht Herrgott wäre, wer sollte billiger unser Herrgott sein als unser Herzog von Württemberg . . .« Aber vielleicht ist auch dies nur eine boshafte Erfindung der Nachbarn, die nicht so gut mit ihren Landesherrn auskommen.

Mögen diese Beispiele auch überpointiert sein, so geben sie doch, wie die in diesem Buch vereinten Sagen insgesamt, ein Bild der Landschaft und ihrer Menschen, das sich auf spezifische Weise von dem anderer Landschaften und ihrer Bewohner unterscheidet. Wie die Mehrzahl unserer deutschen Sagen, sind auch diese vorwiegend im 19. Jahrhundert, in der Nachfolge der Brüder Grimm aufgezeichnet worden. Das bedeutet, daß sie einer vorwiegend bäuerlichen, vorindustriellen Welt angehören, einer Welt, die in starkem Maße durch den Begriff der Tradition bestimmt ist und in der sich das Leben des Einzelnen in den vorgezeichneten Schranken einer überlieferten Ordnung bewegte. Insofern sind diese Sagen kulturhistorische Zeugnisse einer vergangenen Epoche, was nicht bedeutet, daß sie nicht mit vielen Ausläufern noch in unsere Zeit hineinreichen. So vermögen diese Sagen Verständnis zu wecken für die Denkweise und Lebensweise früherer Generationen. Sie erklären die

Landschaft aus dem Denken ihrer Bewohner heraus und beleben die Natur mit einer Unzahl lokaler Dämonengestalten, mit dem Rockertweible und dem Ranzenpuffer, dem Rotmäntele und dem Poppele, dem Entenwick und dem Klopferle. Es sind dies Gestalten, die der schwäbischen Überlieferung eigentümlich sind.

Die reiche Sagenüberlieferung der Landschaften nördlich des Bodensees ist häufiger als anderswo in die Literatur eingegangen. In der Eigenprägung der Schwäbischen Romantik, verbunden mit den Namen Justinus Kerners und Ludwig Uhlands, um nur diese zu nennen, findet dieser Übernahmeprozeß seinen Höhepunkt und zugleich seine spezifische Ausprägung. Anders als die Brüder Grimm, in deren Gefolge Kerner und Uhland stehen, hatten sie die dichterische Erneuerung der ›Volkspoesie‹ im Auge und nicht so sehr die philologische Textgestaltung. Beide, und nach ihnen eine Reihe bekannter Dichter, entnahmen der schwäbischen Sagenüberlieferung wesentliche Anregungen. Kerner gab der Sage von den Weibern zu Weinsberg (Nr. 290) ihre poetische Form und gestaltete die Kümmernislegende in seinem Gedicht ›Der Geiger von Gmünd‹ (Nr. 274). Auch die Regiswindislegende (Nr. 278) wurde von ihm dichterisch bearbeitet. Allen voran aber ist Ludwig Uhland zu nennen, der sich in seiner ›Schwäbischen Sagenkunde‹ eingehend mit der Überlieferung der Landschaft auseinandersetzte. Seine Sagenballaden sind auch heute noch in den Lesebüchern zu finden. Er schöpfte unmittelbar aus der schwäbischen Überlieferung in seinen Dichtungen ›Die versunkene Krone‹, ›Das Singenthal‹ und im ›Lindheimer‹. In der Ballade vom ›Junker Rechberger‹ gibt er die auch in der Zimmerischen Chronik erwähnte Geschichte von der Begegnung eines Lebenden mit dem Totenheer wieder (Nr. 57). Darüber hinaus lassen sich noch eine Reihe allgemein in der populären Überlieferung verbreiteter Glaubensmotive nennen, die Uhland dichterisch bearbeitete, die Erscheinung von Wiedergängern (Vom treuen Walter) und Naturdämonen (Die Nixe), oder Volksglaubensvorstellungen, wie sie sich im ›Johannissegen‹ oder dem ›Nothemd‹ manifestieren. Nicht zuletzt ist Uhlands Ballade ›Schwäbische Kunde‹ zu nennen, in der er eine Episode aus Crusius' Schwäbischer Chronik bearbeitete; gerade mit dieser Ballade ist er über die Lande hinaus bekannt geworden.

Trotz ihrer reizvollen Motive und der Fülle an Stoffen hat es die Sage schwerer als das Märchen ein Publikum zu finden. Im Gegensatz zum Märchen ist die Sage kurz, meist einepisodig, nüchtern und manchmal sprachlich unbeholfen. Ihr eignet jedoch eine Situationen extrem verdichtende Erzählweise. Es wäre daher ein Mißverständnis, wollte man an die Sage die gleichen stilistischen und formalen Wertungen herantragen wie an das Märchen.

Von Aufbau, Struktur und Diktion her sind Sagen und Märchen grundverschieden; deshalb eignen sich Sagen auch nicht zu stilistischen Übungen in der Schule. Um so mehr sind sie jedoch geeignet die heimatliche Überlieferung nahezubringen und Verständnis für die volkstümliche Überlieferung und das historische Bewußtsein in Traditionen lebender Menschen zu wecken. Sagen wollen vom Motiv her interpretiert werden und verlangen eine kulturhistorische oder auch eine psychologische oder auf die Gesellschaft bezogene Betrachtungsweise, ganz zu schweigen von den Möglichkeiten einer stoff- und motivgeschichtlichen Interpretation. Doch sollte man sich durch die spröde Diktion, den mythischen Gehalt oder die mundartliche Formung nicht davon abhalten lassen sich mit der Sage zu beschäftigen, oder sie in den Unterricht einzubeziehen, denn schließlich erwächst sie wie keine andere Gattung aus dem Denken des Volkes und spiegelt seine Nöte, Existenzängste, Hoffnungen und Wünsche. Zum Verständnis der Sage ist es jedoch notwendig, sich die hinter ihr stehende mythisch-magische Geisteshaltung bewußt zu machen und diese, ohne sie zu werten, dem modernen Denken als eine bestimmte Art geistiger Welterfassung und Lebensbewältigung gegenüberzustellen. Aus dieser Geisteshaltung erwachsen Sagen gewissermaßen als Konkretisierungen des Volksglaubens und nicht als Produkte einer frei waltenden Phantasie. Daher können sie auch von einem relativ festumrissenen Glaubenssystem aus gedeutet werden. Nur so kann man der Sage gerecht werden und unter diesen Voraussetzungen wird sie zu einem wichtigen menschlichen Dokument, denn sie birgt »differenzierte anthropologische Einsichten« (Lüthi), die zu entdecken und zu formulieren die heutige Sagenforschung von der romantischen Schau des 19. Jahrhunderts abhebt.

# Zu dieser Ausgabe

Als Rudolf Kapff im Jahre 1926 eine Sammlung schwäbischer Sagen herausgab, schrieb er, »daß die Zeit der lebenden Sage vorüber und daß Sagensammeln und Sagenherausgaben romantische Arbeit« sei. Inzwischen hat sich die Sagen- bzw. Erzählforschung von ihren romantischen Ansätzen gelöst und zu einer internationalen Wissenschaft entwickelt, die versucht das Erzählgut zu kategorisieren und unter den verschiedensten Gesichtspunkten zu analysieren. Damit ist zugleich eines der Probleme angesprochen, mit denen sich der Herausgeber einer solchen Sammlung auseinandersetzen muß. Aus der Fülle des Materials soll eine repräsentative Auswahl getroffen werden, die dem Leser einen guten Eindruck der regionalen Überlieferung vermittelt, aber auch das Sagenmaterial so anordnet, daß der Charakter eines Lesebuches gewahrt bleibt. Bei einer landschaftlichen Sammlung liegt es nahe, das Material nach geographischen Gesichtspunkten zu gliedern. Dies hat jedoch den Nachteil, daß sich allgemein verbreitete Sagentypen und Erzählmotive ständig wiederholen. Es bot sich daher an, die bereits in meinen »Deutschen Volkssagen« (München 1978) bewährte Einteilung im Prinzip zu übernehmen und die Sagen nach thematischen Schwerpunkten bzw. Themenkreisen anzuordnen. Ungeachtet dessen wurde versucht auch eine gewisse geographische Repräsentanz zu erreichen, wobei im wesentlichen der Raum des heutigen Landes Baden-Württemberg berücksichtigt wurde. Wenn nun doch der eine oder andere Leser eine aus seinem Heimatort bekannte Sage vermissen sollte, so läßt sich dies bei einer Auswahl nicht vermeiden; doch wird er sicher den Typus, wenn auch in anderem Gewand, an einer anderen Stelle finden können.
Freilich ist es kaum möglich in einer Sammlung, die sich weitgehend auf die Ergebnisse früherer und in ihrer Konzeption höchst unterschiedlicher Sammeltätigkeit stützen muß, Aufschlüsse über die exakte Verbreitung bestimmter Sagentypen oder über die Dichte der Überlieferung insgesamt zu erhalten. Denn zunächst wurde in keiner Weise systematisch gesammelt, und es blieb der Initiative einzelner überlassen, wo und wie sie ihre Sagen aufzeichneten und was sie sammelnswert fanden. Doch kam auf diese Weise um die Mitte des vorigen Jahrhunderts ein solcher Fundus an Sagenaufzeichnungen zusammen, so daß es heutzutage kaum neue Typen oder Motive zu

entdecken gibt, sieht man von der sogenannten Zeitungssage oder jenen Formen alltäglichen Erzählens ab, die unter dem Begriff der »contemporary legend« eine neue Forschungsrichtung begründet haben.
Trotzdem ist es auch heute noch möglich, Erzählungen aus der mündlichen Überlieferung aufzuzeichnen. Auch in der vorliegenden Sammlung konnte auf einige bisher unveröffentlichte Texte zurückgegriffen werden. Der Reiz dieser Sagen liegt weniger im Stofflichen, denn die Motive sind bekannt, als darin, daß sie noch heute in der mündlichen und mundartlichen Überlieferung anzutreffen sind.
Mein Dank gilt Frau Hollenweger (†), Feldberg, für die Überlassung einiger von ihr selbst aufgezeichneter Sagen. Ebenfalls sei dem Leiter der Württembergischen Landesstelle für Volkskunde, Dr. Gustav Schöck, sowie seiner Vorgängerin, Frau Dr. Irmgard Hampp, gedankt, die mir freundlicherweise einige bisher noch nicht veröffentlichte Sagentexte aus dem großen Sammelunternehmen der »Konferenzaufsätze« zur Verfügung stellten.
Schließlich sei auf die freundliche Bereitwilligkeit des von Gottfried Henßen begründeten »Zentralarchivs der deutschen Volkserzählung«, Marburg, verwiesen, das mir dankenswerterweise einige Texte zugänglich machte.

Weingarten/Württemberg Leander Petzoldt

# Schicksalhafte Begebenheiten, Weissagungen und Prophezeiungen

## *Die unsichtbare Stimme*

Im Anfang des Jahres 1846 rief im Wald bei Karlsruhe eine unsichtbare Stimme:
Teuer!
Feuer!
Blut!
Gut!
Noch im nämlichen Jahr entstand, in Folge des Mißwachses, große Teuerung; dann gab es in der Stadt mehrere starke Brände, bei deren einem über sechzig Menschen das Leben verloren; hierauf erhob sich im Land Aufruhr und Krieg, und mit dem Frieden kamen auch wieder gute Zeiten. (1)

## *Der Schlachtenbaum bei Fellbach*

Bei Fellbach soll eine Linde stehen, an die sich die Sage knüpft, daß einst auf der dortigen Ebene eine große Schlacht geschlagen werde. Der Sieger wird seine Waffen an diesem Baume aufhängen. (2)

## *Zeichen vor dem Ende der Welt*

Vor dem *Ende der Welt* kommt es noch zu vielem Blutvergießen. Wenn die Blutzeit anhebt, sieht man in der Luft Reiter miteinander fechten. Auch wird man zwei und mehrere Monde oder Sonnen am Himmel sehen. Dann kommen Feindsvölker ins Land gezogen, welche alles morden und verbrennen; diesen voran geht der »Allerärgst«, welcher eine rote Fahne, »den Blutfahnen«, voranträgt. Was sich um diesen schart, wird verschont, muß aber die Greuel der Feindsvölker mit verüben helfen. (3)

*Durlach mit dem Turmberg. Kupfer um 1750*

## *Der Antichrist*

Ehe die Welt untergeht, kommt der Antichrist auf die Welt. Er wird von einer jüdischen Hure zu Babylon geboren, kann gleich laufen und sprechen, wenn er auf die Welt kommt. Er macht in allem unsern Herrn nach, weswegen er seine Jugendzeit in der Verborgenheit zubringen wird. Dreißig Jahre alt, wird er zum erstenmal öffentlich auftreten, große Wunder verrichten und fast alle Menschen auf seine Seite bringen. In den letzten sieben Jahren vor dem Weltende werden keine Knaben, bloß noch Mädchen geboren werden. In den letzten dreiviertel Jahren seines Wirkens wird er die Wunderwerke Christi noch unverschämter nachahmen, da jetzt Enoch und Elias auf die Erde kommen, um den letzten Versuch zu machen, die Menschheit wieder auf den rechten Weg zu bringen. Diese zwei sind nie gestorben und haben bis auf den Tag ihrer Sendung im irdischen Paradies geschlafen. Die Jünger des Antichrists werden mit allen Foltern ihre Abtrünnigen heimsuchen und letztlich die zwei Sendboten des Himmels martern. Jetzt wird der Antichrist den Gipfel des Übermuts ersteigen und vor den Augen seiner zwölf Jünger und aller Anhänger in den Himmel fahren wollen. Aber nun brechen die Wetterwolken des göttlichen Zornes los und schlagen ihn viele Klafter tief in die Erde samt seinem Anhang, und durch seinen Leib, der weithin über die Erde fällt, wird das Innere der Erde entzündet und so verbrannt werden. (4)

## *Luthers Prophezeiung in Wertheim*

Da Doktor Luther auf der Reise nach Worms begriffen war, soll er seinen Weg mainabwärts und im Städtlein Miltenberg Nachtquartier genommen haben. Nun wäre – so wird erzählt – der damalige Graf von Wertheim ein abgesagter Feind des Reformators und der neuen Lehre gewesen, und habe Arges gegen ersteren gesonnen, habe daher, so wie ihm Kunde gekommen, satteln lassen und sei sogleich nach Miltenberg geritten, allso er aber erst ziemlich spät abends ankam und seinen Plan dem nächsten Morgen aufsparte. Am selbigen Morgen nun stieß der Graf die Fensterladen seiner Herberge auf und schaute in die frische Morgenluft hinaus, und drüben, im Hause gegenüber schaute auch schon ein Mann heraus in geistlicher Tracht, der bot dem Nachbar gegenüber freundlich Gutenmorgen, und begann zu sprechen vom Wetter und Weg, vom Main und vom Wein, und gab immer ein Wort herüber und hinüber das andere Wort, und beredeten sich die Herren, mitsammen das Frühmahl einzunehmen und kamen zueinander. Da wurde fortgesprochen von der neuen Lehre und wie der Graf ihr heftig zürnte, da milderte der andere seinen Zorn und sagte ihm, der Luther wolle ja nicht den Glauben umstoßen, sondern ihn nur geläutert haben, und klärte den Grafen auf über so Manches und sprach ihm die Zweifel aus dem Kopf und den Zorn aus dem Sinne. Und wie der geistliche Herr nun scheiden wollte, da bat ihn der Graf um seinen Segen und fragte ihn bescheidentlich, wie er sich nenne, und jener sprach: wie soll ich mich anders nennen, als Doktor Martinus Luther? Ich hab' gemeint, Ihr hättet mich gekannt! – Da hatte der Graf eine große Freude und geleitete Luther weiter mainabwärts nach seinem Wertheim und ließ ihm im Adler Herberge anweisen und führte ihn dann auf die Vockenrother Stege, die Stadt und Kreuz Wertheim und die Gegend ihm zu zeigen. Da sprach Luther das prophetische Wort, als er die Stadt von Main und Tauber umflossen unter sich liegen sah:

Vom Feuer hat Wertheim nichts zu befahn,
im Wasser aber wird's untergahn!

Doch hat es mit sotaner Prophezeiung keine Eile. Den Wertheimern hat sie aber gleichwohl einen Schrecken gemacht und war ihnen nicht lieb und deshalb haben sie dem Doktor Luther nachgesagt, er sei im Adler immer noch die Bratwürste schuldig, die er alldort verzehrt. (5)

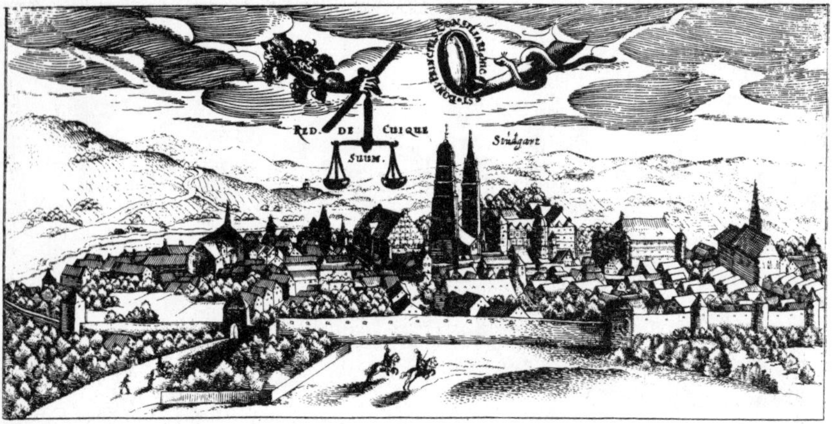


*Stuttgart. Kupfer aus Daniel Meisner, Politisches Schatzkästlein 1. Buch, 1. Teil (Frankfurt 1625)*

## *Die weiße Frau in Stuttgart*

Sooft jemand aus der königlichen Familie stirbt, zeigt sich vorher die weiße Frau. Sie kommt aus dem alten Schloß, geht in das neue und verschwindet dort im Ahnensaal. – Die Soldaten auf dem Posten haben sie oft vorbeigehn sehen und fürchten sie. Von mehreren, die beisammen sind, erblickt sie aber immer nur einer. – Einem beherzten Soldaten, der sie einmal anzurufen wagte, hat sie den Tschako vom Kopfe geschlagen. (6)

## *Weissagende Ochsen*

In der Christnacht sprechen um die zwölfte Stunde alle Tiere im Stall. Ein Bauer, der es nicht glaubte, wollte sich von der Wahrheit überzeugen. Er versteckte sich in seinem Stalle, und Schlag 12 Uhr hörte er seine zwei Ochsen sagen: »In 3 Tagen müssen wir unsern Herrn auf den Kirchhof ziehen.« Der Bauer erschrak dermaßen, daß er vor Aufregung starb und in drei Tagen wirklich beerdigt wurde. (7)

*Burg Teck bei Kirchheim. Kupfer um 1600*

## *Die Sibylle auf Teck*

Sibylle war die Mutter der drei Brüder auf Wielandstein und vielleicht die beste und frömmste Frau, die je auf Erden gelebt hat. Sie hatte ihre Wohnung in einer tiefen Höhle auf Teck, die noch immer das *Sibyllenloch* heißt. Hier hat sie mancherlei geweissagt, was das Volk im Gedächtnis behalten. Namentlich soll sie gesagt haben: die Welt werde nicht eher untergehen, als bis »die zwölf Sibyllen« wiederkämen. Ferner soll am Rhein, in der Gegend von Köln, ein Krieg ausbrechen, der furchtbarer sein wird, als je ein Krieg gewesen. Zuerst werden die Deutschen unterliegen; denn auch der *Türke* wird hier gegen uns streiten. Da werden die Männer im Lande so selten werden, daß sieben Weiber um einen Krüppel, den sie alle gern zum Ehemann haben möchten, sich schlagen werden. – Während dieses großen Kriegs wird es aber *»drei Stund um Teck herum«* sicher sein. – Endlich wird der Deutsche dennoch siegen; denn Sibylle hat geweissagt:

»Zu Köln am Rhein
Soll des Türken sein Untergang sein.« (8)

## *Sibilla Weiß*

Bei Lonnerstadt in Oberfranken liegt der Eichwald, in welchem große Eichen waren, die aber nun alle abgetrieben sind. Zwischen den nahen Waldanteilen Siebenmorgen und Thonbrücke liegt der Wolfsgraben, ein etwa 50 Fuß tiefes, enges Tal. Dort stand nach allgemeiner Sage das Schloß der Sibilla Weiß. Man zeigt noch den Schloßplatz, die Brückenstelle und den Brunnen, eine Quelle besten Wassers. Die Alten erzählen den Kindern: »Das merkt euch, bei den Siebenmorgen der Thonbrücke war das Schloß der Sibilla Weiß. Die war eine berühmte Wahrsagerin; sie prophezeite Krieg, Viehseuche und den großen Staat der Mannsbilder und Weibsbilder; die Weibsbilder, sagte sie, werden Mannskleider und die Mannsbilder Stökkelschuh tragen, und alles hat zugetroffen. Wenn sie auf den Antoniberg ging, um dort ihr Gebet zu verrichten, nahm sie ihren eigenen Weg über den Weißbachgrund und über die Wiesen; wo sie hintrat, bleibt jetzt noch kein Tau und kein Reif. Als ihr Ende nahte, ordnete sie an: ›Meine Leiche legt auf meinen Esel; laßt ihn gehen, wohin er will; er wird mich zur Antonikapelle tragen; begrabt mich so nahe wie möglich dabei. Wenn aber einst mein Grab von der Mauer weichen wird, daß ein Reiter herumreiten kann, dann naht der Jüngste Tag.‹

Lonnerstädter Männer legten die Leiche in den Sarg, banden ihn auf des Esels Rücken und reihten sich in feierlichem Zuge an. Das Tier blieb in der Aisch (Fluß) stehen, wurde aber angetrieben und ging dann den Berg hinauf bis zur Antonikapelle. Die Männer öffneten nun ein Grab hart an der Kirchhofmauer, senkten den Sarg hinab und machten den Hügel. Ihr Kinder wißt, daß im Frühjahre, wenn es taut, der Sand von den Gräbern rollt, und daß sie immer kleiner werden. Auch vom Grab der Sibilla Weiß rollt der Sand, aber ihr Hügel wird nie kleiner. Als einst der Hügel von der Mauer so weit gewichen war, daß ein Mann beinahe herumreiten konnte, bangte es den Leuten vor dem Jüngsten Tag. Um ihn abzuwenden, bauten sie die Kirchhofsmauer über die Mitte des Hügels, hat aber nichts geholfen, denn er ist jetzt schon wieder so weit von der Mauer gewichen, daß ein Reiter beinahe herumreiten kann. Ich fürchte, der Jüngste Tag bricht bald an.« (9)

## *Eine Weissagung erfüllt sich*

Kaiser Konrad II. ließ ein Gebot ausgehen, wer den Frieden bräche, dem sollte man das Haupt abschlagen. Dieses Gebot brach Graf Leopold von Calw; aber als der König in sein Land einfiel, entwich er in den Schwarzwald in eine öde Mühle, wo er sich mit seiner Gemahlin so lange aufzuhalten gedachte, bis ihm des Königs Huld würde. Einstmals ritt der König wie von ungefähr in den Wald und kam vor diese Mühle. Und als Leopold ihn hörte, fürchtete er, der König wollte ihn suchen, und floh in das Dickicht. Seine Hausfrau ließ er zurück; sie konnte nirgends hin, weil sie in Not darniederlag. Als nun der König nahe bei der Mühle war und die Schmerzensschreie der Frau vernahm, hieß er nachsehen, was ihr fehlte. Auf einmal hörte er eine Stimme, die sprach: »Auf diese Stunde ist hier ein Kind geboren, das wird dein Tochtermann!« Konrad erschrak, denn er wußte anders nicht, denn daß die Frau eine Bäuerin wäre, und dachte, wie er es verhindern möchte, daß seine Tochter einem Bauern zuteil würde.
Er schickte zwei Diener in die Mühle, damit sie das neugeborene Kind töteten und ihm zur Sicherheit des Kindes Herz brächten. Die Diener mußten dem Kaiser gehorchen, fürchteten aber Gott und wollten das Kind nicht töten; denn es war ein gar schönes Knäblein. Sie legten es auf einen Baum, damit es irgend jemand finden möchte.
Dem Kaiser brachten sie das Herz eines Hasen, das warf er den Hunden vor und meinte, damit der Stimme der Weissagung zuvorgekommen zu sein.
Mittlerweile jagte Herzog Heinrich von Schwaben im Walde und fand das Kind mutterallein daliegen. Als er sah, daß es neugeboren war, brachte er es heimlich seiner Frau und bat sie, sich des Kindes anzunehmen und es wie ihr natürliches Kind zu halten; denn es sei ihnen von Gott geschickt worden. Die Herzogin tat es gern, und so wurde das Kind getauft und Heinrich geheißen, niemand aber hielt es anders als für einen Herzog von Schwaben. Und als das Kind also erwuchs, wurde es an König Konrads Hof gebracht. Der König zog den Knaben wegen seiner Klugheit und Höflichkeit den andern Junkern an seinem Hofe vor.
Nun geschah es, daß dem Kaiser zugeraunt wurde, der junge Herr wäre nicht ein rechter Herzog von Schwaben, sondern ein geraubtes Kind. Als der Kaiser das vernahm, rechnete er sein Alter nach, und er fürchtete, es könnte das Kind sein, wovon die Stimme bei der Waldmühle geredet hätte. Jetzt suchte er von neuem zu verhüten, daß es der Mann seiner Tochter würde. Er schrieb der Kaiserin einen Brief, in dem er ihr befahl, den Brin-

ger des Briefes zu töten, so lieb ihr Leib und Leben wäre. Den Brief vertraute er verschlossen dem jungen Herrn selbst an, damit er ihn der Kaiserin und niemand anderm einhändigte. Der junge Heinrich dachte an nichts Böses, beeilte sich, die Botschaft auszurichten, und kam unterwegs in eines gelehrten Wirtes Haus, dem er der Sicherheit wegen seine Tasche anvertraute, worin der Brief und andere Dinge lagen. Der Wirt machte sich aus Vorwitz und Neugierde über den Brief, und wo er geschrieben fand, daß die Kaiserin ihn töten sollte, schrieb er, daß die Kaiserin dem jungen Herrn, Zeiger des Briefs, ihre Tochter ungesäumt zur Gemahlin gäbe. Den Brief schloß er gar säuberlich und ohne Fehl wieder mit dem Insiegel. Als nun der junge Herr der Kaiserin den Brief zeigte, gab sie ihm die Tochter zur Gemahlin. Die Mär aber kam bald vor den Kaiser, und er fand mit dem Herzog von Schwaben und andern Rittern und Knechten bald, daß der Jüngling von Leopolds Weib in der Mühle geboren war, von dem die Stimme geweissagt hatte, und er sprach: »Nun merke ich wohl, daß Gottes Ordnung niemand hintertreiben mag«, und gab seinem Tochtermann das Reich. Dieser König Heinrich baute und stiftete hernachmals Hirschau, das erste Kloster an Stelle der Mühle, in der er geboren worden war. (10)

## *Der Ring im Fischbauch*

Im südlichen Teile des Herrschaftsgerichtes Kreuzwertheim in Unterfranken erhebt sich ein starker Berg, die Wettenburg genannt, auf drei Seiten vom Main umflossen. Der Name des Berges stammt der Sage nach von einer Burg, die ehemals seinen Scheitel krönte. Eine reiche Gräfin, Besitzerin der Burg, wollte den Berg auch noch auf der vierten Seite vom Main umgeben wissen. Ihre Untertanen erlagen fast unter der Last der Fronarbeiten zu dem ungeheuren Unternehmen. Hindernisse aller Art veranlaßten schließlich die Gräfin, jedem ihrer Freunde und Vasallen eine Wette für das Gelingen des Unternehmens anzubieten. Sie warf einen blitzenden Demantring in die Flut und sprach: »So gewiß dieser Ring nimmer in meine Hände kommt, so gewiß muß der Berg durchgraben werden; wo nicht, so versinke meine Burg!« Ein furchtbarer Donnerschlag aus heiterem Himmel zeugte von ihrem Frevel. Am zweiten Abend saß die Dame in großer Gesellschaft bis Mitternacht bei üppigem Schmause. Ein großer Fisch ward endlich aufgetragen und beim Zerlegen in dessen Eingeweiden der in die Fluten geschleuderte Ring gefunden. Alles entsetzte sich; aber mit dem letzten Schlage der Geisterstunde sank unter Donner und Blitz die Burg mit ihren Bewohnern in den Strom, und Steinhaufen bezeichnen noch jetzt ihre ehemalige Stätte. (11)

## *Der Traum Rudolfs von Habsburg*

Vor tausig un meh Johre isch emol der Kaiser Karl, me het ehm der Groß gsait, uf der Burg Burckheim am Kaiserstuehl über Nacht blibe, wil ihm s Land un d Lüt so gfalle hän. Au spöteri Kaiser sin gern am Oberrhii gsi, wie der Kaiser Fridrich der Zweut. In siinere Zit het d Limburg, e feschti Burg am Kaiserstuehl hoch über em Rhii, de Herre vu Habsburg ghört. Dene het der Kaiser e Bsuech abstatte wölle. Es isch e heiße Tag gsi, drum isch der Kaiser Fridrich bi der Kapelle unterhalb vu der Burg ab em Roß gstige un het e weng usrueihe wölle, isch aber gli fescht igschlofe.
Do hets ehm träumt, der Kaiser Karl stand vor ehm im prächtige blaue un rote goldgstickte Mantel un mit der goldene Chrone uf. Er isch im Fridrich vorchu wie ne guete Fründ, wun er zue ihm gsait het, dobe uf der Limburg seig grad im Grof vu Habsburg e Suhn gebore worde. Der werd noo ihm Kaiser werde. Der Kaiser Fridrich soll dem Chind Götti (Pate) sii, un as Gschenk müeß er ehm sii golde Jagdmesser gee, wil im Kaiser Fridrich sii Gschlecht untergoh werd.
Der isch verwacht un het lang dem Traum noodenkt, öb er uf d Limburg ufe isch. Dobe uf der Burg hän ehn alli mit ere große Freud willkomme gheiße. Grad seig e Suhn achu! Do het er gwüßt, aß sii Traum en Uftrag isch. Bi der Taufi am andere Tag isch er Götti gsi, het au sii schön Jagdmesser mit em goldene Heft ab em Gürtel gnu un het zuem Grof gsait: »Gen eurem Suhn das Jachtmesser, wenn er zuem erschtemol uf d Jachd mitdarf, un sage ehm, vu wem das isch. Wer weiß, öb ichs selber noh erlebe darf!«
Scho vu Chind uf het der jung Habsburger bi siim Vater un bi siine Lehrer dur e herti Schuel goh müeße. Wu er nün Johr alt gsi isch het er gsait, er wöll mit uf d Jagd. Do het sii Vater an der Wunsch vu siim Götti denkt, het siim Suhn s golde Jagdmesser geh un ihn mitrite loo bis zuem Wald. Ei Chnapp het müeße bin ehm blibe un hätt solle uf ehn ufpasse. Aber der isch an der Schatte glege un bal igschlofe, un der jung Rudolf het vor langer Zit Erbeeri gsuecht im Waldrand noo.

D Jäger sin scho wit im Wald inne gsi, do isch e große Wolf use chu, grad uf der Bueb zue. Der het sich mit em goldene Jagdmesser wehre wölle, hätt aber das groß Tier nie zwunge. Der Wolf het grad uf der Bub losgoh wölle – do isch e Pfiil zuem Wald usezsurre chu, het der Wolf so troffe, aß er tot umgheit isch un kei Lut meh gee het. Meh verschrocke isch aber der jung Rudolf, wu gli druf e große Her zuem Wald usechu isch im e lange prächtige Mantel. Der het ehn fründli agluegt un gsait, er bruch si nit förche. Er seig der heilig Kaiser Karl un dörf mänkmal dur das Riich laufe, wu ihm emal ghört häb. Er soll mit ehm chu! Ohni Angscht isch der Rudolf mit ihm bis zue ere Höhli, un der alt Kaiser hat ehm versproche, ihm alles z lehre, das was er emol im spötere Lebe werd guet bruche chönne, wun er werd froh sii drum. In jedere Nacht, wenn Vollmond seig, dernoo soll er zue dere Höhli chu, er werd dört sii. Druf isch die Gstalt verschwunde.
Der jung Grof Rudolf het scho vil rüehme höre vum Kaiser Karl, het sich druf bsunne, was er ihm alles verzellt het, un het sichs gmerkt. Wun er zuem Wald us chu isch, het der Chnapp noh gschlofe. Er het schnell der Wolf mit Äscht zuedeckt un het zue keim Mensch öbis gsait vu dem, wun er erlebt het. Un wu in der dritte Vollmondnacht d Spitze vum Messer rot glüeht het, isch er heimli ab der Burg gschliche un isch in der Wald zue der Höhli. Dört het der Kaiser scho gwartet, het sich zuen ehm gsetzt, het ehm verzellt, was emol as Kaiser uf ehn wartet un was er tue soll un was nit. So ischs noh ne paarmol gscheh. Am Obe vorher, öb der jung Grof mit de Manne vu siim Vater zue me Chrüzzug furt isch, het er si Fründ nohnemol troffe. Er soll abecheue, het der Kaiser gsait, er wöll ehm sii Sege gee! Es werd s letschtmol sii, aß er do chönn si. Noh eimol werd er ihn seh, drei Tag vor siim Tod!
Alles was er ghört het, das het der jung Grof, der spöter Kaiser Rudolf vu Habsburg, im Gedächtnis bhalte. Alles het er in siim Lebe bruche chönne, s isch alles so chu, wien ihm sii groß Fründ gsait gha het, un er het ehm für alli guete Lehre noh mänkmol im stille dankt. Spöter isch d Limburg dur verschideni Händ gange, doch hüte noh het me vu ihre Mure e prächtige Blick wit use über das Land am Oberrhi. (12)

# Von Hexen, Zauberern und dem Schrättele

## *Das sechste und siebente Buch Moses*

In ganz Schwaben weiß das Volk viel von dem sechsten und siebenten Buch Moses zu erzählen. Es sind Wunder- und Zauberbücher, welche untrügliche Mittel enthalten, sich unsichtbar zu machen, die Sonne scheinen und Regen fallen zu lassen, Gewitter zu bewirken u. dgl. Auch sind darin Mittel gegen alle Krankheiten der Tiere und Menschen angegeben. Die Tübinger Universitätsbibliothek soll noch eine uralte Bibel mit diesen beiden Büchern Moses nebst andern Schriften, die in den gewöhnlichen Bibeln nicht vorkommen, besitzen. Sie liegt aber an schweren Ketten, und es ist bei strenger Strafe verboten, diese Bücher zu drucken. – Früher hat einmal jemand darin gelesen, aber zu lange, da ist er in die Luft geflogen und nicht wieder erschienen. – Ein anderes Mal lasen zwei Studenten darin, da kam der leibhaftige Teufel zu ihnen und rasselte gewaltig mit seinen Ketten, also, daß sie sich entsetzten und laut um Hilfe riefen. Da sagte man ihnen: sie sollten alles, was sie gelesen, nur rückwärts noch einmal lesen, was sie auch sogleich taten, worauf der Teufel verschwunden ist. – Seitdem bewahren aber vier Professoren die Schlüssel zu den vier verschiedenen Schlössern, die an jener Bibel liegen, so daß ein einziger sie jetzt nicht mehr öffnen kann, wie es früher der Fall gewesen. – Ebenso erzählt man in Bretten, daß bei einem Rabbiner das siebente Buch Moses an einer Kette liege. (13)

## *Doktor Faust*

### a) Der Blutfleck

Eine Stunde von Maulbronn, in dem württembergischen Städtchen *Knittlingen,* ist der berühmte Zauberer Johannes Faust geboren. Nachdem er viel studiert und spekuliert und kraft des Teufels, dem er seine Seele verschrieben, viel höllischen Spuk allerorten angestiftet und ein ruch- und gottloses Leben geführt, hat ihn endlich der Teufel zur bestimmten Stunde geholt,

*Der Faustturm in Maulbronn. Lithographie aus J. Scheible, Die Sage vom Faust (Das Kloster, 5. Band, Stuttgart 1847)*

als sich Dr. Faust gerade in Maulbronn aufhielt. Dort steigt man noch jetzt vom Kloster aus durch ein Fenster über mehrere Dächer in ein ausgemauertes Gemach, darin er gehaust. An der Wand aber befindet sich ein unvertilgbarer großer Blutflecken; daselbst hat ihm der Teufel den Schädel zerschlagen, als er mit ihm davonging. (14)

## b) Teufelskünste

Man erzählt vielerlei Geschichten vom Dr. Faust. Der Teufel mußte ihm alles tun und anschaffen, was er nur haben wollte. Er mußte ihm z. B. mitten im Winter Erdbeeren holen; mußte ihm im heißen Sommer eine Schneebahn machen, also, daß er mit dem Schlitten drauf fahren konnte. Ferner gab er dem Teufel oftmals auf, wenn er durch eine Stadt fuhr, daß er das Straßenpflaster vor ihm aufreißen und dasselbe hinter ihm sogleich wieder herstellen solle, und dabei fuhr er nicht langsam. Umgekehrt hat der Teufel ihm auch wohl einen Feldweg pflastern, und sobald er darüber gefahren, das Pflaster augenblicklich wieder aufreißen müssen. (15)

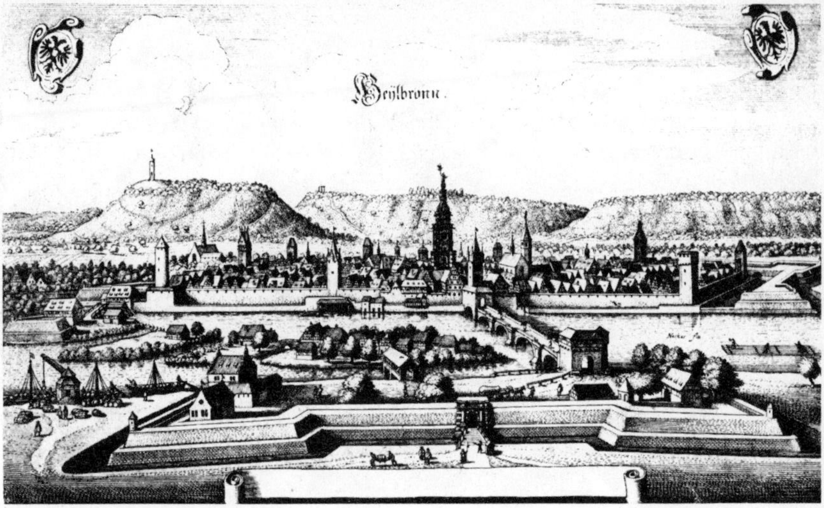


*Heilbronn. Ausschnitt aus dem Kupferstich in der Topographia Suebiae von Mathaeus Merian (Frankfurt 1643)*

## c) Der Wintergarten

Als Doktor Faust in Heilbronn verweilte und sich mit seinen losen Künsten in der ganzen Gegend umhertrieb, kam er auch öfters auf die Burg Boxberg, wo er stets gastliche Aufnahme fand. Einst an einem kalten Wintertag lustwandelte er mit den Frauen des Schlosses in den Gartengängen an der Ostseite der Burg, und als jene über Kälte klagten, ließ er gleich die Sonne warm scheinen, den schneebedeckten Boden grünen und die schönsten Veilchen aller Art daraus hervorsprossen. Dann blühten auf sein Geheiß die Bäume, und es reiften daran, nach dem Wunsche der Frauen, Äpfel, Pfirsiche und Pflaumen. Endlich ließ er Weinstöcke wachsen und Trauben tragen und forderte jede seiner Begleiterinnen auf, sich eine Traube abzuschneiden, aber nicht eher, als bis er dazu das Zeichen gebe. Als sie zum Schneiden fertig waren, nahm er die Verblendung von ihnen, und sie sahen nun, daß jede sich das Messer an die Nase gesetzt hatte. Der Teil des Gartens, wo alles dies geschehen, wird seit jener Zeit der *Veilchengarten* genannt. (16)

### d) Die Luftfahrt

Ein anderes Mal verließ Dr. Faust mittags um dreiviertel auf zwölf das Boxberger Schloß, um Schlag zwölf Uhr bei einem Gelage in Heilbronn zu sein. Er setzte sich in seinen mit vier Rappen bespannten Wagen und fuhr wie der Wind davon, so daß er richtig um zwölf in Heilbronn eintraf. Ein Arbeiter auf dem Feld hatte gesehen, daß gehörnte Geister vor dem Wagen den Weg eben pflasterten und andere hinter ihm die Steine wieder aufrissen und entfernten und jede Spur dieses Pflasters vertilgten. (17)

### e) Pflaster auf dem Meer

Sooft Dr. Faust über das Meer ritt, flog sein schwarzes Roß schneller wie der Wind über die Wasserfläche dahin, aber sein Bedienter hatte dabei das Geschäft, daß er vor dem Pferde her das Meer mit Steinen pflasterte und stets die Steine hinter dem Pferde wegnahm und vorn wieder hinlegte. (18)

### f) Die Salzsieder

Auf seinen mannigfachen Wanderfahrten kam Dr. Faust auch nach Hall. Dort ist er in der Schuhgasse in einem Wirtshaus eingekehrt, da wo man zur unteren Herrengasse umbiegt, hat sich aber nicht zu erkennen gegeben, sondern hat nur mit den Gästen wacker gezecht. Er hielt sich mehrere Tage in der Stadt auf. Einstmals ging er mit dem Wirt auf dem unteren Wöhrd spazieren. Da sah er auf dem hölzernen Kochersteg einige Salzsieder stehen. Diese betrachteten den auffallenden Mann aufmerksam und machten ihre Bemerkungen über ihn. Kein Wunder, heißt es doch von den Haller Siedern, daß selbst Christus, wenn er durch das Haal ginge, nicht unbespöttelt durchkäme. Die Sieder rieten, wer es sei. Der eine sagte: »Es ist der Äsop«, ein zweiter: »Es ist der Bandelstrobel.« – Der Bandelstrobel war ein Bucklichter, mit dem damals alt und jung in Hall gern seinen Spaß trieb. – Als Faust ihre Spottreden hörte, ging er auf sie zu und fragte sie, ob er ihnen den Teufel erscheinen lassen solle. Die Sieder lachten. Da zog er mitten auf dem Steg die Hosen ab und ließ einen feurigen Strahl in den Kocher hinabfahren. Das Wasser zischte auf, und ein kohlschwarzer, zottiger Mann stieg daraus empor; der lief auf die Sieder zu, daß diese nach allen Seiten auseinanderstoben. »Wäre einer von ihnen aus Schrecken ins Wasser gefallen«, sagte darauf Faust zu seinem Begleiter, »so hätte ihn der Teufel ganz sicher zerrissen.« –

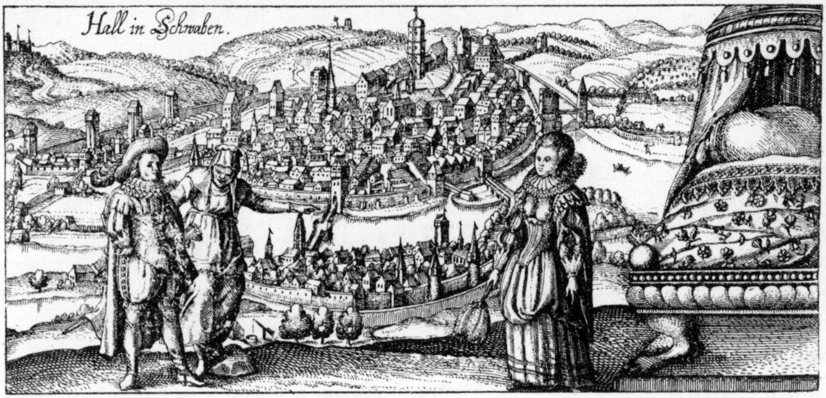


*Schwäbisch Hall. Kupfer aus Daniel Meisner, Politisches Schatzkästlein. 1. Buch, 7. Teil (Frankfurt 1626)*

Nachdem Dr. Faust viel studiert und spekuliert und kraft des Teufels, dem er seine Seele verschrieben, viel höllischen Spuk allerorten angestiftet und ein ruch- und gottloses Leben geführt, hat ihn endlich der Teufel zur bestimmten Zeit geholt, als er sich gerade im Kloster Maulbronn aufgehalten. Dort steht noch jetzt der Turm zuhinterst im Klostergarten, darin er gehaust. An der Wand aber befindet sich ein unvertilgbarer, großer Blutfleck. Daselbst hat ihm der Teufel den Schädel zerschlagen, so er mit ihm davongegangen. (19)

## *Kartaphilus, der Zauberer von Dillingen*

Es war ums Jahr 1435. Das griechische Reich hatte dem Ansturm der Türken nicht mehr länger Widerstand leisten können und war mit seiner Hauptstadt Konstantinopel in die Hand des Sultans Mohamed II. gefallen. Auf der Sophienkirche in Konstantinopel war das Kreuz mit dem Halbmond vertauscht, und schrecklich hauste der gewaltige Eroberer in der besiegten Stadt. Wer fliehen konnte, floh! An vielen deutschen Höfen fanden sich flüchtige Griechen ein, auch nach Dillingen kam ein solcher, Kartaphilus mit Namen, ein alter, ernster Mann mit langem, silberweißem Barte und gebückter Haltung, samt seinem Diener. Dort residierte zu dieser Zeit Bischof Kardinal Peter von Schaumberg, ein prachtliebender, frei-

gebiger Herr. Der nahm sich des Vertriebenen huldvoll an, und Kartaphilus, der sich einer großen Gelehrsamkeit erfreute und sich als tüchtiger Heilkünstler entpuppte, stieg von Tag zu Tag in des Fürsten Gunst. Er ließ ihm ein Gemach in einem Turme seines Schlosses einräumen, das jedoch außer dem Diener des Fremden niemand betreten durfte, und allgemein ging das Gerücht, Kartaphilus mache dort für den ritterlichen, lebenslustigen Bischof Gold. Bald drang die Kunde von dem Wissen und der Tüchtigkeit des Griechen in weite Kreise, und in kurzer Zeit war derselbe ein gesuchter, vielbegehrter Arzt, und mancher Kranke mag durch ihn Linderung und Befreiung von Schmerz und Pein gefunden haben. Seltsam war das Benehmen des Alten jedoch, wenn er sah, daß der Kranke, an dessen Lager er gerufen ward, unrettbar verloren und dem Tode verfallen sei. Dann harrte er geduldig des Augenblicks, in dem sich die Seele von dem siechen Körper trennte, und sog dann begierig den letzten Atemzug des Sterbenden ein. Darauf hauchte er in eine gläserne Phiole, die er aufs sorgfältigste wieder verschloß. So mag er es geraume Zeit getrieben haben. Eines schönen Tages aber war Kartaphilus plötzlich verschwunden, und der Diener, über den Verbleib seines Herrn gefragt, gab nur ausweichende Antworten. Da ließ der Bischof die Wohnung des Griechen mit Gewalt öffnen. Rauch und Qualm erfüllten das Gemach. Am Boden waren Kreise mit seltsamen Figuren gezeichnet, und in einer Ecke lag Kartaphilus starren Auges, mit umgedrehtem Halse und zerschmettertem Gehirne. Zitternd gestand der Diener, daß sich sein Herr in die Kammer eingeschlossen und ihm streng befohlen habe, niemand einzulassen, ehe er sich wieder zeige. Aus mancher Rede des Entseelten wisse er, daß derselbe geglaubt habe, sich mit Hilfe eines Dämons und des letzten Lebenshauches, welchen er zu diesem Behufe seit Jahren von Sterbenden gesammelt, wieder verjüngen zu können. Dem Anscheine nach jedoch müsse ihn sein Glaube und seine Kunst betrogen haben und das Experiment mißlungen sein.
Der Leichnam des Unglücklichen wurde auf Befehl des Bischofs auf dem Schindanger verscharrt. (20)

## *Der Deserteur*

Vor fünfzig oder sechzig Jahren ward ein Mann N. aus Bergfelden (Württemberg), der mit Federweiß und Schreibsand handelte und als jung zum Militär ausgehoben werden sollte, flüchtig. Er trieb sich einige Zeit im

Großherzogtum Baden herum. Um sicherer zu sein, entschloß er sich, durch die Schweiz an die Grenzen der österreichischen Staaten zu wandern und sich daselbst anwerben zu lassen. Bei der Wanderung durch die Schweiz ging er einst abends in einem Dorfe in ein einstöckiges Häuschen, um sich Nachtherberge zu erbitten, erschrak aber, als er die Tür öffnete, den Stubenboden mit Sand bestreut, ein geordnetes Zimmer und in demselben nur einen alten Mann zu finden, der ihm zwar das Nachtquartier zusagte, aber auch frei erklärte: Du bist ein Deserteur! Unter einem Vorwande entfernte er sich noch auf einige Zeit, besuchte die Dorfschänke und erkundigte sich daselbst, was der Mann im Bodenhäuschen, der ihm Nachtherberge zugesagt hätte, für ein Mann sei? Er erhielt die Antwort: dieser Mann sei ein erfahrener Schüler, und er solle nur befolgen, was er ihm rate. Bei seiner Rückkehr ins Häuschen dieses Mannes fand er das Abendessen bereit, das für den Hausherrn, dessen Haushälterin und den fremden Gast in sechzehn gesottenen Erdäpfeln und Speck bestand. Bei der Abendunterhaltung sagte der seltsame Hausvater seinem Gaste, er solle nur seine vorhabende Wanderung fortsetzen; allein, in sechs Wochen werde ihn eine Sehnsucht nach seiner Heimat dorthin zu gehen treiben und er werde als Deserteur über tausend Hiebe erhalten; er wolle ihm aber etwas geben, daß ihm diese Hiebe nichts schaden. Er gab ihm hierauf ein Zettelchen, und sagte ihm dabei: jetzt hast du noch anderthalb Taler (was wirklich so war), und wenn du das Zettelchen einst an einen anderen verkaufst, so sollst du auch nicht weiter als fünfzehn Taler dafür fordern.
Wirklich träumte ihm nach sechs Wochen so angelegentlich von seiner Heimat, daß ihn dieser Traum bestimmte, nach Haus zu reisen. Nach seiner Ankunft in Bergfelden stellte er sich bei dem Oberamt in Sulz freiwillig. Oberamtmann Schäffer ließ ihn zu seinem Regimente nach Ellwangen einliefern, wo er zum Gassenlaufen durch dreihundert Mann verurteilt wurde. Weil von den vielen Hieben sein Rücken nicht verletzt wurde, so hieß es: Canaille, du mußt etwas zum Festmachen bei dir haben! Man durchsuchte ihn und seine Beinkleider genau, jedoch ohne den in der Weste verborgenen Zettel zu finden. (21)

## *Massensuggestion*

Eine Frau kam einst vom Felde heim mit einem Bund Klee auf dem Kopfe. Das ganze Dorf umstand bewundernd einen Seiltänzer, der einen »Wischbôm« (Heubaum) auf seiner Nase balancieren ließ. »Was gafft ihr denn das Zeug an«, rief sie den Leuten zu, »seht ihr denn nicht, daß es nur ein Strohhalm ist.« Sie trug nämlich unbewußt in ihrem Bund vierblättrigen Klee, der sie gegen »Verblendung« schützte. Sie brachte ihren Kleebund nach Hause und wollte wieder aufs Feld gehen. Der Seiltänzer bemerkte sie und »verblendete« sie nun derart, daß sie meinte, sie müsse durch ein tiefes Wasser waten. Zum Gelächter der Umstehenden schürzte sie ihre Röcke immer höher auf. (22)

## *Der Kirschdieb*

Vor ungefähr 60 Jahren ist ein 18jähriger Bursche von hier in den Garten seines Nachbarn gestiegen, um von einem dort stehenden Weixelbaume die Früchte zu holen, welche er nachher einem gewissen Mädchen bringen wollte.

Kaum war er auf dem Baume, so kam der alte Schäfmichel in seinen Garten und spazierte keuchend umher. Auf einmal erblickte er jemand auf seinem Weixelbaume und rief daher: »Wer ist denn da droben.« Allein der auf dem Baum sich Befindende konnte kein Wort sprechen und auch nicht herunter. Der alte Schäfer wiederholte seine ersten Worte mit dem Beisatz »warum schwätzst nicht«, obwohl er schon wußte, warum der Dieb nicht spricht, denn er hatte denselben ja auf den Baum gebannt durch seine Kunst.

Zum letztenmal und mit Nachdruck rief der Schäfer, da sich der Weixeldieb nicht rührte: »Nun, warum gehst du denn nicht runter, und warum sprichst du gar nichts?« Nun war die Zunge gelöst, und der Weixeldieb antwortete: »O Nachbar, ich weiß nicht, wie es mir war, in meinem Leben will ich keine Weixeln mehr stehlen.« (23)

## *Diebsbann*

Ein Mann hatte seine Tabakspfeife gewöhnlich während der Arbeit an einen Dornbusch gehängt. Ein anderer Mitarbeiter fragte ihn nun, ob er nicht befürchte, daß seine Pfeife einmal gestohlen würde. Dieser antwortete, wenn sie auch einmal gestohlen würde, der Dieb bringe sie bald wieder. Der andere konnte das natürlich nicht glauben und begreifen. Eines Tages kam ein Strolch des Weges, sah die Pfeife und nahm sie zu sich, da niemand in der Nähe war. Die beiden Knechte hatten es jedoch bemerkt. Der Eigentümer ließ den Dieb eine Strecke gehen. Dann zog er aus seiner Brusttasche ein Büchlein und las. Da kam der Vagabund eiligen Laufs, die Pfeife zu bringen. (24)

## *Die Diebsstellung*

Bi mim Großvater z'Lissele hän ä Zitlang immer G'rät us'm Stall g'fehlt oder G'mues usem Kuchigarte. Do het er ä Zauberspruch due un am nächste Morge isch ä jung Burch us Schlienge im Stall gsi un het nümmi äweg chönne. Ich bi ne chleine Bue gsi un hat nit verstande, um was es gange isch, aber mi Großvater hät schpöter gsait, er haigi de Bursch festbannt. (25)

## *Der Papst bannt Geister*

Es gibt jetzt wenig oder *keine Geister* mehr. Es war mal ein Papst, der von Christus sich erbat, daß die Geister nur noch eine bestimmte Zahl von Jahrhunderten umgehen dürfen. Die Zeit soll jetzt bereits verstrichen sein; es soll auch nur noch wenige Geister geben. (26)

## *Zu Tode beten*

In Leutkirch soll zwei Jahre, 1548 und 1549, kein Prediger mehr dagewesen sein, weil einer plötzlich eines jähen Todes auf der Kanzel starb. Es ging die Sage, die »Schwestern beten sie zu Tod«. (27)

## *Die Hexenfahrt*

Ein Knecht aus Derendingen hatte seine Hausfrau im Verdacht, daß sie eine Hexe sei; denn alle Freitagsnächte war sie fort. Da blieb der Knecht einmal am Donnerstag abend auf und sah, wie die Frau um 12 Uhr eine Ofengabel vom Herde nahm und aus einem Hafen (Topfe) etwas langte, womit sie die Ofengabel bestrich und dann sprach:

»Oben naus
Und neanends 'nan!«

Darauf flog sie zum Schornstein hinaus. Sogleich ging der Knecht hin, nahm ebenfalls eine Ofengabel und bestrich sie mit der Salbe aus dem nämlichen Hafen und sprach, um *überall* hinzukommen, wie er meinte, und um alles zu sehen:

»Oben naus
Und überall 'nan!«

Und sofort flog er zwar auch in die Höhe, wurde aber schon im Schornsteine so jämmerlich an alle Ecken und Steine geworfen und draußen an alle Bäume und Zäune und Häuser so derb gestoßen, daß er ganz zerkratzt und geschunden auf dem Heuberge ankam. (28)

## *Die Lederbrücke zum Hexentanzplatz*

In uralten Zeiten ging vom Rosenstein bei Heubach bis zum Hochberg eine lederne Brücke, fast eine Stunde weit. Dort auf dem Hochberg kommen die Hexen zum Tanz zusammen. Vor hundert Jahren erzählte einst ein Mädchen ihren Kameradinnen in der Schule, sie habe vergangene Nacht mit ihrer Mutter auf dem Hochberg zu einem schönen Platz gehen dürfen, an dem die Hexen alle Mittwoch- und Freitagnacht zusammenkommen und tanzen. Da seien sie gesprungen und durch Strohhalme geschlüpft und schließlich, als der Tanz zu Ende war, durch das Schlüsselloch in des Lammwirts Keller gefahren und haben Wein in Fülle getrunken. (29)

## *Die belauschte Hexenversammlung*

In der Scheuer eines einsamen Schwarzwälderhofs, die entfernt vom Wohnhause stand, pflegten die Hexen ihre nächtlichen Zusammenkünfte zu halten. Den Hofbewohnern war dies so wenig bekannt, daß sie einen armen Mann, welcher sie einst um Nachtlager bat, in die Käfichkammer der Scheuer legten. Nach verrichtetem Gebet schlief er ein, wurde aber, mitten

*Flug zum Hexensabbat. Holzschnitt aus dem 16. Jahrhundert*

in der Nacht, durch wunderschönes Tonspiel und lustiges Gelärm aufgeweckt. Er sah die Scheuer hell erleuchtet und eine Menge Männer und Frauen darin versammelt. Teils saßen sie an einer langen, gedeckten Tafel und aßen und tranken aus kostbaren Geschirren; teils tanzten sie jubelnd umher, wozu mehrere Teufel aufspielten. Obgleich auf des Mannes Lager kein Licht fiel, fürchtete er doch, bemerkt zu werden, und betete inbrünstig um Gottes Schutz, besonders, als zwei Hexen gegen die Kammer kamen. Sie blieben jedoch an dem Eingang stehen und besprachen sich über die Freude, welche sie sich, nach so vielem Vergnügen, noch machen wollten. »Meine Nachbarin hat beim Schlafengehen ihr Kind nicht gesegnet; dasselbe wollen wir nun holen und umbringen«, sagte die eine. »Das ist ein guter Einfall!« erwiderte die andere, worauf sie sich fort machten und nach wenigen Minuten mit einem vierteljährigen Kinde auf den Platz zurückkamen und beratschlagten, wie sie es töten sollten. Endlich wurden sie einig, es bei den Füßen zu fassen und auseinanderzureißen. Da sprang der Mann heraus und schrie: »Behüt' es Gott, behüt' es Gott, behüt' es Gott, laßt das Kind gehen!« Im Nu ließen die Hexen das Kind fallen und fuhren mit ihrer ganzen Sippschaft wie der Wind zur Scheuer hinaus, worin alle Lichter erloschen. Der Mann hob das Kind auf und trug es zu dem Wohnhause, wo er klopfte und rief, daß man ihm aufmachen möge. Als er eingelassen war, erzählte er den Leuten das Geschehene, worauf sie mit brennenden Laternen sich in die Scheuer begaben. Darin stand noch die Tafel voll goldner und silberner Geschirre, aber alles, was Blendwerk gewesen, hatte seine wahre Gestalt angenommen. Manche Becher waren Pferdshufe, die Speisen Viehkot, die Getränke Jauche geworden. Die Geschirre, welche alle mit den Namen ihrer Herren bezeichnet waren, wurden von den Leuten der Obrigkeit übergeben, die darauf die Eigentümer, so wie die Eltern des Kindes, zum Abholen des Ihrigen, in den Zeitungen aufforderte. Die ausgeschriebenen Namen waren weit und breit nicht bekannt, und da niemand sich zu den Geschirren meldete, verkaufte man sie und erbaute von dem Erlöse dem armen Mann ein Häuslein neben dem Hofe, von dessen Bewohnern er sein Leben lang verpflegt wurde. Erst im zweiten Jahre konnten die Eltern des Kindes dasselbe holen, so weit entfernt wohnten sie, in einem fremden Lande. Die Hexen haben, seit jener Nacht, niemals wieder in der Scheuer sich sehen lassen. (30)

## *Hexen ausräuchern*

Auf einem großen Bauernhofe im Schapbacher Tale brach die Maul- und Klauenseuche aus, wovon sofort der gesamte Viehbestand ergriffen wurde. Weil man keine greifbare Ursache für die Krankheit herausfinden konnte, nahm man an, daß das Vieh verhext sein müsse ... Verdächtige Weibsleute gabs im Ort, und nun kam noch ein Umstand dazu, der den Spuk zur Gewißheit machen mußte. Ein Sohn der Erzhexe, die sonst scherzweise von sich selbst zu sagen pflegte: De Bese han i am Buch, un uff de Gawl lauff i, – war tags zuvor auf dem Hofe gewesen und hatte das übliche Geschenk nicht erhalten. Naturgemäß hatte dessen schlimme Mutter aus Bosheit darüber in der darauffolgenden Nacht den ganzen Stall verhext. Um Gewißheit darüber zu erlangen, mußte die Verdächtige gebannt, das heißt durch Zaubermittel an den Ort ihrer Untat zitiert werden. Das ist nicht schwer, wenn man den Spruch weiß und nebenbei noch eine Jungfer ist. Da von den Mägden des Hofes keine an das Wagnis gehen mochte, unternahm es Bibiane, die Untermagd, die Beschwörung vorzunehmen, natürlich unbeschrien und ungesehen. Vorsichtig um sich spähend, schlich sie mit Eintritt der Dunkelheit in den Stall. Unter der Schürze trug sie die Räucherpfanne, und auf deren Glut verbrannten langsam drei Messerspitzen Dreifaltigkeitssalz, ebensoviel Anken, drei Rinden Brot, Osterholz vom Kirchhof

*Hexenschuß. Holzschnitt 1508*

usw. Dabei mußte Bibiane sehr vorsichtig sein, denn erhielt die Hexe von dem ihr drohenden Banne Wind, so suchte sie der Beschwörerin vor deren Eintritt in den Stall das Fürtuch über der Räucherpfanne zu entreißen oder ihr sonst einen Schabernack zu spielen, welcher das Vorhaben vereiteln mußte. Gelang ihr das nicht, so stand es schlimm um die Hexe.

Wirklich unbeschrien im Stalle angekommen, fachte Bibiane auf dem Deckel der Räucherpfanne die Zauberglut an, und während die geweihten Dinge langsam verbrannten, sprach sie die Worte:

Hexe, ich lege dir Salz und Schmalz und Brot auf dein Herz,
daß du leidest großen Schmerz.
Du sollst haben weder Ruh noch Rast
bis du dein Vergehen gestanden hast –
In Gottes und des Teufels Namen!

Solchen Schmerz am Leibe auszuhalten ist selbst für eine Hexe zu stark. Winselnd und heulend muß sie in irgendeinem Winkel sich zeigen und mit ihrem Namen zu erkennen geben oder leibhaftig auf dem Hofe erscheinen. Letzteres traf nun merkwürdigerweise grade zu. Zu Bibianes Erstaunen kamen aber gleichzeitig zwei verdächtige Weibsleute zusammen auf den Hof, die wohl oder übel jetzt als leibhaftige Hexen erkannt wurden, obwohl sie es beide hernach abgestritten haben. (31)

## *Die abgehauene Katzenpfote*

Ein Soldat kam fast jeden Abend, wenn er außer Dienst war, zu einem Mädchen, das er heiraten wollte. Das ging eine Weile so; da sagte das Mädchen eines Abends: er dürfe jede Nacht zu ihr kommen, nur nicht des Freitags, da sei es ihr niemals geschickt. Dem Soldaten schien diese Äußerung verdächtig, und er machte sich deshalb gerade in der nächsten Freitagsnacht auf den Weg zu seinem Schatze. Unterwegs traf er eine weiße Katze an der Straße, die lief beständig zu ihm her, und als sie nicht weichen wollte, zog er endlich seinen Säbel und hieb nach ihr und hieb ihr eine Pfote ab. Da sprang die Katze was sie konnte dem Orte zu.

Als der Soldat nun zu der Magd in die Kammer trat, lag sie im Bett und gab auf seine Frage, was ihr fehle, eine ganz verwirrte Antwort. Zugleich bemerkte er Blutpuren am Bett und zog deshalb die Decke herunter. Da schwamm sie im Blute; der eine Fuß war ihr abgehauen. »Ha, so steht es mit dir, du Hexe!« rief der Soldat und ging fort. Das Mädchen aber starb am dritten Tage. (32)

## *Hexe als Katze*

Bi uns im Dorf isch ä böses Wib gsi, wie ich no jung gsi bi. Si het Lina Stocker g'heiße un het uf em eigne Hof viel Bösis due. Ä Zitlang sin am

Morge d'Ross im Stall immer ganz naß g'schwitzt gsi un in d'Mähne sin Zöpfli gflochte gsi.
Do het de Chnecht ämol z'nacht Wach ghalte un useg'funde, daß es ä wissi Chatz gsi isch, wo d'Ross gjagt het. Er het ä Geißle gno und het sie gschlage. Am nächschte Morge het d'Lina luter Strieme gha un me het gwüst, wer die Chatz isch.
Mir hän Angscht gha vor'ere. Unsri Mueter het is immer ine gruefe wenn sie dusse vorbei gange isch. Me het'ere nit in d'Auge luege chönne. Sie het au's 6. und 7. Buch Mose gha. Das hän domols viel Lüt gha un alli hän sie Böses im Schild gführt. Aber 1933 sin die Bücher i'zoge worde. (33)

## *Hexenverwandlung*

Ein Mann aus Reutlingen sperrte eines Tages eine Gans, die verlassen auf der Straße stand, in seinen Stall, und fand am andern Morgen statt der Gans ein nacktes Weibsbild im Stalle.
Ein andrer Mann, ein Metzger, der noch ledig war, sah einst in der Nähe der Reutlinger Kirche eine Sau, die war herrenlos und schien sich verlaufen zu haben, weshalb er sie mitnahm und in seinen Stall ließ. Als er aber am andern Morgen nach ihr sehen wollte und den Stall aufmachte, saß eine fasernackte Frau darin; die bat ihn um alles in der Welt, ihr doch Kleider zu holen von ihrem Manne und sie nicht zu der Schande zu zwingen, daß sie nackt heimgehen müsse. Der Bursch ließ sich endlich dazu bewegen, ging zu ihrem Manne und holte einige Kleider. Zugleich aber gab ihm der Mann auch noch Geld, damit er doch ja von der Sache schweigen möge, was er ihm auch versprach. Dann brachte er der Frau die Kleider und ließ sie frei. Allein aus Zorn darüber, daß er für das Holen der Kleider Geld genommen hatte, ritt ihm diese Hexe nun alle seine Pferde zusammen und verdarb ihm sein Vieh und fügte ihm überhaupt so viel Schaden zu, als sie nur konnte.
Da klagte der Mann einst seine Not einer armen Frau, die ihn besuchte; die sagte, sie wolle ihm helfen. Sie verlangte einen Besen, ging damit die Treppe hinauf und schlug ihn so lange auf die Stufen, bis daß er ganz hin war. Dann sagte sie zu dem Manne: jetzt solle er die böse Frau einmal besuchen. Wie er hinkam, hieß es, sie sei krank; und als er sich nicht abhalten ließ und zu ihr in die Kammer drang, lag sie da im Bett, indem ihr ganzes Gesicht wie mit Ruten zerschlagen und zerfetzt war. Darauf fragte

er sie, was ihr denn fehle? »Ich ging die Bühnentreppe hinauf«, sprach sie, »und da bin ich so krank geworden.« »Das ist dein Lohn, den du längst an mir verdient hast«, sprach der Mann; und bald darauf ist sie gestorben. (34)

## *Eine Hexe als Sau*

S'ist emal e Handwerksbursch gwä, der ist in-ere Scheuer übernachtet, un do hat er um Mitternacht en grausige Lärme g'hairt un ist ufg'stanne, um z'gucket, was 's ist; do hat er de Hexemoister mit de Hexe g'sehe und hat g'hairt, wie er ere jede g'sait hat, was se z'dunt hat. Zu ein-ere hat er g'sait: »Morge früah, wenn der Sauhirt ausfahrt, muoßt unter d'Säu fahre und 's Schmieds Kind anpacke derweils in d'Schul gaht.« Glei 's Morgets gaht der Handwerksbursch zum Schmied und saits em. Der Schmied sait: »'s ist reacht!« un läßt na dees Kind, wie der Sauhirt kommt, e Stückle weit vom Haus weglaufe un gibt Achting. Richtig kommt e graußmächtige Sau und packts an; der Schmied jagt se eweg, gaht ins Haus, nimmt e glühigs Eise, und wie dia Sau do wieder kommt, stoßt ers-er in Rache nunter. Nach-ere Weile kommt sein anders Kind und holt en zur Ahne, die ist im Sterbe g'leage. Do hat der Schmied g'sehe, daß dees d'Hex gwä ist, die ihr iges Enkele hat müoße anpacke, weils der Hexemoister g'sait hat. (35)

## *Die verhexte Radspeiche*

Ein Mann fuhr nach Rothenburg. Als er am ersten Häuschen vorüberfuhr, in dem eine Frau wohnte, die als Hexe galt, merkte er, daß an seinem Wagen etwas nicht richtig sei, weil ihm die Hexe in diesem Häuschen einen Streich gespielt habe. Er habe aber noch mehr gekonnt als sie. Wie er um den Wagen herumlief, sah er, daß an einem Rad eine Speiche zuviel sei. Er nahm seine Reuthau und hieb die Speiche ab. Da sei die Hexe augenblicklich an einem Blutsturz gestorben. (36)

## *Das fliegende Milchsieb*

In Eschelkam stand ein Küfnergeselle mit einem Mädchen in trautem Verhältnis; er mußte auf die Wanderschaft, bat daher das Mädchen um ein Andenken, und wäre es auch nur ein Haar von ihrem Haupte. Sie hatte aber gehört, man solle kein Haar hergeben, wollte indessen doch die Bitte nicht abschlagen und ging hinaus, um aus dem Milchsiebchen ein Haar zu nehmen, wofür sie ein golden Ringlein erhielt.
Es waren etwa drei Tage verstrichen, als sie eine unendliche Sehnsucht nach dem Geliebten ergriff: es war ihr, als sollte sie zum Fenster hinaus. – Auf einmal sah sie das Milchsiebchen zur Türe hereinkommen und zum Fenster hinausfliegen. Nun kam sie zur Ruhe. Der Geliebte aber wartete in einem entfernten Dorfe des Mädchens, statt dessen flog ihm das Siebchen zu. – Später gestand er, wie er zu einer Hexe gegangen sei und das Haar habe besprechen lassen, daß wer es getragen, ihm nachlaufen müsse. (37)

## *Magd muß drücken gehen*

Eine Magd im Oberland mußte »schrätteleweis« gehen. War sie auf dem Gang, so lag ihr Leib wie tot im Bett oder in ihres Bauers Stube am Boden. Die Seele aber kroch in Gestalt einer weißen Maus aus ihrem Munde. Die Mutter der Magd war eine »Schratt« und von dieser hatte das Mädle das »Schrattweisgehen« geerbt. Vor Anstrengung war aber diese Magd ganz krank, so daß ihr Herr dachte, sie müßte eine Schratt sein, und ihr darum abpaßte. Nachts um zwölf Uhr sah sie der Bauer in die Stube gehen, umfallen und eine weiße Maus zum Fenster hinaus dem Stalle zugehen. Er eilte zum Stall und nahm schnell ein Brett weg, das als Steg über die Mistlache zum Stalle führte. Da konnte die Maus nicht in den Stall kommen. Aber da das Schrättele auf jeden Fall etwas drücken muß, drückte es die große Eiche, welche im Hof lag. Anderntags war die Magd blau vom Drücken. Da nahm sie der Bauer unter vier Augen und sagte, was er gesehen. Das Mädle weinte und entschuldigte sich, daß sie dieses Übel geerbt habe. Der Bauer sagte, er wolle ihr helfen, wenn es möglich sei, möge es kosten, was es wolle. Die Magd aber sagte: »Da müßt ich ja euer schönstes Roß im Stall erdrücken.« Der Bauer war barmherzig und erlaubte ihr das. Und von der Stund an war die Magd erlöst. (38)

## *Der Schmiedegesell und das Schrättele*

Ein Schmied in der Kißlegger Gegend hatte mal einen Gesellen gehabt, der hatte gar viel und arg vom Schrättele zu leiden. Jede Nacht sei der Quälgeist gekommen und sei ihm auf die Brust gesessen und habe ihn arg gedrückt. Einmal hat der Gesell absichtlich gewacht und sei nicht eingeschlafen, um seinen Quäler sicher zu bekommen. Schlag 12 Uhr erschien das Schrättele, tripp trapp, tripp trapp seinem Bette zu und sei auf die Decke gehüpft. Flugs haschte der Gesell mit beiden Händen darnach und was bekam er? Einen Strohhalm! – Der Gesell wußte aber, daß, wer den Schrat erwischt, ihn im Strohhalm erwische, in den er sich gerne verwandle. Er nimmt sein Messer, stutzt den Halm etwas und wirft ihn weg. Als er Sonntags, wie gewöhnlich, in die Kirche kam, sah er von der Emporkirche aus ein altes Mütterlein, das im ganzen Dorfe im Rufe einer Hexe stand, wie es beschädigt war. Er zweifelte gar nicht länger, daß dieses Weiblein sein Plaggeist gewesen, geht ihr in's Haus und tat ihr tüchtig die Schaben herunter und drohte ihr mit noch Ärgerem. Von der Stunde war der Schmiedegesell vom Schrätteledruck frei und los. (39)

## *Den Axthelm melken*

Hexenmeister hat es vor vierzig und etlichen Jahren im Schapbachertal noch gegeben. So erzählte mir ein alter Holzhauer, dessen Genossen aber jetzt teils tot, teils nach Siebenbürgen verzogen sind, daß unter den Waldarbeitern zu seiner Zeit etwelche gewesen wären, die mehr gekonnt hätten als Brot essen. So zum Beispiel hätten sie einmal Kaffee im Walde gekocht. Wenn mr jetzt bigott nur au e weng Milich hätte! sagte da der eine von den Holzhauern. Des hett's gli! entgegnete darauf ein anderer, nahm seine Axt und einen Hafen, begab sich etwas abseits zu einem Baumstumpf, murmelte einige unverständliche Worte, schlug dann mit Wucht die Axt an eine hervorspringende Wurzel und melkte dann Milch zum Axtstiel heraus, bis der Hafen voll war. So, des isch jetzt Milich von einer des X-Bauern Küh, sagte der Hexenmeister. Als nun auf dem betreffenden Hofe die Stallmagd das Vieh zu melken kam, fand sie eine der Kühe auf unerklärliche Weise vollständig ausgemolken. Reich geworden von ihren Künsten aber seien weder Hex noch Hexenmeister. (40)

*Wie die Hexen Milch aus einem Axtstiel melken. Holzschnitt 1517*

## Melkzauber

Ein Steinhauer aus Zell erzählte: Ehe ich Meister war, schaffte ich eines Winters in einer Steingrube bei Rheinfelden. Neben mir arbeitete ein Geselle, der, wenn er Durst hatte, seinen Spitzhammer in den Gerüstbalken schlug, auf dem sein Arbeitsstein lag, sodann aus dem Stiele des Hammers Milch in seinen Filzhut molk und daraus nach Herzenslust trank. Als er mir auch einmal zu trinken anbot, dankte ich, weil ich nicht wisse, was das für Milch sei, und darauf erwiderte er: »Dies ist gewöhnliche Kuhmilch; der Bauer, welchem die Kuh gehört, weiß aber nicht, warum sie ihm so wenig Milch gibt, und noch weniger, daß er mich, einen Steinhauer, zum Melker hat.« (41)

## Hexe erkennen

Ein nicht eben häßliches, aber der Hexerei verdächtiges Mädchen in Hirschhorn stattete eines Abends seinen Verwandten, einem mutigen jungen Manne

und dessen Frau, einen Besuch ab. Ihre Gegenwart war aber der Frau um jenes Verdachtes willen unangenehm und sie wollte zusehen, wie es um sie stünde.
Das kluge Bäsel saß am Ofen und plauderte mit ihrem Vetter und mit seiner Frau. Unvermerkt stellte letztere nun einen Brammen-Besen so an die Stubentür, daß der Stiel auf dem Fußboden stand, das breite, zum Kehren dienende Ende aber an die Tür lehnte. War nun das Bäsel keine Hexe, so machte ihm der verkehrte Besen kein Hindernis; im entgegengesetzten Falle aber konnte es nicht eher das Zimmer verlassen, als bis jener entfernt worden war.
Die Turmuhr schlug neun, ja zehn Uhr. Mehrfache Andeutungen, daß man müde sei und zu Bett gehen wolle, schienen dem Bäsel ganz unverständlich zu sein; es blieb ruhig sitzen. Endlich war aber die Geduld des Mannes erschöpft; er forderte den beschwerlichen Besuch geradezu auf, zu gehen, da man nicht länger aufbleiben könne und wolle. Dann nehmt erst den Besen von der Tür fort, daß man hinaus kann, erwiderte das Bäsel. Ah, war die Antwort; steht es so, Bäsel? Das hätten wir von dir nicht gedacht! Pfui, schäm dich, Hex, und komm nicht wieder!
Sie wurde zur Türe hinausgetrieben und erhielt einige kräftige Hiebe mit dem Besen. In der Angst vor diesem und aus Furcht sich entdeckt zu sehen, soll sie dabei aber den Vorplatz und die Treppe verunreinigt haben. (42)

## *Eine Hexe macht Wind*

In der Erntezeit schnitten einige Leute aus Wurmlingen ihr Korn im Felde; an ihren Acker grenzte die Wiese des Schullehrers und war nur durch einen Fußweg davon geschieden. Auf dieser Wiese, dicht am Wege, standen etwa zwölf schöne Pflaumenbäume, die ganz voll reifer Pflaumen hingen. Es war das schönste Wetter, kein Lüftchen ging. Mit einem Male erhob sich aber in den Pflaumenbäumen ein Geräusch wie ein heftiger Sturm, daß eine Menge Pflaumen herabfielen. Die Schnitter waren nur 15 Schritt von den Bäumen entfernt und verspürten keinen Wind; auch an andern Bäumen bewegte sich kein Blatt. Alsbald aber kam eine bekannte Hexe aus Wurmlingen daher, raffte die auf dem Wege liegenden Pflaumen zusammen und ging damit fort. (43)

*Hexe macht Unwetter. Holzschnitt aus Olaus Magnus (1555)*

## *Die Wetterhexe*

Bei Oggersheim währte einmal ein starkes Gewitter so lange, daß ein Jäger, welcher auf der Landstraße war, mutmaßte, es müßte durch Hexerei entstanden sein. Er lud demnach sein Gewehr mit einer geweihten Kugel und schoß mitten in die schwärzeste Wolke. Da fiel aus dieser ein nacktes Weibsbild tot zur Erde, worauf das Gewitter sich augenblicklich verzog. (44)

## *Eine Zigeunerin macht Hagel*

In der Gegend von Horb kam vor mehreren Jahren eine alte Zigeunerin in das Haus eines reichen Bauern und bettelte die Hausfrau an und erbot sich zugleich, ihr allerlei, was sie wissen wolle, zu wahrsagen. Die Frau fragte: ob ihr Mann ihr wohl treu sei? Die Zigeunerin sagte nein, denn er habe heimlichen Umgang mit einer Magd des Hauses. Der Mann aber, der gehorcht und alles mit angehört hatte, sprang zornig hervor, ergriff in der Küche ein Holzscheit und prügelte sein Weib sowohl als die Zigeunerin und sagte der: sie schwatze solche Sachen bloß deshalb den Weibern vor, um ihnen das Geld abzulocken. Die Zigeunerin aber machte, daß sie fort kam und erzählte draußen im Felde den Arbeitern, was ihr begegnet war und sagte zugleich: dem Bauersmann sollten die Schläge teuer genug zu stehen kommen. Dann ging sie noch etliche hundert Schritt weiter, nahm ihr Taschenmesser, scharrte damit ein Löchlein auf der Straße und ließ ihr Wasser dahinein laufen. Die Leute auf dem Felde sahen, wie die Zigeunerin allerlei Zauberzeichen auf der Stelle machte; und alsbald stieg ein starker Nebel von dem Löchlein auf und bildete sich in der Luft zu einer schwarzen Gewitterwolke, aus der nach zwei Stunden ein so furchtbares Hagelwetter hervorbrach, daß alle Früchte in Feldern und Gärten und alle Fenster an den Häusern auf zwei Stunden weit zerschlagen wurden. Die alte Zigeunerin aber hat sich seit der Zeit nie wieder dort sehen lassen. (45)

## *Die Hexe von Schiltach*

In dem jar nach Christi gepurt 1533 do hat sich die erschrockenlich prunst zu Schiltach im Kinziger thal begeben, in dero das ganz stettle biß an ain haus allerdings in wenig stunden abbronnen. Das ist ußer volgender ursach zugangen. Es het ein fraw, hieß . . ., sampt irer dochter vor etlichen jaren zu Oberndorf am Necker gewonet, die war ires übelhaltens, auch das sie und ir dochter des hexenwerks halb so gar hoch im verdacht, zu Oberndorf [639] nit wol sicher, muste sich von herrn Wilhelmen Wernhern von Zimbern, der dozumal dise herrschaft inhet, besorgen, das sie gefengclich angenomen und villleucht weiter irem beschulden nach mit inen gehandelt würde. Derhalben tratten sie uß, enthalten sich hin und wider, wo sie konten. Indes, als herr Wilhelm Wernher sich an das cammergericht thette, do übergab er die herrschaft seinem brueder, herr Gottfriden Wernhern, wie hievor auch gemeldet. Wie nun ain newer herr zu Oberndorf, do erkeckt die jung dochter auch wider, dann ir muetter hiezwischen auch [gestorben war]; und dieweil villeucht die amptleut daselbs von irem herren, herrn Gotfridt Wernhern, kain sondern bevelch irenthalben bekommen, der auch für sich selbs ein abschewens ab solichen hendeln, do verhofft dieselbig auch dester sicherer zu sein, thette sich nach und nach wider geen Oberndorf und wandlet in der ersten haimlich, hernach aber offenlich dahin; und seitmals sie etwas wesenlicher und unargweniger, dann hievor beschehen, sich hielte, do ward auch das alt geschrai und der verdacht dester ehe vergessen und veraltet.
Standt also etlich zeit an, das sie geen Schiltach sich zu eim würt, hieß Hans Schernle, verdinget. Die het nun vil jar ein sollichen unrainen, bösen incubum an ir gehapt, der wolt sie izmals auch nit verlassen, sonder volgt ir nach geen Schiltach. Da trib er wunderwerk im würtshaus mit seinem un-

geheuren wesen, auch pfiff er und macht den leuten zu danz. Dergleichen affenspill trib er vil. Das fieng an uf unser frawen tag irer verkündung. Das weret so lang, das der würt zu letst merken must, das die sachen mit seiner kechin und disem gespenst nit recht zugiengen. Derhalben gab er ir urlaub, wolt sie nit mer wissen im haus. So wolten die oberigkaiten auch nit darzu thuen, bei zeiten und ehe der schad beschach. Damit gieng es auch, wie hernach volgt. Und unangesehen das die kechin sich von Schiltach het gethon und widerumb geen Oberndorf kam so blib doch der gaist zu Schiltach. Da trib er seine alte weis mit pfeifen und anderm, ließ sich auch merken, seitmals man ime sein bulschaft aldo vertriben, so wellte er das stettlin verbrennen. Aber man achtet sein nit und ließ es ain red sein. Das stande also an biß uf den hailgen grönen donderstag. Do ward die kechin zu Oberndorf gesehen mit andern leuten zu dem sacrament geen. In derselbigen stunde ist sie auch zu Schiltach gesehen worden, gleichwol beide stettlin uf drei großer stund wegs von ainandern sein gelegen, hat sich angenomen, etwas alda im haus vergessen haben. Man hat ir sonders nit geachtet, sie hat ir gefert oben uf der binin im würtshaus gehapt. Nit mag man wissen aigentlich, wie, es ist das haus ainsmals angangen und vol feurs gewesen. Das hat sobald nit megen gelöscht werden, es sein die andern heuser darunder und darob auch angangen. So hats der luft über die gassen hinüber getriben, das in somma das ganz stetlin verbronnen ist biß an ain haus. Es ist ein erbermclicher, erschrockenlicher anblick gewest darum, dann ich selbs inerhalb achtagen darnach aldo durchgeraist und das gesehen. Herr Wilhelm Wernher freiherr zu Zimbern war dozumal sollichen grönen donderstag zu Alberspach im closter bei apt Ulrichen, der hat die brunst gerait sehen megen und darbei abnemen, das es des gespensts halb die gestalt gehapt und darauß sei ervolgt, wie oblaut, und man dessen lange zeit in sorgen gestanden.

In aller prunst und jammer do ist die kechin zu Schiltach verloren und uf selbige Zeit viderumb zu Oberndorf gesehen worden. Uf den beschehnen nachtail und verderplichen schaden do sein der welt erst die augen ufgangen, das man sie zu letst zu Oberndorf, als das geschrai ie so groß worden, gefangen und peinlich gefragt. Do hat sie alle sachen bekennt, wie es ergangen, namlich, als sie zu Schiltach zu irem incubo kommen, hab ir derselbig uf der binin in des Schernlis [640] haus ein hafen voller wusts geben und sie gehaißen, den umbzuschitten, mit vermelden, wover sie das thuen, werde das haus und die statt gleich darauf an und in grundt abbrinnen. Das hab sie nit gleich thuen wellen, sonder sich dessen gewidert. Do hab er ir so guete wort geben, darneben auch ain betrawung angehenkt, das sie sollichs zum letsten hab gewagt und darauf den hafen umbgestoßen. Do seie es gleich eitel feur umb sie worden. Weiter künde sie nit wissen, wie es zugangen, dann sie gleich darauf ain alten bösen erwischt, darauf sie gesessen, darvon gefaren, und seie ganz heimlich, das sie von niemands gesehen, widerumb geen Oberndorf kommen. Nach langer erkundigung deren sachen, hat sie herr Gottfridt Wernher fürstellen und peinlich zu Oberndorf beclagen lassen, auch entlichen lasen verbrennen. Ist gleich nach ostern in obbemeltem jar beschehen. (46)

## *Hexe zaubert weiße Mäuse*

In Dürmentingen war eine alte »Nahne«, die machte ihren Enkeln zum Spielzeug weiße Mäuse. Des Nachbars Kinder erzählten zu Hause von den artigen Mäuslein, da bemeisterte sich das Gericht des Weibes und sie ward als Hexe verbrannt. (47)

## *Die Kraft des Wolfssegens*

Als in den Waldungen der Sirnitz noch Wölfe hausten, pflegte ein Schafhirt, welcher dort seine Herde weidete, täglich beim Austreiben unterm freien Himmel niederzuknien und den Wolfssegen zu beten. In Folge dessen ließen die Wölfe nicht allein die Schafe unangefochten, sondern sie mischten sich sogar unter sie und taten mit ihnen ganz freundlich. Wenn der Hirt sie fort haben wollte, so durfte er nur mit seiner Peitsche knallen: sie liefen dann ungesäumt weg und kamen an demselben Tage nicht wieder. Für ihr gutes Verhalten mußte ihnen jedoch aus der Herde ein Opfer überlassen werden. Dazu bestimmte der Schäfer eine junge Ziege, die er mit einer Schafglocke behängte und seiner Herde zugesellte. Als sie hübsch groß und fett geworden, sah eines Tages ein Wolf, der neben ihr saß, bald sie mit gierigen, bald den Hirten mit bittenden Augen an. »So nimm sie denn!« dachte dieser bei sich, und im Augenblick faßte der Wolf die Ziege, erwürgte sie und, nachdem er dreimal mit ihr im Kreis herumgesprungen, warf er sie auf seinen Rücken und jagte dem Wald zu. Alle andern Wölfe rannten ihm nach, und als sie tief im Gehölz waren, teilten sie getreulich unter sich ihr Opfer. (48)

## *Der Schlangenbeschwörer*

In der Rohrhalde bei Kiebingen befand sich früher eine Meierei, in der es außerordentlich viele Schlangen gab. Es waren Ottern, vier Schuh lang und armsdick, aber nicht giftig. Sie lagen im Hofe wie im Hause überall umher und sogen oftmals den Kühen die Milch aus. Deshalb ließ man endlich einen Schlangenbeschwörer kommen, daß er sie fortschaffen sollte. Da ließ der Mann das Scheuerloch mit Brettern zumachen; ließ dann grad unter diesem Loch ein Feuer anzünden, ging selbst auf den Boden, und nachdem er sich in einen Kasten hatte einschließen lassen, machte er auf einer Pfeife den Ton des Schlangenkönigs nach, worauf alsbald alle Schlangen aus der Umgegend herbeigeschossen kamen und in die Scheuer liefen und durch das Scheuerloch auf den Boden springen wollten, von woher der Pfiff kam. Weil die Öffnung aber verdeckt war, so fielen sie alle zurück in das Feuer und kamen darin um. Seitdem sind alle Schlangen dort verschwunden. Hätten die Schlangen aber den Mann bekommen, so würden sie ihn umgebracht haben; deshalb hatte er sich einschließen lassen. (49)

## *Der Rattenfänger aus Bräunlingen*

Von alter here und biß in das jar, als man gezellt hat 1538, sein der ratzen sovil in Mösskirch gewesen, das sie mermals in früchten und sonst grosen schaden gethon, auch den leuten vil unruhe und müeh gemacht, derhalben die herrschaft und die statt zum oftermal, so das unzifer überhandt genommen, vil verlönen müeßen, das man den armen leuten oder wer das gethon, von iedem gefangnen ratzen ein haller ex publico geben hat. Herr Gottfridt Wernher hat s. Ulrichs ertrichs etlichmal von Augspurg pringen lasen, der hoffnung, es solte die ratzen vertriben, wie dann ain gemainer leumat deshalber, aber es wolts nit thuen.
Darumb in obbemeltem jar, kurzlichen vor weinechten, kam ain abenteurer geen Mösskirch, war von Brenlingen, der gab sich uß, wover man im ein gepürliche belohnung geben, welt er in nechstkomender christnacht allen ratzen zu Mösskirch ußbieten und also vertreiben, das man zu ewigen zeiten keinen mehr in der statt sehen oder speuren solt. Wiewol nun, in bedacht, das er ain unnachpare person und die das ansehen nit het, wenig leut vermainten, das er was fruchtbars ußrichten würde, iedoch verglichen [740] sich die burgermaister daselbs mit im der besoldung, das war namlichen nit vil, ist über vier oder fünf guldin nit gewesen; das solt im erst geben werden,

so die kunst gerecht und die ratzen allerdings vertriben weren. Als nun die christnacht kompt, durchgat er alle gasen und gessle in dem ganzen flecken. Das trib er die ganzen nacht biß miternacht, das man schrecken läute umb zwelfe, do gieng er user der obern stat uf das markbrucklin und verbannte die ratzen ußer der stat. Was er aber für ceremonias und wort darzu gepraucht, das hat niemands gesehen oder gehört, dann er niemands zusehen oder zuhören lasen. Er hab aber gethon, was er gewelt, so sein die ratzen in der nechsten wochen dermasen verschwunden und hinweg kommen, das man von derselbigen zeit an kein ratz in der stat nie mer gesehen, auch iezmals alda von den gnaden Gottes desshalber allerdings frei und geseubert ist. (50)

## *Der Werwolf in Thummlingen*

Mein Urgroßvater war von 1688 bis 1700 Pfarrer des Dorfes Thummlingen im Oberamte Dornstädt auf dem württembergischen Schwarzwalde, und erzählte seinen Nachkommen oft folgende merkwürdige Geschichte, die sich in seiner Pfarre zutrug und deren Wahrheit er auch deswegen verbürgen konnte, ob er gleich das Faktum mit ganz anderen Augen als seine Bauern ansah: Aus dem Pferche des Ortes wurde mehrere Male eines der fettesten Schafe von einem Wolfe entwendet, der in der Abenddämmerung einbrach, den Schäfer nicht scheute und – was das auffallendste war – vom Dorfe herkam und mit seinem Raube wieder zum Dorfe eilte. Der erschrockene Schäfer zeigte die Sache an; aber da war keiner, der – über den gleich allgemein regen Glauben an Wolfsmenschen erhaben – auf eine vernünftige Begegnung der Sache gedacht hätte als der herrschaftliche Jäger, der im Dorfe seinen Sitz hatte. Dieser stellte sich insgeheim mehrere Abende auf die Lauer und sah dann einen ihm wohlbekannten Bürger des Orts kommen, unter einen auf dem Felde befindlichen Heuhaufen seine Kleider alle ablegen und dann zum Wolf werden, der auf den Pferch zulief. Als wirklich nun ein leibhaftiger Wolf einst vom Dorfe heraus und auf den Pferch zukam, so empfing ihn eine volle Ladung aus seiner Jagdbüchse. Verwundet entrann der Räuber, und gefährlich verwundet lag den anderen Morgen einer der Bürger des Orts in seinem Bette. Ob er wirklich an seinen Wunden starb, und wie weit die Sache gerichtlich untersucht wurde, erinnere ich mich bloß deswegen nimmer aus der Erzählung meines Großvaters, weil meine jugendliche Flüchtigkeit auf solche Nebenumstände damalen noch nicht merkte. (51)

## *Die Beschwörung der Frösche*

Unter der Rechenberger Burg ist ein See, dabei eine Kreuzkapelle, in der man früher die Vesper betete. Die Frösche schrieen so laut durcheinander, daß die Geistlichen nicht mehr beten konnten, beschworen sie und hatten von nun an Ruhe. Jetzt noch soll kein Frosch jahraus und jahrein sich da hören lassen, während sie im benachbarten Schwindelweiher alles zusammen quakt. (52)

*Gerichtstag in Stuttgart. Die Hinrichtung des Juden Joseph Süß. Kupfer von Johann Gottfried Thelot 1738*

*Belagerung der Veste Hohentwiel 1641 durch die Kaiserlichen. Kupfer von Mathaeus Merian 1643*

# Der Tod und die Toten

## *Der sterbende Vater erscheint seinem Sohne*

Der als der größte Mechaniker seines Jahrhunderts bekannte Pfarrer M. Phil. Matthaeus Hahn zu Echterdingen unweit Stuttgart, von dessen Witwe, einer anerkannt gelehrten und rechtschaffenen Frau, ich nachstehende Geschichte hörte, starb, erst fünfzig Jahre, sechs Monden und dreiundzwanzig Tag alt, den 2. Mai 1790. Auf seinem Krankenbette dachte er noch viel an einen seiner Söhne, welcher ihm entlaufen war, befahl die hundert Taler zu streichen, welche er ihm im gerechten Unwillen aufgeschrieben hatte, und demselben zu schreiben, daß er ihm seine Fehltritte verzeihe.

Dieser Sohn hielt sich in Berlin auf und hatte keinen Gedanken an den frühen Tod seines Vaters. Einst am hellen Tage trat dieser in der gewöhnlichen Hauskleidung, die er im Leben trug, nämlich einem simplen Überrocke und einer leichten Mütze, ins Arbeitszimmer seines Sohnes, und sagte: Christian, ich bin gestorben, und auf den Mittag um zwei Uhr wird der Trauerbrief mit der Nachricht von meinem Tode durch die Post hier ankommen. Der Vater verschwand darauf wieder; der Sohn versank in tiefe Rührung und Staunen, erzählte der Gesellschaft von jungen Leuten, welche nach dem Mittagessen ihrer Verabredung gemäß kamen, um ihn zu einem frohen Ausfluge abzuholen, die Ursache der ihnen auffallenden Gemütsstimmung, in welcher sie ihn antrafen, ging zwar auf ihr Zudringen endlich mit, wurde aber trotz ihrer Bemühung, ihm die Sache als eine leere Einbildung auszureden, nicht heiter, und lief, als sie nach vier Uhr zurückkehrten, sogleich auf die Post, um der Wahrheit näher zu kommen. Er erhielt richtig einen Trauerbrief mit der Bemerkung, daß er solchen schon um zwei Uhr hätte haben können, weil um diese Stunde diesmal die Post schon angekommen wäre, reiste kurz darauf von Berlin nach Hause, und erzählte dort den Seinigen diese Erscheinung, deren Eindrücke auf sein Gemüt noch lange auffallend sichtbar waren, als die Ursache seiner schnellen Heimreise. (53)

## *Todansagen*

A'ma Morga hot mir mei Großmuatter verzehlt, daß en d'r vergangena Nacht d' Kloschtertante, dia en Rochester en Amerika g'schafft hot, bei ihr em Schlafzimmer g'wea sei. Sie sei wach g'wea ond pletzlich sei d' Kloschtertante vor ihra g'wea ond häb g'sait: »Do wohnet ihr, Chrischtin, i het ui bald neme g'fonda, weil ihr a paarmol omzoga send.« No sei se wieder verschwonda. Mei Oma hot sich dia Nacht g'merkt ond nach mehrere Wocha isch d' Todesnachricht komma, daß d' Kloschtertante g'storba sei. Ond es war genau en d'r selba Nacht, als se onserer Großmuatter sich zoigt hot. (54)

## *Das Bild an der Wand*

Mi Mueter het oft d'rvo verzellt, daß ihre im 2. Weltkrieg ämol ä Bild vom Vader vo de Wand keit isch. Sie het g'meint, er si'gi zu dere Zit g'schtorbe, will's sottigi Fäll scho öfter ge het in ihrer Familie. Es het sich aber use g'stellt, daß er zu dere Zit verwundet worde isch. (55)

## *Die Seherin von Prevorst*

Als Friederike eines Morgens aus dem Zimmer trat, sah sie auf dem Vorplatz einen Sarg stehen, in welchem ihr Großvater väterlicherseits als Leiche lag. Sie konnte nicht weitergehen, weil der Sarg über dem Weg, den sie gehen wollte, herstund. Sie ging wieder zurück und sagte ihren Eltern und dem Arzte, sie sollten doch hinaustreten und den Sarg, der da außen stehe, sehen. Sie taten es, sahen aber nichts. Am andern Morgen stund der Sarg mit der Leiche wieder vor ihrem Bett. [Bald darauf starb der Großvater.] (56)

## *Junker Rechberger*

Sigbertus in seiner Chronik schreibt von einem Junker Rechberger, der mit seinen Dienern einst fremden Herren entgegenritt und über Nacht in einer Feldkapelle blieb. Da er morgens weiterreiste, ließ er seine Handschuh lie-

*Die Seherin von Prevorst (Profilzeichnung eines Unbekannten)*

gen aus Vergessenheit, und schickte deshalb später einen Diener zurück, daß er sie holen sollte. Wie nun der Diener in die Kapelle kommt, sieht er dort einen Totensarg stehen und darauf einen leibhaftigen Teufel sitzen, der hatte des Edelmanns Handschuh an. Kaum hat der Diener dies gesehn, so macht er sich auf und davon und kommt zurück und erzählt seinem Herrn die Sache. Der wird unwillig und reitet selbst zu der Kapelle zurück und findets also, wie der Diener gesagt; tritt aber kecklich hinzu und reißt dem Gespenst die Handschuhe ab und reitet seines Wegs weiter fort. Über eine Weile begegnet ihm eine ganze Schwadron Reiter, und bald darauf noch eine; hintennach aber ritt einer, der führte ein leeres Pferd; diesen fragte der Edelmann, wer sie seien, worauf jener antwortete: sie seien das *»wütende Heer«*. Fragte der Edelmann weiter, was das leere Pferd bedeuten solle? Und der Reiter sprach: sein Herr, der Teufel, habe einen getreuen Diener, der heiße Rechberger, für den sei es bestellt; denn derselbe solle von heut übers Jahr erstochen werden und auf diesem Pferde in sein Quartier reiten. (57)

## *Die drei Rappen*

Auf die schöne Tochter seines Bauern vom Wahlhof hatte der Ritter von Schwarzenberg sein lüsternes Auge geworfen. Er verlangte sie in seinen Dienst; aber ihr Vater, obgleich er die Härte seines Herrn kannte, ließ sie nicht dahin. Da drohte ihm der Ritter, ihn vom Hofgut zu jagen, wenn er nicht dessen größten und vollsten Kirschbaum fällen und, die Pferde an die Krone gespannt, auf das Schwarzenberger Schloß schleifen würde, ohne eine einzige all der reifen Kirschen zu verletzen. Ohne Hoffnung, dies zu vollführen, ging der Bauer zu dem Baume, wo ein altes Männlein zu ihm kam und ihn fragte, warum er so betrübt sei. Nachdem es die Ursache erfahren, versprach es, ihm zu helfen. Stracks hieb es den Baum aufs geschickteste um, rief aus dem Wald drei Kohlrappen herbei, die es an die Krone des Baums spannte, und trieb sie dann, in Begleitung des Bauers, nach dem hoch und steil gelegenen Bergschloß. Als der Schwarzenberger sie dort ankommen und keine einzige Kirsche verletzt sah, war er höchlich erstaunt; das Männlein aber sprach zu ihm: »Weißt Du, wer den Kirschbaum hierher gezogen hat? Der erste Rappe ist Dein Vater, der zweite Dein Großvater und der dritte Dein Urgroßvater, welche die Bedrückung ihrer Untertanen jetzt in der Hölle büßen, und Dir geht es einst ebenso, wenn Du nicht von Deinen Sünden ablässest!« Da ergriff den Ritter die Furcht des Herrn, er tat Buße und führte fortan ein gottgefälliges Leben. (58)

## *Die alte Urschel bei Pfullingen*

Seit vielen hundert Jahren lebt eine verwünschte Frau im Urschelberge bei Pfullingen; man nennt sie nur die alte Urschel. Sie hat sich oft schon den Leuten gezeigt und trägt bald weiße, bald schwarze Kleider nebst weißen Zeugschuhen und roten Strümpfen. Immer aber hat sie ein großes Schlüsselbund im Gürtel. Auch als Tier ist sie schon erschienen, z. B. als Fuchs; dann auch als Frau mit Geißfüßen.
Vor etwa hundert Jahren lebte in Pfullingen ein Bursch, namens Michael Weiß, der trieb noch als Knabe einmal die Pferde vom Urschel-Hohberg herab und fand am Fuße desselben, bei dem sogenannten »Kugelbergle«, ein Pferdekummet, das er aufnahm, und alsbald ward das Kummet in eine Jungfrau verwandelt. Andre sagen, die Jungfrau, nämlich die Urschel, sei aus dem Kummet hervorgetreten, und zwar in roten Strümpfen, weißem

Kleide und mit einem weißen Tuche über dem Kopfe. Sie war von kleiner, zierlicher Gestalt, trug ein Schlüsselbund und strickte mit gelben Stricknadeln, und begleitete von der Zeit an beständig den jungen Burschen, wenn er auf den Urschelberg kam. Kam er mit Wagen und Pferden, so sperrte sie selbst den Wagen, indem sie sich ins Rad stellte, und zwar von der Steig am Urschel-Hohberg an bis nahe von Pfullingen, so daß ihm niemals ein Unfall zustieß. Dann sprach sie mit dem Burschen und erzählte ihm mancherlei, und trieb dies also mit ihm viele Jahre lang, bis daß der Michel schon verheiratet war und vier Kinder hatte. Da gestand sie ihm eines Tags, daß sie von ihren Schwestern durch das siebente Buch Mosis verwünscht worden sei. Sie heiße eigentlich Prisca; bloß von dem Berge, darin ihre Wohnung sei, hätten die Leute sie »Urschel« genannt. Er aber sei im Stande, sie zu erlösen. Sie werde ihm erscheinen halb als Schlange, halb als Jungfrau, und dann müsse er sie küssen. Darauf werde ein schwarzer Pudel seinen feurigen Rachen gegen ihn auftun; allein sie werde ihm eine Rute geben, mit der solle er den Pudel nur von dem Troge treiben, den er hüte und der ganz mit Geld angefüllt sei. Das Geld solle dann ihm gehören. Über seinem Haupte werde zwar ein Mühlstein an einem Zwirnsfaden schweben; allein wenn er nur still sei und sich hüte, auch nicht einmal: »O Jes!« zu rufen, so werde ihm nichts geschehen; wenn er aber einen Laut von sich gebe, so sei er verloren. – Zu diesem Erlösungswerke sollte er sich in ihre unterirdische Wohnung begeben, und der Michel Weiß war bereit dazu, wenn er seine Eltern mitbringen dürfe. Das wollte aber die Urschel nicht zugeben; die Eltern sollten vor der Tür stehenbleiben, und so unterblieb die Erlösung, weil er allein nicht den Mut dazu hatte. Die Urschel setzte ihm zwar heftig zu mit Bitten und Flehen, und sagte ihm endlich, daß er jedenfalls zu einer bestimmten Zeit sterben müsse, er möge sie nun erlösen oder nicht. Allein er war nicht dazu zu bewegen und starb zu der Zeit, welche die Urschel ihm angesagt. Da soll sie bitterlich gejammert und gesagt haben: Wenn ein Hirsch eine Eichel in den Boden trete und aus der Eichel ein Baum und aus dem Baum einmal eine Wiege werde, so könne das erste Kind, das da hineinkomme, sie jetzt erst erlösen. (59)

## *Die weiße Frau zu Zollern*

Auf der alten Burg Hohenzollern läßt sich in den Abendstunden eine weiße Frau in langem wallendem Kleide, ein Schlüsselbund in der Hand, sehen. Sie tritt gewöhnlich aus dem alten Burgtor heraus, schreitet dann zu dem am

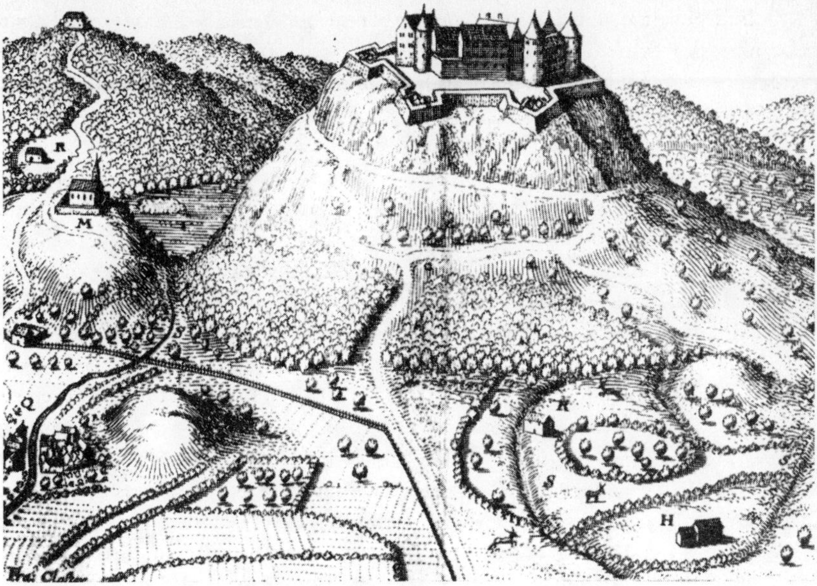

*Burg Hohenzollern. Ausschnitt aus dem Kupferstich in der Topographia Suebiae von Mathaeus Merian (Frankfurt 1643)*

Fuße der Burg befindlichen Wald hinab, bis sie an einen Felsen kommt, pocht dreimal an, da öffnet sich eine Pforte, sie tritt durch diese in den Felsen hinein in eine weite Halle, wo in großen Haufen Gold- und Silbermünzen angehäuft liegen, allein wenn derjenige, welcher ihr nachgegangen ist, wie dies einst ein Jägerbursche, der dem Fräulein gefolgt war, tat, sich denselben nähert, so springt auf einmal ein schwarzer Pudel mit feurigen Augen in die Höhe, der ihn durch furchtbares Gebell zurückscheucht. (60)

## *Weiße Frau schlägt eine Wache nieder*

Die Schildwache am Bleiturm im Karlsruher Schloßgarten sah einst, nachts um zwölf, eine weiße Frauengestalt auf sich zukommen. Dreimal rief der Soldat: »Wer da!« und als die Gestalt nicht antwortete, schlug er auf sie an; allein das Gewehr versagte. Den Augenblick darauf rauschte sie an ihm vorüber und gab ihm dabei einen solchen Schlag ins Gesicht, daß er umfiel und, in Folge des Schreckens, nach drei Tagen starb. Sie war die *weiße Frau,* welche in dem Schloß und dessen Umgebung zu Zeiten sich sehen läßt. (61)

## *Die weiße Frau zu Gutenberg*

Im Schloß zu Gutenberg am Neckar, dem Michelsberge gegenüber, erschien früher die weiße Frau. Sie war groß, sah weiß, grau, runzlich und sehr alt aus, und schlich nur so umher. Den Mädchen half sie bei der Arbeit, namentlich beim Waschen; aber dann mußten sie auch recht fleißig sein; sie sah oft ruhig zu, und tat niemand was zu Leide. Doch zuweilen sprang sie auch wohl der Magd, wenn sie backen wollte, aufs Genick, war aber nicht schwer. Nachts hörte man sie in den Gängen, indem sie Brennholz vor den Öfen niederwarf; allein des Morgens war alles wieder verschwunden. Einem Knechte, der ihr manchmal nachsah, nahm sie mehrmals die Bettdecke und trug sie in eine Ecke des Zimmers. Des Morgens schlich sie immer in das Waschhaus und verschwand da in einer Ecke. – Der Schloßherr ließ hier einmal nachgraben und fand daselbst das Gerippe eines großen Menschen und eines Kindes. Das war ihr eigenes Gerippe und das ihres Kindes, das sie umgebracht, und neben dem sie, ihrem letzten Wunsche zufolge, begraben war. – Seit man indes ihre Gebeine ordentlich auf dem Kirchhofe begraben hat, seitdem spukt hier die weiße Frau nicht mehr. (62)

## *Ein Schafknecht aus Mosis Geschlecht*

Als die Grafen von Rieneck ausgestorben waren, wohnte auf dem Wildsteiner Schlosse der Schäfer. Er hatte ein Ackerfeld für sich und einen Weideplatz für seine Schafe. Einmal nun stand der Pferch auf dem Kleinen Höhacker, an welchen oben und unten Waldgebüsch stößt, und es war Nacht, und der Schafknecht lag in seiner Hütte. Da erschütterte seine Hütte, und er sah hinaus und erblickte eine Weiße Frau. Die hatte einen schwarzen Schleier um den Kopf und nasse Augen und winkte ihm; er aber erschrak, hielt sich die Augen zu und verkroch sich in seiner Hütte. Des Morgens sagte er es seinem Herrn. Wenn sie wiederkommt, sagte dieser, so rede sie an und sprich: Alle guten Geister loben Gott den Herrn! Was ist dein Begehr?

Den Abend kam sie wieder, und er tat, wie sein Herr geboten. Die Frau sprach: Ich bin eine verwünschte Dame aus dem Schlosse, und du kannst mich erlösen. Sei morgen zwischen elf und zwölf Uhr an der Schloßbrücke; da komme ich, aber nicht so wie jetzt, sondern als eine Schlange, winde mich an dir hinauf und gebe dir die Schlüssel. Du darfst dich aber nicht fürchten, ich tu dir nichts und kann dir auch nichts tun. Der Schafknecht sagte: Ja, ich komme. Was soll ich mich auch fürchten, dachte er noch, ich bin ein Schäfer aus dem Geschlechte Mosis; der hat sich vor der Schlange, die aus dem Hirtenstabe wurde, auch nicht gefürchtet! Faßte also guten Mut und einen ordentlichen Stolz im Kopfe, daß er Mosis Nachfolger werden sollte. Und als nun die bestimmte Zeit da war und die Nacht dunkelte, stellte er sich an den bestimmten Ort. Auf einmal erhob sich ein großes Krachen in dem Schlosse, daß man meinte, es wolle zusammenstürzen, und ein schreckliches Rauschen und Rollen wie das Donnern eines Gewitters, und – eine große, eisgraue Schlange kam gekrochen, hatte ein Gebund Schlüssel im Maul und fuhr auf den Schafknecht los. Der aber, wie er sie sah, schrie er auf und lief davon. Da wurde die Schlange wieder zu einer Frau, jammerte herzzerreißend und sprach: Jetzt dauerts wieder hundert Jahre, bis ich erlöst werden kann! Denn es wird drüben im Walde ein Kirschbaum wachsen, und von diesem werden Bretter geschnitten, und aus den Brettern wird eine Wiege gemacht werden, und das Kind erst, das zuerst darin gewiegt wird, kann mich erlösen.

Am folgenden Tage nahm der Schäfer seine Schäferschüppe und seinen Hund und wanderte, denn er hätte das Weinen und Jammern der Frau nicht noch einmal hören können. (63)

## *Der Niesgeist unter der Brücke*

Unter einem Brücklein, zwischen Baden und Scheuern, hatten die Darübergehenden zu Zeiten niesen hören, und als einmal ein betrunkener Mann von Scheuern es auch hörte, rief er: »Helf Gott.« Sogleich stand eine schöne, glänzend weiße Frau vor ihm und dankte ihm, daß er sie durch sein »Helf Gott!«, worauf sie schon viele Jahre geharrt, erlöst habe. Hierauf bat sie ihn, seine Hand, mit dem Schnupftuche darin, herzureichen, was er auch tat. Die Frau legte ihre Hand auf das Tuch und verschwand. Wo ihre Hand gelegen, war deren Abbild schwarz in das Tuch gebrannt. (64)

## *Das Totengäßlein*

Von Bambergen führt gegen das Pfarrdorf Owingen ein ziemlich steiles Sträßchen, welches das Totengäßle heißt. Dieser Name stammt aus der Zeit, da die Pest herrschte. Damals wurden die Toten, welche herumlagen, hier haufenweis hinaufgefahren nach dem Friedhof in Owingen. Der Umherliegenden waren so viele, daß man ohne weitere Untersuchung und ohne Sarg alle zusammen auf den Wagen lud und fortschaffte.

Bei einem solchen Leichentransport fiel einmal einer der Aufgeladenen vom Wagen; der Fuhrmann, der es wohl bemerkte, aber nicht anhalten wollte, fuhr weiter mit den Worten: »Den lassen wir liegen und nehmen ihn morgen mit.« Der Herabgestürzte war jedoch nur scheintot gewesen, kam wieder zu sich, und am andern Morgen war der Fuhrmann tot und ward nun von dem Totgeglaubten, der jetzt dessen Stelle einnahm, mit den übrigen Leichen das Gäßle hinaufgeführt. (65)

## *Das Dengelmännle*

Vor mehr denn 80 Jahren lebte in T. ein böser Bauer, der Sonn- und Feiertag aus purem Geize und Eigennutz dengelte, damit er des Werktags nicht so viel Zeit brauche.

Seit seinem Tode muß er dafür an Sonn- und Feiertagen umgehen und Sachen dengeln bis in alle Ewigkeit. Gegen die Abenddämmerung hört man ihn während der Heu- und Getreideernte sehr vernehmlich. (66)

## *Der Stotzenschläger bei Gomaringen*

Auf einer Wiese bei Gomaringen ließ sich das ganze Jahr ein Geist vernehmen, der Stotzen einschlug; daher man ihn nur den Stotzenschläger nannte. Einmal sah ein Mann in Gomaringen aus dem Fenster und rauchte eben aus einer irdenen Kölner Pfeife, als der Stotzenschläger wieder zu klopfen anfing. »Der wird auch nicht müd«, rief der Mann seinem Nachbar zu. Patsch! hatte er eine Ohrfeige, daß ihm die Pfeife aus dem Mund fiel und zerbrach. Seitdem hat er nie wieder über Geister gespottet. Jetzt hört man den Stotzenschläger nicht mehr. Er muß erlöst sein wie die meisten Geister, von denen man früher, besonders in Gomaringen, so viel zu erzählen wußte. Da hörte man z. B. immer um Weihnachten eine »Windelwäscherin«, die in der Wiesatz patschte und Windeln wusch; ferner konnte man jede Nacht auf dem Landsbühl ein Weib jämmerlich schreien hören; das war die »Landsbühl-Heulerin«, die wahrscheinlich ihr Kind dort vergraben hatte. Jetzt hört man nichts dergleichen mehr. (67)

## *Käuferle*

Durch den Wald zwischen Ehningen und Metzingen fließt ein Bach, über den eine Brücke führt. Hier muß ein Kornverkäufer geistweis umgehen, weil er während seines Lebens betrogen. Er zeigt sich in seiner früheren Kleidung, trägt aber ein Simri und ein Streichholz und heißt »Käuferle«. Geht man ruhig seinem Berufe nach, so tut er einem nichts. Einst jedoch rief ein kecker Bursch ihm zu:
»Käuferle, ich bin auf deiner Bruck,
Wenn du kannst, so mach mi z'ruck!«
Da erschien er plötzlich, schlug dem Burschen den Hut herunter und bleute ihm den Kopf. (68)

## *Das Gerippe in der Mansarde*

Vor einigen Jahren noch lebte ein Veteran, der als Knabe in Tuttenstein diente und auch in seinen späteren Jahren wieder als Futterschneider im Bauhofe angenommen war. In seinen ersten Dienstjahren, erzählte er, ging es nicht ganz sauber her im Stadel. Öfters erschien ihm ein Geist. Er war in keiner besonderen ausgeprägten Gestalt, sondern in weißem Schimmer erschien er, wie in ein weißes Gewand eingehüllt. Schrecken überfiel den Buben jedesmal; die Knechte sahen den Geist nicht, wenn sie gleich bei neben stunden. Es muß somit, nach der Volkssage, dieser Bube ein Sonntagskind gewesen sein. Aufgefordert von anderen, den Geist um sein Begehren zu fragen, wagte solches der Knabe lange nicht. Endlich faßte er doch das Herz hiezu und redete ihn an. Was er gesagt, durfte der Bube niemandem offenbaren. Er reichte ihm die mit einem weißen Sacktuch umwundene rechte Hand. Der Geist brannte seine Hand in das Sacktuch hinein und verschwand. Er war jetzt erlöst. Seitdem wenigstens erschien er nicht mehr.

*Tübingen. Kupfer aus Daniel Meisner, Politisches Schatzkästlein. 1. Buch, 1. Teil (Frankfurt 1625)*

Man achtete der Sache nicht weiter. Als anfangs der 1830er Jahre die Cholera die Grenzen zu überschreiten und ins Württembergische einzudringen Miene machte, es war a. 1834, da wurde auf fürstlichen Befehl das Schloß Tuttenstein zu einem vorsorglichen Lazarette hergerichtet. Um weitere Räumlichkeiten zu gewinnen, ließ der F. Baurat Keim die Mansardenzimmer unter dem Schloßdache ändern, einzelne Mauern einreißen etc. Hinter einer solchen Mansardenwand, unter dem Dach in einem Winkel, lag nun ein vollständiges menschliches Gerippe. Solches ward nun entfernt und am Schloßberge in die Erde verscharrt. Man brachte dies mit der Erscheinung des Geistes in Verbindung. Niemand konnte aber eine weitere Entdeckung oder Mitteilung hierüber machen. Jetzt ist es ruhig. Nach den Aussagen einiger soll dieser Geist eine frühere Beständerin gewesen sein. (69)

## *Das nicht erfüllte Testament*

In die Stiftskirche nach Tübingen vermachte einst jemand eine Summe Geldes, wofür an einem gewissen Tag des Jahres an arm und reich, wer in der Kirche ist, ein Brot verabreicht wird. Der Brauch wurde seit alten Zeiten immer eingehalten; da wollte man ihn einmal aufheben und gab kein Brot mehr her. Da, o Schrecken! lief es dermaßen von schwarzen Vögeln voll, allum und um in der Kirche, daß es schien, als hätte man eine Samtdecke über Stuhl und Boden hergezogen. Niemand ging mehr in die Kirche. Endlich wurde das Brot wieder ausgeteilt und die schwarzen Vögel verschwanden, wie sie gekommen waren. (70)

## *Der Meckerer*

Der Schützen-Klaus war Jäger im Bezirke von St. Peter. Aus übertriebener Sorgsamkeit für den Wald verbot er den Leuten, Geisen zu halten. Um zu sehen, ob sie es befolgten, ging er nachts an die Häuser und meckerte wie eine Ziege. Wenn nun Geißen darin waren, so erwiderten sie sein Gemecker, und er nahm dann die Leute in Strafe. Da sprachen dieselben die Verwünschung aus: er möge bis zum Jüngsten Tage so meckernd umgehen. Seit seinem Tode spukt er nun im Jagdanzuge, zwei Hunde an der Kette führend und häufig meckernd, in seinem Bezirke. Nach der Abendglocke hat er viele schon irregeführt oder mit Steinen geworfen; und als andere, um ihn zu verspotten, zu meckern anfingen, war er im Augenblick da und schleuderte sie den Bergabhang hinunter. (71)

## *Geizige Wirtin in Schwein verwandelt*

D'Wirti vom Adler z'Saschbe isch grusig gizig gsi. Wenn armi Lüt zu'nere cho sin un hän um e Suppe gfrogt, d'rno het si immer gsait: »die hämmer scho de Säuli ge«.

Noch ihrem Tode sin immer wider jungi Säuli durchs Dorf grennt und nieme hät gwüst, wo si ane ghöre. Aber eimol het me gse, wie die Säuli dur e ganz a schmali Lucke imme Gartehag duregschlupft sin. Do het me gwüst, das es cheini rechte Säuli gsi sin.

Im Sepp sin sie au emol über de Weg glaufe. Er isch z'nacht vom Nußcherne hei cho, un wie'ner durchs Schloßgässli gange isch, sin si drad anem vorbei grennt. (72)

## *Die Geistermesse in der Lorenzkirche*

So hat sich auch eine wunderbarliche, doch wahrhaftige geschicht in der Lorentz kirchen und uf deßelben kirchhof zugetragen. Als ein andechtige alte fromme matron ihrer gewohnheit nach eins mahls frue morgens vor tags hinaus gen s. Lorentz in die engelmeß gehen wollen, in meinung, es sei rechte zeit, und umb mitternacht fur das öber thor kombt, findet sie dasselbe offen und gehet also hinein in die kirchen, do sie dann einen alten unbekannten pfafen die meß vor dem altar verrichten sihet; viel leut, mehrers theils unbekannte, sitzen hin und wieder in den stuelen zu beden seiten, auch eins theils ohne köpf, und unter denselben ettliche, die unlangst gestorben waren, die sie in ihrem leben wol gekant hatte. Das weib setzet sich mit großer furcht und schrecken in der stuel einen, und weil sie nichts dann verstorbene leut sihet, bekannte und unbekannte, vermeinent, es weren der verstorbenen seelen, auch nicht weiß, ob sie wieder aus der kirchen gehet oder drinnen bleiben sollen, weil sie viel zu fruhe kommen war, ihr auch haut und haar gen berg gestanden. Da gehet eine aus dem haufen, welche bei leben (wie sie meinete) ihr gefaterin gewesen und vor dreien wochen gestorben, ohne zweifel ein guter engel gottes, hin zu ihr, zupfet sie bei der kurßen (= Kleid von Pelzwerk), beut ihr einen guten morgen und spricht: ey, liebe gefatterin, behut uns der allmechtig gott, wie kombt ihr daher? Ich bitt euch umb gottes und seiner lieben mutter willen, habt eben acht uf mich, wann der priester wandelt oder consecrirt, so lauft weil ihr laufen könnt und sehet euch nur nicht umb, es costet euch sönst ewer leben. Darauf sie, als der priester wandeln will, aus der kirchen geeilet, so sehr sie gekunt, und hat hinder ihr ein gewaltig geprasel, als wann die ganze kirch einfiel, gehöret; ist ihr auch alles gespenst aus der kirchen nachgelaufen und hat sie noch uf dem kirchhof erwischet, ihr auch die kurßen (wie die weiber damals getragen) vom hals gerißen, welche sie dann hinder sich gelaßen und also unversehret davon kommen und entrunnen ist. Hat auch so balt sie vom kirchhof heraus kommen, nichts ferners vermerket. Do sie nun wiederumb zum öbern thor kombt und herein in die stadt gehen will, findet sie das thor verschloßen, dann es etwa umb ein uhr nach mitternacht gewesen; mus derowegen wol 3 stund in einem haus verharren, bis das thor geöffnet wurd, und kan hieraus vermerken, daß kein guter geist ihr zuvor durch das thor geholfen hab und daß sie schwein (die sie anfangs vor dem thor gesehen und gehört, als wann es zeit war das vieh auszutreiben) nichts anders dann der leidige teufel gewesen; doch weil es ein behertztes Weib ohne das gewesen und sie dem unglück entgangen, hat sie sich des dings so heftig nicht mehr angenommen, sondern ist zu haus gangen und am leben unbeschedigt blieben, obwol sie wegen des eingenommenen schreckens 2 tag zu beth hat liegen mußen. Denselben morgen aber, da ihr solches zu handen gestoßen, hat sie, als es nun tag worden, uf den kirchhof hinaus geschickt und nach ihrer kurßen, ob dieselbe noch vorhanden, umbsehen und suchen laßen: da ist dieselbe zu kleinen stucken zurißen gefunden worden, also daß uf einem ieden grab ein kleines flecklein gelegen, darob sich die leut, die haufenweis derohalben hieraus uf den kirchhof liefen, nit wenig verwunderten. Diese geschicht ist unsern eldern sehr wol bekant gewesen, da man nit allein hie in der stadt, sondern auch uf dem land in den benachbarten ort und flecken davon zu sagen gewust, wie dann noch heutigs tags leut gefunden werden, die es vor der zeit von ihren eldern gehöret und vernommen haben. (73)

## *Der erlöste Pfarrer*

Ein junger Bursch aus Böttingen ging einst in der Nacht an dem Allenspacher Hof vorbei. Da hörte er in der damals noch stehenden, obwohl bereits halb verfallenen Kirche jemand predigen und ging hinein. Er sah einen Prediger in vollem Ornate auf der Kanzel stehen und hörte die Predigt an. Und als der Prediger am Schlusse sagte: »Gelobet sei Jesus Christus!« da antwortete der Böttinger: »In Ewigkeit Amen!« Dadurch hatte er den Prediger erlöst. Sogleich aber wandelte den Burschen ein Frost an; er kam fast ohnmächtig nach Haus und starb nach drei Tagen; denn auf dem Heuberge sagt man allgemein: »Wer einen Geist erlöst, ist in drei Tagen ein Kind der Seligkeit.« (74)

## *Der Bachreiter in Lustnau*

Aus einer Spinnstube (»Lichtkarz«) zu Lustnau gingen einmal bei Nacht mehrere Mädchen an den Goldersbach und sahen alsbald den Bachreiter auf seinem Schimmel. Da rief eine Beherzte:

»Schäuble, Schäuble,
Mach dich leicht,
Daß du bald
Bei mir seist!«

Und so wie sie dies gesagt hatte, kam er augenblicklich auf sie zugeritten und verfolgte sie, als sie fortliefen, bis an ihre Wohnung, woselbst er nun vor dem Fenster hin und her ritt. Da guckte endlich ein Mann zum Fenster hinaus und sagte: »Alle guten Geister loben Gott den Herrn!« »Und du auch«, rief der Schimmelreiter, und dann ist er fortgeritten. (75)

## *Der Schuß auf das Irrlicht*

Ein Jäger aus Oberjesingen sah einst bei Nacht in den Weinbergen, die vor dem Orte liegen, zwei blaue Lichtlein vor sich herüber- und hinüberschweben. Nachdem er dies eine Weile angesehen hatte, schoß er danach, worauf er aber jämmerliche Schläge bekam und vier Wochen lang krank im Bett liegen mußte. (76)

## *Blau Flämmchen*

Auf einem Acker ging noch vor 70 Jahren ein blau Flämmchen. Es war, mein ich, in Buxheim. Es muß ein Marksteinfälscher gewesen sein. Einem Mühleknecht war der Rat gegeben, künftig eine Pistole mit St. Agathabrot zu laden und auf das Ding loszudrücken, wenn's wieder kommt. Knecht tat es, hätt's aber nie und nimmermehr getan; war froh, daß er mit Roß und Wagen heil davon kam. Nach Betläuten ging kein Fuhrwerk mehr dort vom Platze, und wenn 1000 Teufel selbigst gezogen hätten. Buxheimer Drescherleute wußten noch mehr zu erzählen, wie das Ding mal in einer Hecke, unweit des Scheuertores, Feuer gespien und schrecklich getan habe. Worauf die Scheurentore zuschlugen und in verschlossener Scheuer in Angst, bis es Tag war, fortdreschten. (77)

## *Die Untergänger*

### a) Im Ammertal

Zwischen Schwärzloch und dem Ammerhof bei Tübingen sieht man alljährlich zur Weihnachtszeit fünf »Untergänger« oder Feldrichter, von denen mißt der eine mit einer feurigen Stange das Feld, ein andrer haut mit einer Bickel, ein dritter schöpft mit einer Schaufel die lose Erde heraus, ein vierter trägt einen Markstein und setzt ihn in das Loch, ein fünfter endlich hält ein Blatt in der Hand und schreibt. Das geht dann immer so fort bis gegen Mitternacht. Da fangen sie an sich zu schlagen, daß das Feuer weit umherfliegt. Während dieser Zeit kann niemand an der Ammer vorbeigehn. (78)

### b) Im Neckartal

Bei Bühl im Neckartale hörte man sonst oft in der Nacht einen Untergänger oder Feldrichter schreien. Derselbe trug einen Markstein auf der Schulter und rief beständig: »Wo soll ich ihn hintun? Wo soll ich ihn hintun?« »Narr, wo du ihn genommen hast!« rief ihm einmal jemand zu. Da sprach er: »Nun gottlob, jetzt bin ich erlöst!« und trug seinen Stein fort, und seitdem hat man ihn nicht mehr gesehn und gehört. (79)

## *Toter schaut seinem Begräbnis zu*

Im Schloß Winzingen, das jetzt rechbergisch ist, lebte ein Tyrann; als er starb und die Leiche in seinem Schloß auf dem Paradebett lag, waren unten Leute versammelt, um die Leiche zu sehen. Der Geist sah oben zum Fenster heraus und rief: »Habt ihr mich schon, oder wollt ihr mich erst?« Von nun an spukte es immer im Schloß; die Leute hörten ihn oft seinen Kutscher rufen: »Kilian, spann die Gäul an!« Es war keine Ruhe, bis der Geist in eine Butte beschworen, dann in die Hundsklinge geworfen wurde. (80)

## *Der Hofener Jäger*

In dem Weiler Hofen bei Neresheim lebte früher ein Jäger, der ein großer Feind der Wilderer war. Einst ertappte er einen, dem er schon lange aufgepaßt hatte, und obwohl der Mann sich ohne Gegenwehr binden und fortführen ließ, so geriet doch der Jäger unterwegs noch in solche Wut über ihn, daß er sein Gewehr auf ihn anlegte und ihn totschoß. Der Wilderer bat zwar um Gotteswillen, ihn zu schonen, er sei Vater von sieben Kindern; allein umsonst. Wegen solcher Grausamkeit hat das Weib des Wilderers dem Jäger gewünscht, daß er umgehen möge bis zum Jüngsten Tage, und der Wunsch ist in Erfüllung gegangen. – Einst war der Jäger mit seinem Sohne

*Friedrichshafen am Bodensee. Stahlstich aus Meyers »Universum« (Hildburghausen 1854)*

*Der Rheinfall bei Schaffhausen. Stahlstich von Th. Beck um 1860*

im Walde, und sie beide schossen zugleich auf ein Wildschwein, und obwohl die Kugel des Sohns den Vater nicht hätte treffen können, so fiel er doch tot nieder. Eine Wunde konnte man nicht entdecken. Als man die Leiche aus dem Hause trug, sah man ihn zugleich oben aus dem Fenster gucken, aber ohne Kopf. Seitdem ist er oftmals in verschiedenen Gestalten gesehn worden, indem er »hoho!« schreit wie Jäger und Eulen. Das ist der *»Hofener Geist«* oder *»Hofener Jäger«*, den man in der ganzen Gegend kennt. Auch als Tier, als Hund, Fuchs, Schwein, Pferd usw. ist er schon erschienen. (81)

## *Der hartnäckige Geist*

Der Müller von Göttelfingen im Schwarzwald hatte bei Lebzeiten die Leute vielfach ums Korn betrogen. Zur Strafe dafür bekam er im Grab keine Ruhe, sondern geisterte in der Mühle. Während seiner Leiche hatte er mit der Zipfelkappe auf dem Kopf und der Pfeife im Mund zum Bühneladen heraus seinem Sarg nachgesehen. Später sah man ihn rauchend hinter dem Ofen sitzen. Um seiner loszuwerden, holte man einen Kapuziner, der ihn bannen sollte. Dieser zog um die in der Stube Anwesenden einen Kreis mit Wasser. Darauf hörte man Wagengerassel das Tal herauf und auf einer Stiege Tritte wie von zwei Männern. Daraufhin erschien der Geist als Pudel. Der Kapuziner wies ihn weg und befahl ihm, er solle in kleinerer Gestalt wiederkommen. Jetzt erschien er als Rabe, schließlich auf des Kapuziners erneuten Befehl als Käfer. So konnte ihn der Mönch in eine Schachtel bannen und forttragen. Der Geist flehte, man möge ihn wenigstens an eine Stelle tun, von wo aus er die Mühle sehen könne. Darum brachte ihn der Kapuziner unter einen Felsen in einer nahen Schlucht. Später brach man aus diesem Felsen Steine. Dadurch wurde der Geist wieder frei und spukte aufs neue in der Mühle, bis ihn der Kapuziner wieder hinausbannte. (82)

## *Das naßgeweinte Hemdlein*

Eine Mutter hatte ihr einziges Kind verloren. Sie konnte sich über den Verlust nicht trösten und weinte und klagte Tag und Nacht. Da erschien ihr in drei Nächten hintereinander das Kind und bat die Mutter, doch das Weinen einzustellen, es könne keine Ruhe finden, weil alle Tränen der Mutter auf sein Hemdchen fielen. Dabei zeigte es auf sein nasses Gewand und verschwand wieder. Die Mutter tröstete sich, und das Kind fand Ruhe. (83)

## *Lenore*

Auf einem Hügel nahe bei Buchau stand ehemals eine Kapelle. Reste derselben sind noch vorhanden. Dieselbe wurde lange vorm Dreißigjährigen Kriege erbaut und liegt ihre Entstehung in folgendem Grunde:
Ein Edler vom Bussen fiel in einer Schlacht gerade auf dem Hügel, der nachmals die Kapelle trug. Als seiner Gattin die Trauerkunde zukam, traf sie jäher Schreck und Schmerz, und fortan hielt quälende Sehnsucht nach ihrem Ehegespons die geschlagene Wunde frisch. Gott und alle Kräfte der Natur flehte sie um nur ein kurzes Wiedersehn auf dieser Erde an, und mit offenen, erwartenden Armen rief sie ihre Klage von dem Hügel aus hin in die öde Weite und ward so Gegenstand gerührtesten Mitleids derer, die sie sahen und die sehnsuchtsglühenden Jammerworte vernahmen:

»Windle, Windle weh',
Daß mein Gemahl ich wieder seh!«

Und sie fand Erhörung; ihr Gemahl erschien ihr auf seinem Streitrosse im blutbenetzten Schlachtgewand – doch ohne Haupt.

»Windle, Windle weh',
Daß mein G'mahl ich nimmer seh!«

rief sie im ertötenden Gefühl des Entsetzens. – Ihr Herz blieb gebrochen. Zum Gedächtnis des Geschehenen und zur Seelenruhe ihres Eheherrn ließ sie eine Kapelle auf jener Stätte erbauen. Aber nicht nur diese bezeugt den berichteten Vorfall, sondern auch die durch selben erschütterte Natur; denn seither zieht in stets heftiger Strömung, mit seufzendem Geflüster der Wind über den Kapellenhügel. (84)

## *Bestrafter Leichenfrevel*

Do ein abergläubiges, unbedechtiges weib uf einen tag frue morgens hinaus zu dem gericht gangen, inwendig in galgen hinaufgestigen und einen dieb, welcher kurz zuvor war gehengt worden, verschneiden und dieselben materien ins bier hangen wollen, damit die leut sehr zulaufen und das bier desto mehr holen sollen, hat gott der allmechtige ihr furnehmen sichtiglich gestraft, daß der todt cörper mit den fuesen ihr umb den hals gefallen und sie so fest gehalten, daß, wo nicht leut, die etwa in der nehe geschnitten oder sonsten furuber gangen, sie schreien und winseln gehört und ihr geholfen hetten, sie umb ihr leben kommen wer. Die leut aber, so zugelaufen, haben des todten cörpers fues mit großer müh und arbeit von einander bringen und die fraw ledig machen können: welches dann furwitzigen losen leuten, welche noch heutigs tags bisweilen mit solchen bösen stucken umbgehen, den dieben ihre finger, daumen, zehen abschneiden und in die väßer hengen, zur treuen warnung dienen soll. (85)

## *Der sprechende Totenkopf*

Umb die zeit ungevärlich hat sich ain wunderbarliche geschicht zu Messkirch begeben, die ich kains wegs umbgeen oder unangezaigt kan lassen. Auf ain nacht haben drei verwegen gesellen, burgerssön, in aim haws, in der undern stat am graben gelegen, mit ainandern zecht, und als sie trunken worden, haben sie aus mitwillen, welcher under inen dieselbigen nacht ain dotten kopf us dem bainhauws hollen solle, gespilt. Also hats der, so am verzagtesten under inen gewesen, verloren; aber damit er für fraidig geachtet, ist er allain in der nacht hinauf zum bainhaus, da iezundt sant Veiten capell steet, gangen, und wie er doch mit aim erschrocknen herzen ain dotten kopf nemen wellen, hat ine ain solche gehe forcht umbfangen, das er, ganz erschrocken, widerumb von dannen geflohen. Damit er aber nit als forchtsam von seinen gesellen verdacht, hat er widerkert und abermals den dotten kopf mit sich zu tragen understanden; ist im aber widerumb, wie vor, begegnet. In somma, er hat im ain muoth geschöpft und ist zum dritten mal dargangen, des endtlichen vorhabens, von seiner mainung nit zu steen, sonder den dotten kopf seinen gesellen zu bringen. Und wie er doch mit erschrocknem gemüeth den doten kopf angerüert und ufgehept, hat derselbig mit einer rauhen, unmentschlichen stim »Laß mich ligen!« gesprochen, davon dem gesellen alle seine creften dermaßen entgangen, das er den doten kopf verlassen und ganz beschwerlich wieder zu seinen gesellen komen hat mögen, denen er, was im begegnet, angezaigt. Die, in ansehnung das er ganz blaich, ungestalt und kainem lebendigen mentschen mer gleichnet, nit clainen schrecken entpfangen, haben sich also in großer vorcht die nacht im haws enthalten; morgens sein sie all drei tödtlichen krank worden, darunder die zwen sich widerumb erhollet, aber der dritt, dem die abenteur, wie gehört, begegnet, ist am dritten tag entlichen gestorben und vergraben worden. (86)

## *Der tote Gast*

Ein reicher Herr ging einmal nachts über den Friedhof, es traf ihn sein Nachhauseweg dorthin. Als er dort ankam, verweilte er dort eine Weile und betrachtete die Gräber. Er sah nieder, und vor ihm lag ein Totenkopf. Er stieß ihn mit dem Fuß und sprach: »Schädel, kannst morgen bei mir speisen« und ging betrunken nach Hause, schlief aus, und als er morgens erwachte, fiel ihm seine Frevelrede mit dem Totenkopf ein. Er sann und betete. Der Schweiß rann (fiel) ihm tropfenweis von der Stirn vor lauter Angst, und doch sagte er niemand etwas davon. Als es Abend wurde, stieg seine Angst noch heftiger, es wurde Abend und Zeit, sich zu Tisch zu setzen. Es klopfte an, niemand sagte herein, aber der Tote kam herein, setzte sich zu Tisch, aß aber nicht. Der Herr fiel in Ohnmacht. Als er zu sich kam, bat er das Totengerippe um Verzeihung wegen dem großen Frevel. Das Gerippe fing an zu reden und sagte: »Kennst du mich? Ich bin dein Großvater und sitze zuunterst in der Hölle, dein Vater sitzt neben mir und du, wenn du nicht zurückgibst, was wir beide zu Unrecht hatten, kommst neben uns beide. Alles, was du hast, Felder und Wiesen, alles, was du besitzt, gehört deinem Nachbar, welches ich ihm abgenommen und abgestritten habe. Dein Vater hat es gewußt und auch nicht zurückgegeben, und dir geht es nicht besser, wenn du es nicht zurückgibst.« Er verwandelte sich in eine Krähe und flog durch die Wand hinaus, wo das Loch heute noch zu sehen ist. Der reiche Herr aber gab seinem Nachbarn alles zurück und zog sich zurück in ein Kloster und führte ein strenges und bußfertiges Leben und starb einen seligen, glücklichen Tod. (87)

## *Die Gäste vom Galgen*

Man sagt von wunderbarlichen historien, die dem Wildthannsen Speten (der seiner wunderbarlichen handlungen halb der Wildhanns genempt worden) begegnet sein sollen. Noch hat er ain wildern vettern gehabt. Uf ain zeit und namlichen an aim sampstag ist er mit demselben vettern, eim Speten, über feldt geritten; do sein sie ungeferdt uf ein weg zu aim hochgericht, daran drei arm mentschen, übelthetter, gehangen, komen. Der Speet, außer ainer freche, wie er dess und anders gewonet und im brauch hette, sagt in aim gespött: »Ir drei dürren brüeder, was hangen ir alda? kompt hinnacht zum nachtessen und seit meine gest!« Er ward umb die frechen reden von seim vetter mit gueten worten gestrafft; es half aber nichs. Uf den abent spat kamen sie wider heim. Als nun das nachtessen zuberait, saßen sie fröhlich zu disch. Gleich zu anfang des essens kompt ain diener gangen, zaigt an, es seien iren drei vorm thor, haben anklopft und sprechen, sie seien die drei dürren brüeder, die er geladen, kommen auf das nachtmal und begern herein. Allererst ward disem kecken kerle sein freche und gespöttige red zufallen, die in iezundt über gerawen hat, aber zu spat. Darauf bevalhe er dem diener, den dreien am thor zu antwurten, sie megten wol an ir gewonlich statt oder ort (1234) wider ziehen und sich sein oder seiner rede nit bekömmern, dann r mit inen nichts zu thuon haben welte. Solcher antwurt waren die drei nit zufriden, empoten dem edelman wider, er het sie geladen, do weren sie erschinen; welte er sie nun nit einlassen, wissten sie wol mittel und weg, aber doch mit seiner höchsten ungelegenhait und seins undanks, zum nachtmal zu komen. Als dem Wildthansen und seinem vettern dise pottschaft bracht, fienge inen baiden an die katz den rugken ufhin laufen; sonderlich aber, als der diener von wegen der trewreden sie aigentlicher besehen, seim junker anzaigt, was erschrockenlichen gestalt sie hetten. Do ward dem Wildthansen nit mehr gehewr, rathschlagt mit seim vettern und seinen dienern, wie doch der sach zu thuon were. Die rieten im alle, seitmals er sie geladen het und sie darauf erschienen, sollte er sie einlassen, dann ime sonst hievon großer nachthail und misfallen begegnen megte. Also bewilliget ers. Damit warden sie eingelassen. Sie giengen alle drei die stegen hinauf, satzten sich zu disch neben ainandern gegen den edelleuten hinüber und stillschwigendt theten sie, als ob sie äßen. Baiden edelleuten war der hunger vergangen, so sie die drei in aller gestalt, wie sie desselbigen tags am hochgerieth gehangen waren, ansahen. Als nun die malzeit ain ende het, standen die drei wider uf, under denen der kleinest mit haiserer, erschrockenlicher stim dem Speeten seins ladens dank sagt, mit dem anhang, er sollte die tag seins lebens kains armen mentschens, der seiner verschuldung halb zeitlichen gericht wurde, spotten oder übelreden, und sie drei hetten mit irem zeitlichen todt gebüest, verhofften der ewigen frewdt und sälligkait. Mit dem zogen sie wider darvon. Bemelter Speet, noch auch sein vetter, der Wildthanns, haben hernach keinen solchen mehr gespott oder zur malzeit geladen, sein auch baide, so lang sie gelebt, für das hochgericht nit mehr geritten. (88)

## *Die Botschaft aus dem Jenseits*

Ein Doktor der Weltweisheit zu Karlsruhe verabredete auf dem Sterbebette mit seinem Sohne, derselbe solle in der Nacht nach der Beerdigung und, wo nötig, auch in den zwei folgenden Nächten zwischen elf und zwölf Uhr auf den Markt an die Piramide gehen, und wenn dort in keiner Nacht der Verstorbene sich ihm kund tue, so sei wahr ihr Glaube: daß nach dem Tode keine Fortdauer stattfinde. Nachdem der Doktor begraben war, begab sich der Sohn zur bestimmten Stunde an die Piramide, und sieh! auf deren Einfriedigung saß eine schwarze Taube und rief ihm zu: »Sohn, entsage deinem Irrtum, es gibt eine Ewigkeit und eine Vergeltung!« Hierauf verschwand die Taube. Der Sohn ging tief erschüttert heim, wurde krank und starb nach aufrichtiger Bekehrung. (89)

## *Die Arme Seele*

Es war ama Wenterobend em Johr 1943, als i vo'ma Bsuach hoimganga be. Ond do hau i dia arm Seel g'seha. A schwarzanzogener Mench isch mit 'ra schwera Eiseketta iber de Schultera, die er henter sich her g'schloift hot, an d'r Kloschtermauer entlang ganga. Sein Gang war langsam ond er hot a g'bickta Haltung g'het, wia onter a schweara Lascht. Hot er a beschtimmta Schtrecke henter sich g'het, isch er durch a kloina Kloschterpforte verschwonda ond ma hot nix me' g'hert ond nix me' g'seha von em. (89a)

## *Die feurige Hand*

Ich hab eine Basen / die meines Vatters Schwester gewesen ist / zu Heydelberg gehabt / die erzelt vns offtmals / sie sey nach dem todt jres Ehemanns schwanger gewesen / vnd allein gantz trawrig auff dem Herd oder Fewerblatten gesessen / da sey die stiegen herab kommen ein langer Franciscaner Mönch / vnd mit jm jr abgestorbener Ehemann / die seien mit einander zum Herd kommen / Ihr Ehemann hab sie gegrüßt / vnd den Mönch in die stuben hinein geheissen gehen / dann hab er etwas mit der Frawen zureden. Als er aber hinein gegangen / da habe er angefangen zu erzelen / wie sie eine schuld bezalen söll / vnd von andern dingen mehr. Wie er nun ein gut-

*Die verbrannte Hand. Nach der Fegefeuer-Vision der Margarete Schäffner aus Gerlachsheim (Baden)*

weil mit jr geredt / hab er sie jm auch heissen die handt bieten. Dieweil sie sich aber forcht / hat sie jhm die jre handt lang nicht reichen wöllen. Letztlich aber hab sie sich doch vberreden lassen / vnd hat sie jm gegeben. Da er sie erwischt / hat er jr die handt verbrandt / das sie kolschwartz worden war / Vnd ist also wider von jr hinweg gegangen. Solchs hat sie vns offt erzelt / da ich noch in meinem Vatterland war / hab ich sampt etlichen vielen die handt gesehen / wie sie verbrandt ist gewest. (90)

## *Die wiedererweckte Scheintote*

Die Frau aus dem jetzt Stutz'schen Hause am Münsterplatz zu Freiburg war, mit reichem Geschmeide geschmückt, begraben worden. Der Bediente und die Köchin, welche eine Liebschaft miteinander hatten, beschlossen, die Kleinode zu entwenden, damit sie genug Geld bekämen, um sich zu heiraten. Zu dem Ende schlichen sie tief in der Nacht auf den Kirchhof und öffneten Grab und

*Freiburg. Kupfer aus Daniel Meisner, Politisches Schatzkästlein. 1. Buch, 2. Teil (Frankfurt 1625)*

Sarg ihrer Herrin. Da kam diese, welche nur scheintot gewesen, zu sich und richtete sich in die Höhe. Entsetzt flohen der Bediente und die Köchin nach Hause, sagten aber niemand etwas von dem Vorfall. Bald nachher schellte die Frau an der Haustüre, ihr Mann machte das Fenster auf und fragte: »Wer ist draus?«
»Die Frau aus dem Haus«, antwortete sie.
»Die ist tot und begraben«, erwiderte er, und darauf sie:
»So gewiß bin ich es, als unsere Schimmel zum Speicherloch heraussehen.« Kaum hatte sie dies gesagt, so trappten die beiden Pferde die Treppe hinauf auf den Speicher und schauten zur Giebelöffnung hinaus. Da ließ der Mann seine Frau eilig herein, voll Freude, daß sie noch lebe. Weil der Bediente und die Köchin fürchteten, sie seyen auf dem Kirchhof von ihrer Gebieterin erkannt worden, taten sie vor ihrem Herrn einen Fußfall und bekannten ihr Vergehen. Statt sie zu bestrafen, dankte er ihnen für die Wiedererlangung seiner Frau und beschenkte sie so reichlich, daß sie sich heiraten konnten. Auch ließ er zum ewigen Andenken die Schimmel in Holz nachbilden und innen an die Giebelöffnung stellen, die seitdem nicht zugemauert werden kann. Seine Frau lebte noch sieben Jahre, sprach aber wenig und lachte gar nicht mehr; dagegen betete sie viel und spann und wirkte ein großes leinenes Tuch für das Münster. Dasselbe brachte sie gerade fertig. Es ist aus *einem* Stück, mit Bildern aus dem Leben des Heilands geziert, und wird noch heutigen Tags als Fastentuch gebraucht. (91)

## *Der Gaul in der Wiege*

An einem Hause in der Kalchstraße (Nr. 288) in Memmingen sieht man unterhalb des Erkers ein gar wunderliches Bild angemalt, nämlich einen Gaul, der in einer Wiege liegt. Darüber geht folgende Sage: Vor alten Zeiten war einmal die Frau dieses Hauses, eine Frau Ahne, gestorben und wurde, nachdem sie die übliche Zeit auf dem Totenbette gelegen, in herkömmlicher Weise begraben. Da man der reichen Frau aber ihre kostbaren Ringe und Schmucksachen mit ins Grab gegeben hatte, so erregten diese die Habsucht des Totengräbers, und um der Kleinodien habhaft zu werden, scheute er nicht vor einer Leichenplünderung zurück. Zu diesem Zwecke begab er sich in später Nacht mit Schaufel und Laterne auf den Friedhof, öffnete das Grab und stieg auf einer Leiter hinab. Als er aber den Sargdeckel weggehoben hatte und sich der Ringe bemächtigen wollte, siehe, da fing die Tote an, sich zu bewegen, und richtete sich auf. Bei seinem schlechten Gewissen darob entsetzt, floh der Totengräber voller Schrecken davon, Leiter und Laterne zurücklassend. Die Frau aber, die nur scheintot gewesen war, stieg nun auf der Leiter aus dem Grabe herauf, nahm die Laterne und kehrte zum Hause zurück, wo sie Einlaß begehrend am Glockenstrang zog. Der Ehemann öffnete im oberen Stock das Fenster und rief herab, wer noch zu so später Stunde läute und herein wolle. »Ja ich, deine Frau! Mach nur auf!« Der Mann hätte sich lieber für gefoppt gehalten, wenn die Einlaßbegehrende nicht so bestimmt auf ihrer Behauptung, sie sei ja sein Weib, bestanden und ihre Stimme nicht die bekannte gewesen wäre. Aber man hatte sie ja doch erst zu Grabe getragen, und so wußte der Mann nicht, wie ihm war; es kann ja nicht möglich sein, dachte er sich und sprach: »So wenig als mein Gaul – nach anderen mein Schimmel – in der Wiege liegt, so wenig bist du meine Frau.« Da habe die Wiedergekehrte erwidert: »So wahr der Gaul in der Wiege liegt, so wahr bin ich sie!« Und siehe da, richtig lag in der Wiege ein Gaul, zum Staunen der Angehörigen, die nun ob des wunderbarlichen Ereignisses keinen Zweifel mehr hegten und die Wiedererstandene freudig aufnahmen. Die Frau lebte dann noch drei Jahre an der Seite ihres Mannes und gebar ihm sogar noch ein Kind. Zum Andenken aber an die wunderbare Rettung wurde hernach das genannte Wiegenbild an dem Hause angebracht. Als man in späterer Zeit das Bild einmal beseitigt hatte, soll in dem Hause allnächtlich Unruhe und Spuk sich bemerklich gemacht haben, wie man erzählt, und so hat man das Bild wieder neuerdings malen lassen, so wie man es heute erblickt. (92)

## *Die Totenfahrt*

Eines Tages hörten viele Leute, welche auf dem Iffezheimer Feld arbeiteten, in der Luft rauschen und rufen:
Ab Weg,
Ab Steg,
Der Abt von St. Blasien kommt!
Als sie aufblickten, gewahrten sie nichts, erfuhren aber später, daß gerade zu jener Zeit der Abt von St. Blasien gestorben sei. (93)

## *Der Kaiser im Guckenberg*

In den Guckenberg bei Fränkisch-Gemünden ist vor Zeiten ein Kaiser mit seinem ganzen Heere versunken; er kommt aber, wenn sein Bart dreimal um den Tisch, woran er sitzt, herumgewachsen ist, mit seinen Leuten wieder heraus.
Auf diesem Berge traf einst ein armer Bube, der in der Gegend Wecke zum Verkauf umhertrug, einen alten Mann, dem er klagte, daß er nur wenig verkaufen könne. »Ich will dir wohl einen Ort zeigen«, sagte der Mann, »wo du deine Wecke täglich anbringen kannst, aber du darfst niemand etwas davon offenbaren.« Hierauf führte er den Buben in den Berg, worin ein reges Leben und Treiben war: viele Leute kauften da oder verkauften; manche gingen in die Kirche; andere hielten einen Bittgang; der Kaiser selbst saß an einem Tisch, um den sein Bart zweimal herumgewachsen war. Täglich brachte nun der Bube seine Wecke hierher und wurde dafür in uraltem Geld ausbezahlt. Dieses wollte man endlich in seinem Orte nicht mehr annehmen und drang in ihn, zu sagen, wie er dazu gekommen sei; worauf er den ganzen Verlauf der Sache entdeckte. Ungeachtet dieses Ausplauderns, wollte er am nächsten Tage, wie bisher, in den Berg gehen; allein er konnte denselben, wie auch ein anderer Bube, der mit ihm ging, nicht einmal ersehen, geschweige dessen Eingang wiederfinden. (94)

# Dämonische Gestalten und Geisterumzüge

## *Das Mutesheer bei Wurmlingen*

Vor etwa 40 Jahren stand ein Bürger aus Wurmlingen nachts um halb 1 Uhr auf, nahm seine Sense und ging ins Ammertal, um seine Wiese abzumähen. Ehe man aber von Wurmlingen aus in das Wiesental gelangt, trifft man an dem Feldwege ein hölzernes Kreuz. Hier hörte der Mann nun ein gewaltiges Getöse und Getrapp vom Ammertale her auf sich zukommen, und erkannte bald, daß es ein Wagen und doch kein rechter Wagen war; in demselben saßen viele hundert Menschen, die alle ein lautes Gespräch führten; allein er verstand nichts davon. Als der Wagen ganz nahe war, hielt er still, und die Leute fragten ihn, wohin der Weg führe, der da rechts an dem Kreuze vorbei gehe. Der Mann antwortete ihnen, daß man auf diesem Wege nach Wendelsheim und Seebronn komme. So wie er aber dies gesagt hatte, griff einer aus dem Wagen nach ihm und hielt ihn fest. Darauf entstand ein schrecklicher Sturm, der ihn samt allen, die auf dem Wagen waren, eine Viertelstunde weit durch die Luft führte. Während dieser Luftfahrt erhuben die Leute ein fürchterliches Gelächter. Endlich ließ man ihn los, worauf er plötzlich zu Boden fiel. Diese wilden Haufen, die nichts anderes als das Mutesheer waren, flogen dann unter fortwährendem Gelächter durch die Luft auf Wendelsheim zu. (95)

## *Mutesheer in Mittelstadt*

Das Mutesheer hat man in Mittelstadt besonders zur Weihnachstzeit gehört. Man sagt, es sei ein gewaltig großer Wagen, der ganz gedrängt voll sei, so daß man nichts als Köpfe drin sehe, und der fahre so rauschend und rasselnd durch die Luft, als obs der Teufel mit seinen Heerscharen wäre. Eine Stimme aber ruft vor dem Wagen her:
»Außem Weg, außem Weg!
Daß niemand beschädigt werd!«
Wer diesen Ruf hört, muß sich nur sogleich mit dem Gesicht zur Erde werfen und sich am Boden, und wäre es auch nur an einem Grashalm, festhalten;

dann kann ihm nichts geschehen. Eine andre Stimme aber von einem, der nicht mit im Wagen sitzt, schreit hinter dem Zuge beständig her:
»Wär i au g'schirrt und g'gürt't,
So käm i au dernah.«
Andre haben das Mutesheer auch schon auf folgende Art fahren sehn: vier weiße Schimmel zogen einen Wagen, in welchem ein einziger großer Mann stand. Man sagt, es komme ein gutes Jahr, wenn man das Mutesheer recht sausen hört. (96)

## *Das Mutesheer tanzt*

Zwei Musikanten aus Zavelstein spielten einmal in einem benachbarten Orte auf der Kirchweih und begaben sich nachts noch vor 12 Uhr auf den Weg nach Haus. Da begegneten ihnen zwei Reiter und sagten: sie sollten doch mit ihnen gehen, was sie auch taten. Darauf kamen sie in ein vornehmes Wirtshaus, woselbst Herren und Damen aus goldnen Bechern tranken. Die Spielleute bekamen gleichfalls aus solchen Bechern zu trinken und mußten dann spielen, indem die ganze Gesellschaft tanzte. Als sie endlich müd wurden, sagten sie heimlich zueinander: wenn wir für unser Spielen nur einen solchen Becher bekämen! und schoben bei Gelegenheit jeder einen Becher in die Tasche. Bald darauf übermannte sie der Schlaf, und sie schliefen in einer Ecke des Zimmers fest ein. Als sie am andern Morgen erwachten, lagen sie oben auf dem Galgen bei Weilerstadt; anstatt der Becher aber hatte jeder den Huf eines Kuhfußes in der Tasche. Da erkannten die Spielleute, daß sie einer Hexenversammlung oder dem Mutesheere aufgespielt hatten, zerschlugen aus Ärger ihre Geigen und haben seit der Zeit nie und nimmer wieder spielen wollen. (97)

## *Das Mutesheer blendet einen Mann*

In dem Eckhaus an der »Heergasse« zu Mittelstadt, welche deshalb so heißt, weil das Mutesheer immer darüber hingezogen, sah einst ein Mann aus dem Fenster, als eben das Mutesheer daherstürmte. Da wurde er plötzlich blind, und was er auch brauchen mochte, sein Gesicht bekam er nicht wieder. Nach Verlauf eines Jahres aber kam das Mutesheer um die nämliche Zeit an diesem Hause vorbei, und da rief eine Stimme: »Vor einem Jahre hab ich zwei Fensterlein zugemacht, jetzt sollen sie wieder aufgehn!« Und plötzlich war der Mann wieder sehend. (98)

## *Der Schäfer auf dem Galgen*

Einst hütete ein Schäfer auf dem Rauberschloß, nicht weit von der Teck, und hatte sich auf seinen Karren gesetzt und blies die Klarinette, während eben das Mutesheer vorbeizog. Da nahm es ihn mit, und er mußte unterwegs ein andres Instrument blasen. Am andern Morgen saß der Schäfer auf einem Galgen bei Eßlingen und blies jemanden ins »Fidle«, ohne daß er sagen konnte, wie er dahingekommen war. (99)

## *Der Weltjäger*

In der Umgegend von Neubulach heißt der wilde oder ewige Jäger gewöhnlich das *Welschjägerle, Weltschjägerle* (Weltsjäger), weil er in der ganzen Welt herumjagen muß. Derselbe bat nämlich Gott, daß er ihn doch nicht absterben und selig werden, sondern ewig jagen lassen möge, und dieser Wunsch ist ihm gewährt worden. Er kommt in der ganzen Welt umher und zeigt sich besonders im Nagoldtale. Er reitet einen großen Schimmel; aber dieser so wie der Reiter selbst haben keinen Kopf. Er ruft beständig »hoho!«. Dabei bellen mehrere Hunde, und es ist ein wilder Lärm wie bei einer wirklichen Jagd. Wenn man ihn so im Spätherbst jagen hört, so soll das ein gutes Jahr bedeuten. – Andre sagen: dieser Mann habe immer am Sonntag gejagt und müsse deshalb geistern. (100)

## *Das Rockertweible*

### a) Die wilde Jagd

In Loffenau, Reichenthal, Gernsbach und noch weiter im Murgtale hinauf weiß man nichts vom ewigen Jäger; dagegen spricht man um so mehr von dem Rockertweible, das von dem Walde »Rockert« seinen Namen hat. Es geht daher in ganz zerlumpten und zerfetzten Kleidern, trägt ein groß Gebund Schlüssel am Leibe und macht oft ein Geräusch, wie wenn eine Ölmühle klopft. Dies Klopfen soll übrigens immer ein fruchtbares Jahr anzeigen. Außerdem jagt das Rockertweible beständig mit mehreren Hunden im Rockertwalde.

Einst hatten einige Wilderer in diesem Walde ein Feuer angemacht. Da hörten sie erst aus der Ferne ein wildes Jagen und Hetzen, und dann kam das Rockertweible selbst zu ihnen her mit drei Hunden, denen die Zunge aus dem Maule hing; es breitete seine Beine auseinander, stellte sich über das Feuer, sah die erschrockenen Wilderer eine Weile an, lachte hell auf und ging weiter.

Als die Wilderer wieder zu sich kamen, fehlte dem einen der Hut, dem andern das Gewehr, dem dritten das Messer. (101)

### b) Die Eideslist

Der Grund dafür, daß diese Frau im Rockert umgehen muß, ist folgender. Sie war eine Gräfin von Eberstein und hat durch einen falschen Eid den Rockertwald an sich gebracht. Als sie in dem Walde selbst es beschwören sollte, daß er ihr gehöre, da tat sie zuvor Erde von ihrem Grund und Boden in die Schuhe und steckte heimlich einen Löffel, den man damals »Schöpfer« nannte, auf den Hut und schwor alsdann: »So war der Schöpfer über mir ist, so wahr stehe ich hier auf eigenem Grund und Boden!« Sie glaubte so den falschen Schwur zu umgehen, aber ihrer Strafe ist sie nicht entgangen. (102)

## *Der Ranzenpuffer*

### a) Der grüne Jäger

Im Schönbuch zwischen Tübingen und Böblingen geht ein grüner Jäger um, der schreckt durch Brüllen, Aufhocken und allerlei die Leute, die in den Wald gehen, namentlich die Holzleser. Man nennt ihn *Ranzenpuffer.* Bei einer Jagd läßt er sich immer durch lautes Hundegebell und Hallogeschrei vernehmen und eilt schnell wie der Blitz durch den Wald. Auch beschäftigt er sich damit, daß er mit einem Hammer das Holz anschlägt wie beim Verkauf, oder wie wenn die Bäume bezeichnet werden, die man umhauen soll. Man hört ihn oft so klopfen. – Einst ließ er sich als Kalb fangen und einsperren; stand aber am folgenden Morgen in seiner eigentlichen Gestalt als grüner Jäger im Stall. (103)

## b) Der Kopflose

Ranzenpuffer war eigentlich ein Jäger auf dem Einsiedel bei Tübingen und führte ein gottloses Leben, quälte die Menschen, liebte Wein, Weiber und Spiel über die Maßen und trieb auch Zauberei, wofür er seit vielen hundert Jahren geistweis umgehen muß. Er spukt in dem ganzen Forstrevier, das er früher zu beaufsichtigen hatte, namentlich zwischen dem Einsiedel und Dettenhausen, bei der Blaulach zwischen Lustnau und Kirchentellinsfurt, und bei dem letztern Dorfe besonders in dem Wäldchen »Made«; ferner im Schönbuch, woselbst er in dem sogenannten »Bärloch« sich aufhält. Da kommt er dann auf seinem Schimmel zu den Leuten hergejagt, als ob er sie umreiten wollte, daß es kracht und rauscht; allein er erschreckt sie bloß. – Häufig sieht man ihn auch als Jäger gekleidet zu Fuß, mit dem Gewehr auf dem Rücken, indem er allerlei Possen macht. So zeigt er sich oft des Nachts an der Blaulach und läuft neben den Fußgängern her und sucht sie ins Wasser zu treiben. Zuweilen erscheint er mit, zuweilen ohne Kopf, indem er denselben wie einen Hut unter dem Arme trägt. – Gern schleicht er sich auch hinter die Holzleser im Walde und ruft ihnen plötzlich ins Ohr: »was, was ists?«, daß sie zusammenfahren und recht erschrecken. Auf einmal zeigt er sich dann als Fuchs, tut zwei, drei Beller und kommt ganz nahe zu den Leuten her und bringt sie in Angst. Überhaupt verwandelt er sich gern in Tiere. So ist er auch schon als Reh herumgelaufen, hat dreimal geschrien, wenn ein Mensch gekommen ist, und ist auf ihn losgesprungen, als ob er ihn hätte umrennen wollen. Wenn man ihn sonst als Reh brüllen hört, so soll das eine Veränderung des Wetters anzeigen. (104)

## c) Die Schweineherde

Ranzenpuffer verwandelt sich oftmals in eine ganze Herde wilder Schweine. Eine solche traf einmal ein Feldhüter aus Lustnau auf dem Wege, der nach Stuttgart führt, und hetzte seinen Hund darauf. Weil aber der Hund einen roten Rachen hatte, so wollte er auf die Schweine nicht losgehen; denn nur die Hunde mit schwarzem Rachen fürchten sich vor Geistern nicht. Bald darauf stürzte sich die ganze Herde in ein kleines Talwasser und war verschwunden. (105)

d) Der Wildhüter

Ein Feldhüter, namens Munz aus Lustnau, brauchte nur bei Tage ins Feld zu gehen und das Wild zu hüten; denn wenn er abends heimging und rief: »Ranzenpuffer, hüt mir mein Sach heut nacht!«, so geschah seinen Feldern gewiß nichts, und er selbst durfte sich zu Bett legen und ruhig schlafen, während alle andern Wildhüter draußen wachen mußten. (106)

## *Die Frauenjagd*

Es was ein Graf von Muerdini, derselb was gar ein frummer Mann. Der het ein Koler, der was im lieb; wan er etwas Anligens hat, so hort er in, und het ein freien Gang zu im. Uff einmal kam er zu dem Graffen; der Graff meint, er het etwas Anligens. Der Koler sprach: »Wan ich Kolen bren, so sihe ich etwas, ich wolt, das ir es auch sehen.« Der Graff sprach: »Was sichstu?« Der Koler sprach: »Wan es umb dy Mitnacht wurt, so rent einer uff einem Pferd und hat ein bloß Schwert in der Hand, und laufft ein nackend Frau vor im anhin, und wan sie zusamenkumen, so hawet er sie in der Mitten entzwei und wurfft sie in den Brunnen, und felt Pferd und Man hinnach.« Der Graff sprach: »Ich wil hinnacht mit dir gon, wir wollen aber vor beichten.« Und da sie gebeichteten, da giengen sie mit einander biß an das Ort, da solchs geschehen solt. Umb die Mitnacht da jaget der dort her etc., wie dan der Kolbrenner het gesagt. Der Graff sprach: »Ich beschwer dich bei dem lebendigen Got, das du mir sagst, wer du seiest und was du hier thugest.« Der hielt stil mit dem Pferd und sprach: »Ich bin der Ritter mit Namen, und die Frau ist des Ritters Frau gewesen, und wie wir in dem Eebruch gesündigt haben, und also müssen wir einander wider martern und peinigen. Und laß dich nit wundern, da Got den Eebruch also hertigklich will straffen zeitlich und ewiglich, so also vil Übels und grose Schand und Schad darvon entstot.«

Solt man die Übel mit iren Straffen schreiben, es würd ein eigen Buch werden. Aber das war vor des Ritters und seins Büls Fegfeuer, ee sie behalten warden. (107)

## *Das Gespenst und die Kellerin*

Vor vil jaren ist ains priesters magd oder kellerin von Hausen, daselbs am Andelspach gelegen, gegen aubents hinüber geen Bittelschieß gangen; dero ist das wuoteshere, wie vor zeiten vil beschehen, am wege ufgestoßen, oder villeucht ist es sonst ain gespenst gewesen. Sollich gespenst, so da wie ain jeger gewest, hat die kellerin begriffen und die gewaltigclichen den weg mit sich genomen und vor im anhin getriben. Die guet fraw hat sich gewideret und geschrawen, aber nichts erschießen oder helfen mügen, sonder ires undanks fort gemiest. Indess ist ain kriegsman, ein thail sagen, es sei ain farender schuler gewesen, wie man derselbigen vor zeiten vil gefunden, andere aber wellen, es sei ain paursman gewesen, genannt Jacob Algewer, der kellerin und dem gespenst ohne alle geverd begegnet. Den hat die kellerin umb Gottes willen von ferrem umb hilf angeschrawen und gebetten, sie zu erledigen, mit vermeldung, waver er so durstig und mit der bloßen weer sie und das gespenst werd dürfen bekreisen, so meg sie erledigt werden. Derselbig soll so mannlich gewesen sein, das er dem gespenst begegnet und wie die kellerin begert, in der eil aller allain sie bekraiset hat. Und wiewol sie uff der statt also im kraiß bliben, so hat sie doch das gespenst nit allenclichen verlassen wellen, derhalben der kriegsman oder farend schueler, oder wer er dann gewesen, mit der weer nach im gehawen, und im selbigen straich soll er dem gespenst das jegerhorn vom maul hinweg gehawen haben, das solchs in den kraiß gefallen und auch bliben. Damit ist der jeger mit allem seim gescheft in lüften mit aim großen gedös, klingln und geschrai darvon gefaren, und hiemit soll die pfaffenkellerin erhalten sein worden. Das jegerhorn, so in kraiß gefallen, ist dozumal zu ewiger gedechtnus der sachen in die kirchen zu Büttelschieß ufgehenkt worden und vil jhar darin blieben, ist aber bei wenig jharen darauß kommen, das niemandts waist, wohin. Und wiewol es ain unachtbares horn an im selbs, so ist doch güetlich zu glauben, das es von aim antiquario, oder aim, so diese iezgehörte abentewr bewist, von wunders wegen erhebt und abwegs gethon seie worden. Dieses Jacobs Algewers erben haben sich nachgends geen Schmeihen dem dorf und volgends geen Guetenstain an die Tonaw gethon, alda sie noch wonen. (108)

# Spukorte und Spukerscheinungen

## *Der Mönch von Marbach*

In Marbach, man sagt gegenüber dem Schiller'schen Hause, gehe ein Mönch um, gerade da, wo auch ein »weißes Fräulein« im Hause gesehen werden soll. Gegen 10 Uhr abends mußte die Bewohnerin des Hauses heimgehen; kam sie von der »Kâz« da nicht, so konnte sie nicht mehr durch die Zimmertüre, sie ging durch's Fenster hinein. Wollte sie durch die Stubentüre, so fand

*Schillers Geburtshaus in Marbach. Stahlstich um 1820*

sie statt der Türe eine feste Mauer. Mal war die Frau auch noch um 10 Uhr aus auf Besuch bei Bekannten im Schiller'schen Hause; auf einmal schnurrte es unter dem Tisch ganz lang. Die Frau lachte und sagte: »Sehet, jetzt muß ich heim, nur eine Minute, und ich komm nimmer zur Türe hinein in mein Zimmer.« So zeigte der Mönch die Zeit manchmal an, oft aber auch nicht. Abends stellte er sich nicht selten im Wohnzimmer selbst ein, sprach aber kein sterbigs Wörtlein. Das Lügen konnte er in der Seele nicht leiden und ausstehen. Das kleine Mädchen fragte der Mönch mal: »Wo ist deine Mutter?« Es antwortete, wußte es aber nicht gewiß: »Sie holt Salz.« Darauf schlug er die Türe zu, daß das ganze Haus zusammenzitterte. Die Mutter holte kein Salz. Das Beten konnte er gut leiden, hatte es gern. Mal wollten Buben oder sonst jemanden aus einem Wandloch, von einem Hafen Maikäfer langen. Siehe, da warf der Mönch dreimal nach den Personen, weil sie ihn nicht vorher gefragt haben. Im Keller sollte der Bub mal einen Kübel holen: er war voll Schneckenschalen und Asche. Hätte der Bube, statt davon zu laufen, etwas von seinem »Häs« hingeworfen, wenn's nur ein Schnupftüchlein gewesen wäre, so hätte er den Schatz gehabt.
Der Mönch kam in ältern Zeiten schwarz, mit schwarzer Zipfelkappe. Sein Äußeres war rauh, wild und wüst. Er hauste im untern Stock des Hauses. (109)

## *Jung Stilling und der Schlaitdorfer Spuk*

Ein wohlhabender und im Rufe der Frömmigkeit stehender Mann im Pfarrdorfe Schlaitdorf, Tübinger Oberamts, hatte ein braves und noch neuerbautes Haus. Damit einst zwei seiner Kinder ihre Haushaltung ganz bequem darin führen könnten, beschloß er 1816, auch noch einen zweiten Keller in demselben erbauen zu lassen. Kaum war die Arbeit der Ausgrabung desselben auf etliche Fuß in die Tiefe vorgerückt, so entdeckten die Söhne und Töchter des Hausbesitzers, durch die sie verrichtet wurde, ein Gewölbe, und an demselben eine Türe, und als sie letztere erbrochen hatten, ein Kästchen, in welchem sie alte Schriften und Kostbarkeiten vorfanden. Bei dem weiteren Graben kamen sie auf die Türe eines zweiten Gewölbes. Anstatt aber auch dieses zu öffnen, ließ der Mann das Kistchen mit seinem merkwürdigen Inhalt wieder in das erste Gewölbe bringen, solches auch wieder zuschließen, und die gegrabene Öffnung wieder zuwerfen. Was ihn zu dem allen vermochte, war folgendes:

In der ersten Nacht nach dem allen erfreulichen und unerwarteten Funde erschien ihm ein Mann in weißer Gestalt und Kleidung. Diese Erscheinung wurde von da an oft wiederholt, und ob sie schon nicht schreckend aussah und ihm kein Leid zufügte, sondern bloß zuweilen an seinem Kopfkissen oder der Bettdecke zog, so jagte sie ihm doch eine Angst ein, die noch größer als die Freude über den gefundenen Schatz war und ihn bewog, denselben wieder an seine vorige Stelle zu setzen, auch die Erbauung eines zweiten Kellers ganz aufzugeben in der Hoffnung, der ungebetenen nächtlichen Besuche sich zu entledigen. Allein, diese Hoffnung wurde so wenig erfüllt, daß vielmehr derjenige, welcher diesen Schatz vergraben hatte, und entweder ein Mitglied der Familie der Edelknecht von Schlaitdorf oder der Dürner v. Turnaw war, welche, und zwar jene im dreizehnten, diese im fünfzehnten Jahrhundert, ihren Sitz in der Burg hatten, auf deren Ruinen nun das obgenannte Haus stand, seine Besuche nicht nur bei Nacht fortsetzte, sondern sogar dem Besitzer jenes Hauses nun auch zuweilen bei hellem Tage Besuche gab. Einmal sahen ihn sogar die Hausgenossen, als sie am Tische alle zusammen das Frühstück zu verzehren saßen. Er kam als ein Knabe in weißer Kleidung in die Stube, lief am Ofen vorüber, wünschte ihnen einen Guten Tag und eine Gesegnete Mahlzeit, verschwand dann, und ein silberheller Stern schreckte nach seinem Verschwinden an den getünchten Wänden des Zimmers vorüber.
Um den Mann, den eine Abzehrung – eine Folge fortdauernder Angst und schlafloser Nächte – zu töten drohte, von den lästigen Erscheinungen zu befreien, wurde mancherlei versucht. Ein Bäcker Bihner von M. riet ihm, Hilfe bei dem unter dem Namen Stilling bekannten Herrn Hofrat Jung zu suchen, weil er voraussetzte, daß der Verfasser der »Theorie der Geisterkunde« über alle Geister gebieten könne, und fuhr 1816 mit ihm nach Karlsruhe. Stilling riet ihm den Schatz zu heben, den Geistermann aber über die Absicht seiner Besuche und seinen Willen in Hinsicht des Schatzes zu befragen, und versprach im nächsten Frühjahr selbst nach Schlaitdorf zu kommen.
Stillings Rat zu befolgen hatte der Bauer nicht mehr Mut genug; Stilling kam nicht nach Schlaitdorf, weil er die für ihn weit erfreulichere Reise nach der besseren Welt machen durfte, und die den Bauern beängstigenden Erscheinungen hörten nach und nach auf, entweder weil sie dem Geistermann als zwecklos selbst entleideten, oder weil die veranstalteten gemeinschaftlichen Betstunden in den christlichen Erbauungsstunden der ganzen Umgegend ihm, und eben damit auch dem beängstigten Bauern, Ruhe bewirkten. (110)

*Inneneinrichtung einer Druckerei in Memmingen. Holzschnitt von A. v. Weerdt (Memmingen 1709)*

## *Die Schlüsseljungfer und der dreibeinige Hase*

Im Schloß Thannenburg bei Bühlertann geht ein weißes Fräulein um, die ein groß Gebund Schlüssel am Arm trägt, daher man sie *Schlüsseljungfer* oder auch *Schließerin* nennt. Außerhalb des Schlosses zeigt sie sich immer nur auf dem Fußwege, der von Thannenburg herabführt und von dem Wege nach »Halde« durchschnitten wird. Sie geht schnell an den Leuten vorüber, hat aber noch niemals den Tambach überschritten. Sie ist als Braut gekleidet, hat einen Kranz oder Band um den Kopf und wird *Kränzlesjungfer, Brautjungfer, Hochzeitmädle* oder auch wohl das Fräulein von Thannenburg genannt. – Sie soll eine Liebschaft mit zwei Männern gehabt haben; die bekamen ihretwegen Streit, und der eine erstach den andern. Wegen dieser Schuld muß sie umgehen und treibt allerlei Spuk.

So hatten sich einmal mehrere Knaben unter einer großen Eiche bei Thannenburg versammelt und wollten probieren, wie es einem sei, der erhängt würde. Nachdem es mehrere Knaben an sich hatten versuchen lassen, hing eben wieder einer, als plötzlich ein dreibeiniger Hase dahergelaufen kam. Darüber erschraken die Kinder dergestalt, daß sie alle davonliefen und ihren Kameraden hängen ließen. Seitdem heißt die Eiche die *»Bubeneiche«*. Jetzt ist sie umgehauen. Jener dreibeinige Hase aber war niemand anders als die Hochzeitjungfer. Einige glauben, diese Hochzeitjungfer sei eigentlich verschieden von der Schlüsseljungfer. (111)

## *Der Brunnengeist*

An dem »Gumpbrunnen« beim Krugstor in Memmingen hat man früher zu heiligen Zeiten nachts zwölf Uhr gewöhnlich deutlich Wasser pumpen hören. Von den umliegenden Häusern getraute sich aber, wenn man es hörte, nie jemand vorwitzig zu sein; denn es hieß immer, wenn man dabei zum Fenster hinaussehe, so bringe man den Kopf nicht mehr zum Fensterschieber zurück, wie das schon Leuten passiert sei, die hinaussahen. (112)

## *Geist führt irre*

Beim Schaubenkäppele geht ein Geist, welcher nicht selten bei Nacht die Fuhrleute irreführt. So fuhr einmal ein Fuhrmann mit seinem schweren Frachtwagen die ganze Nacht um das Käppele, in der Meinung, auf der Landstraße zu sein. Als er gelobt, er wolle eine eiserne Kette um die Kapelle machen lassen, verschwand die Verblendung und hat der Fuhrmann für immer Ruhe bekommen. (113)

## *Wie eine Geistergeschichte entstehen kann*

Wie ich als Bube in Döpshofen ministrierte, erzählte mir jemand, war eben in der Woche, in die die heilige Nacht fiel, die Reihe an mir. Wer die Woche hatte, mußte auch läuten. Nun verschlief ich mich am heiligen Abend und wachte erst nach 11 Uhr auf. Ich lief ins Schulhaus und holte den Kirchenschlüssel, eilte zur Kirche und schloß auf. Wie ich hineinkomme, da tritt etwas aus der Sakristei. Ich hätte wohl entlaufen können, tat es aber doch nicht, sondern ging trotz meiner Angst vorwärts. Die geisterhafte Gestalt kam immer näher; als sie fast vor mir stand, sah ich, daß es die alte Kirchenschusterin war. Die hatte für mich das erste Zeichen geläutet, dann noch eine Zeitlang in der Kirche gebetet und ging nun wieder heim. (114)

## *Der unheimliche Holzwagen*

Da bin ich auf die Nacht durch den Wald durch, von Trübenbach auf Balberg umi, in der Dunkelheit. Wie ich da mitten im Holz bin, steht da auf dem Weg ein Mann mit einem Handwagen voller Holz. Wie ich dann dort bin, sag ich: guten Abend, fährst epper (etwa) noch a Holz heim? In dem Moment, wie ich das sag, ist er samt dem Wagen in die Luft hinaufgegangen. Da bin ich vom Rad abgestiegen, aber derselbe ist nimmer zum sehn gewesen. Und gesehen hat niemand nichts mehr davon. Im November ist es jetzt grad ein Jahr her. (115)

## *Das unbezahlte Licht*

Vor etwa fünfzehn Jahren gingen zwei Sülzbacher Knechte von Grantschen nach Sülzbach und sahen unterwegs ein flammendes Licht. Da rief der eine dem Lichte zu: »es möge ihm leuchten!« und sogleich kam es auch daher und leuchtete. Davon hatte der eine, der etwas zu viel getrunken, eine mäßige Helle; der andre aber, der nüchtern war, ein so blendendes Licht, daß er sich entsetzte und das Licht nur dadurch entfernte, daß er ihm einen Kreuzer ausbezahlte. Indes, weil es so sehr finster war, rief er es bald wieder herbei, worauf es ihm bis nach Sülzbach zündete. Als er aber hier dem Lichte nichts bezahlte, bekam er von unsichtbaren Händen solche Ohrfeigen, daß er laut weinte wie ein Kind. Dem andern Knechte geschah nichts; auch hatte er nichts gesehen, wohl aber gehört, wie sein Kamerad war geschlagen worden. (116)

## *Toter gibt Ohrfeigen*

Im Enztal bei Wildbad lebte ein armer Mann, ein Familienvater, namens Stickel. Er klagte seine Not dem Schultheiß und bat um Unterstützung. Dieser wies ihn ab und kümmerte sich nicht um ihn; Stickel schleppte sich weiter, ist aber unterwegs verhungert, und wurde auf dem höchsten Punkt der Straße gegen Simmersfeld tot gefunden. So oft nun der Schultheiß diese Stelle passierte, bekam er von unsichtbarer Hand immer Ohrfeigen, gleichviel, ob er allein ging oder andere mit ihm waren. Im letzteren Fall wurden auch seine Begleiter mit Schlägen traktiert. Es heißt, das tue der Stickel. Tatsache ist, daß der Schultheiß die Stelle meidet und oft einen großen Umweg nicht scheut, um dem Stickel auszuweichen. (117)

## *Die schwarze Henne*

Mein Großvater, der den Nachtwächterdienst einige Zeit versah, hatte einmal eine übernatürliche Erscheinung. Als er bei seinem Rundgang am alten Schulhaus ankam, bemerkte er nebenan eine schöne, schwarze Henne sitzen. Es war helle Mondnacht und Täuschung deshalb unmöglich. Mein Großvater griff nach dem Tier, welches jedoch einige Schritt entfloh und sich dann wieder niedersetzte. So ging die Sache fort, bis er an ein schmales Gängele kam. Hier tat die Henne auf einmal einen hellen Lacher und verschwand. Dieses Lachen sei ganz »besonders« gewesen und habe auf seinen Großvater einen ganz unheimlichen Eindruck gemacht. Er sei froh gewesen, wie er daheim in seiner Stube gewesen sei. (118)

## *Das nackte Weiblein*

Im Kautenwald zwischen Villingen und Rottweil haust ein Waldweiblein, das Kautenweible geheißen. Wenn Mädchen im Walde Beeren suchen oder Holz lesen wollen, so treibt sie das Kautenweiblein oft im Kreise herum, daß sie nicht mehr wissen, wo aus noch ein. Oder wenn sie eine Tracht Holz zum Wald hinaustragen wollen, macht sie ihnen das Kautenweible so schwer, daß es ihnen nicht möglich ist, sie nach Hause zu bringen und sie das Holz im Wald liegen lassen müssen. Sehen läßt sich das Weiblein selten. Hie und da haben die Leute beobachtet, wie sie faselnackt vor ihren Augen herumtanzte, dabei immer in die Hände klatschte und ein garstig Liedlein dazu sang, so abscheulich, daß sie es nicht nachsagen mochten; sie schämten sich des. Plötzlich aber war es in einer Hecke verschwunden. (119)

## *Protokoll über die Erscheinung eines Geistes in Aub*

Wahrhaffte Geschicht Welche sich in deß Wol-Edlen / Gestrengen Herrn Johann Ferdinand Schmidts von Eysenberg etc. Der Röm. Kays. Mayst: Hauptmanns / Hoch-Gräfl: Hatzfeld: Raths und Commendanten und dessen Eheliebsten Frauen Annae Mariae geborne von Rotenhan etc. Adelichen Freyhauß in der Statt Aub / beywesend der jenigen Personen / und einer großen menge Volcks Catholisch / Evangelisch und Juden / wie Lit. A. biß K. zu sehen / nachfolgender gestalt begeben und zugetragen. In dißem Adelichen Hauß / haben vor Zeiten / wie der Burgerschafft / und in selbiger refier bewust / die Adeliche Rosenbergische Wittiben / nachgehendts unterschiedliche Beampte gewohnet / und darinnen je zu weilen / sonderlich zu heyligen Zeiten ein tumult, als ob es von Gespänstern geschehe / gehört worden: Dises hat sich nun nach denen diß 1666ten Jahrs verwichenen Heyligen Weyhe-Nachts Feyertagen widerumb gereget / und in besagtem Hauß / ein grausames und Erschröckliches werffen / als wann es grosse Stein wären / auch an den Thüren ein Klopfen und Poltern entstanden / bey 15. Tage und Nacht unauffhörlich gewehret / daß es auff der Gassen in zwantzig und dreyssig Burger mit Abscheü und Schrecken angehört haben; Als aber deßwegen Ihro HochGräffl: Excell: Herrn Graffen zu Gleichen und Hatzfeld etc. Caplan / nach Verrichtem Andächtigen Gebett / nicht allein das ganze Hauß mit Weyhwasser besprenget / sondern auch die Herren Patres zu Lautenbach auff unser Lieben Frawen Capellen / drey Heylige Messen / daß Gott die Seel gnädig erhören wolle / Gelesen / und auffgeopffert / ist zwar der Geist 3. Tag außgebliben; Aber am 6. Januarij Morgens frühe / umb 6. Uhr widerkommen / und an der Wohn-Stuben Thür Dreymal angeklopfet / auch bald hernacher von Jung und Alten ein Geschrey entstanden / der Geist lasse sich in dem hindern Baw / gantz Weiß sehen / deßwegen abermal Viel Volcks zu gelauffen: Dann hat sich dieser Geist den Sibenden Januarij an gemeltem Ort widerumb praesentirt, und weiln solches / ehe gedachter Caplan darzu kommen / biß Nachmittag umb 4. Uhr gewehret / hat der Apotecker daselbst / welcher Evangelisch / zwar den Geist angeredet / der jhme aber nicht geantworttet: Nach disem hat mit Rath und Guttachten Herrn Amptmanns erstgemelter Herr Caplan in der Kirchen Drey Degen geweyhet / und mit dem Crucifix voran auff den Baw gestiegen / so dann mit den Geweyheten Degen in allen Ecken herumb gestochen / und gehauet / Als man aber nichts antreffen noch fühlen können / hat der Caplan angefangen und gesagt: Ich hab dich Geist verschworen / du must weichen; und darauff mit dem Amptmann und andern in das Hauß und in Garten gan-

*Geisterbeschwörung in Aub im Hause des Herrn Ferdinand Schmidt von Eyssenberg 1666. Zeitgenössisches Kupfer*

gen / umb zu sehen / ob das Spectrum nicht mehr kommen würde / Da aber der Caplan kaum in das Hauß hinein gewesen / ist er widerumb zuruck beruffen und ihme angedeutet worden / daß der Geist wieder erschienen seye; Ob nun wol bemelter Caplan hierüber / bevorab weiln der Geist über eine kleine weil sich wider praesentirt, sehr erschrocken / hat er jedoch demselben zugeschryen und befraget? Was sein Anligen und Beschwerden seyen / solle solches offenbahren und zu erkennen geben? Hierauff ist der Geist alsbalden widerumb verschwunden / bald hernacher aber eine Stimm weinend gehört worden; Als nun deßwegen offtbesagter Caplan pro Defunctis zu betten angefangen / hat inmittelst das Spectrum wider herauß gesehen / und so offt der Name Jesus genannt worden / sich geneigt; Und hatte nach geendigtem Gebett der Caplan gegen dem Geist mehrmalen Adjurationes gethan / mit vermelden / wann jhme zu helffen seye / Er Caplan es thun wolte / wie er dann auch bereits 3. H. Messen für selbigen zu lesen versprochen / Deme hat der Geist mit einer Stimm / als ob er weinete / geantwortet / fünff heilige Messen; Herr Caplan fragte ferner / ob sonsten weiter nichts zuthun? Der Geist geantwortet: Allmosen zu geben / Herr Caplan weiter: Wann nun die 5. Heylige Messen gelesen / Allmosen außgegeben worden / ob ihme dadurch geholffen würde / und er alsdann diesen Ort quittiren wolte? Der Geist alsbalden mit Ja / geantwortet / und widerumb verschwunden. Hierauff nun seyn den 8. Januarij die heylige Messen 5. Tag nach einander gelesen: Darzu die Burgerschafft Catholisch und Evangelisch zum Opffer gangen / Die 3. Geistlichen mit den Armen jedes mahl ihr Gebett gegen Gott verrichtet / und auffgeopffert / so dann das Allmosen an selbigem Ort / wo der Geist sich sehen lassen / außgetheilt worden; Seithero / Gott sey Lob und Danck gesagt / hat man weiter nichts gehört / noch gesehen / Derowegen gedachter Herr Commendant zu ewigen Zeiten ein gestifft gethan / Jährlich den dritten Tag nach S. Johannis Evangelistae vor alle nothleidende Seelen in der Pfarrkirchen zu Aub drey heylige Messen zu lesen / und darauff das Allmosen außzutheilen. Geschehen in Aub / den 7. Januarij. Anno 1666.

A. Der Geist.

B. Ihr HochGräffl.Excell:von Hatzfeldt Hoff Caplan.

C. Frau Commendantin.

D. Herr Amptmann Johann Dietrich Seyboth / sampt seiner Jungfr. Tochter.

D. Herr Amptmann zeiget H. Commendanten / was sich in seiner abwesenheit / da Er zu Lauterbach gewesen / zu getragen.

E. Rathspersonen.

F. Viel von der Burgerschafft.

G. Apothecker / welcher den Geist befragt.

H. Die 3. Geistliche / die mit den armen das Gebett gethan.

I. Frau Commendantin mit ihren 2. Kindern theilt das Allmosen aus.

K. Juden groß und klein / so zugesehen. (120)

# Frevel und Sühne

*Der Ewige Jude*

## *Ahasverus, der Ewige Jude*

Sonderbar ist übrigens, daß in dem Dorfe Altbach am Neckar ob Eßlingen in dem großen Hause an der Landstraße, das nun ein Schmied bewohnt, unter folgendem Datum ein mittelmäßiger Mann mit freundlicher und sehr bescheidener Bitte um ein Nachtquartier angesucht, von dem damaligen Haus-

besitzer aber nur unter derjenigen Bedingung aufgenommen worden, daß er im Schafstall vorliebnehmen müsse, was er sehr gerne angenommen habe. Weil er aber des andern Morgens zu lange nicht zum Vorschein kam, wollte der Hausvater endlich nach seinem Gaste sehen, fand ihn aber nicht mehr im Schafstalle. Nach langem Umschauen fiel ihm eine frisch eingegrabene Inschrift an der Seitenwand auf, die also hieß:
*»Ich Ahasverus von Jerusalem bin nun schon das zweitemal gut in diesem Stalle beherbergt worden, das Gott vergelte! Den 1. Jan. 1766.«* –
Diese Wandschrift habe ich selbst a. 1776 mit meiner Mutter und ehe dieser Schafstall in den 80 Jahren zu einer Schmiedwerkstätte umgeändert worden mit mehreren andern Personen, besonders mit dem Schmied Johannes Barth und dem Maurermeister Conrad Worner gesehen, ehe sie durch die neue Einrichtung gestört wurde. (121)

## *Der Mann im Mond*

### a) Der Reisigsammler

Ein Mann von Binzwangen, der es in der Gewohnheit hatte, an Sonn- und Feiertagen Besenreis zu sammeln, wurde zur Strafe dafür von Gottvater in den Mond versetzt. Doch ließ ihm unser Herrgott vorher die Wahl, ob er lieber in die Sonne oder in den Mond gehen wolle; der Mann dachte, in der Sonne wäre es ihm zu heiß, er wählte daher den Mond als Verbannungsort, da er es hier wohl besser aushalten werde. Schaut man in den Mond, so sieht man vorne seine gewaltigen »Fuchshändschen« und hinter ihm das Reisbündel, das er auf dem Rücken trägt. (122)

### b) Das Besenmännle

Der Mann, den man im Vollmonde sehen kann, heißt das *Besenmännle,* weil er am Sonntag Besenreis geschnitten. Da traf ihn aber Gott der Herr im Walde und zog ihn sogleich zur Verantwortung und stellte es ihm frei, ob er in die Sonne oder in den Mond verwünscht sein wollte. Da antwortete der Mann:
Haun ihs daun,
So komm ih in Maun;
Haun ih g'sponne,
So komm ih in d'Sonne.

*Der Mann im Mond. Holzschnitt aus dem Buch der Beispiele der Alten Weisen (1483)*

Darauf ist er in den Mond verwünscht worden. So erzählt man in Oberschwaben, in Thüringen und sonst, und nennt den Mann auch Mondmännle, Maunmännle. In der Umgegend von Ulm hat man auch noch den Spruch:

Das Mändle im Mon,
Was hat es denn don?
Hat Büschele trage,
Jetzt muß es verzage. (123)

## Übertretung der Spinnruhe

Ein Mädchen aus Wankheim kam nachts aus einer Spinnstube heim, ohne daß sie ihr »Gesatz« gesponnen hatte, und blieb deshalb allein noch in ihrer Stube sitzen und spann im Mondschein. Da ging um 12 Uhr die Tür auf und

es trat jemand herein, der ihr eine Menge Spindeln anbot, worauf sie ein solcher Schrecken ergriff, daß sie eiligst in ihre Kammer sprang und nachher ernstlich krank wurde. – Auch sonst ist es schon vorgekommen, daß einer Frau, die im Mondschein spann, ein Geist durchs Fenster einen Armvoll Spindeln in die Stube geworfen hat.
Ein anderes Mädchen strickte noch um Mitternacht beim Mondschein, indem sie sich auf den Tisch gesetzt hatte. Da erschien eine Gestalt hinter dem Fenster, ohne jedoch hereinzukommen, und bot ihr Stricknadeln an, worauf sie schnell das Stricken einstellte. – Man hält es überhaupt für eine große Sünde, im Mondschein zu spinnen und zu stricken, als ob man am Tage nicht genug bekommen könne. Auch sagt man: der Mond scheine nicht deshalb so hell, daß man bei seinem Lichte arbeiten solle, ohne eine Lampe anzuzünden. Wer es dennoch tut und z. B. spinnt, der spinnt einem von seinen Angehörigen einen Strick an den Hals. (124)

## *Feiertagsentheiligung*

### a) Der Blitzschlag

An Mariä Geburt 1843 heimste ein Mann zu Oberkirch ohne Not sein Grummet ein, worauf er äußerte, jetzt sei es vor dem Wetter gesichert. Zur Strafe dafür schlug in der folgenden Nacht der Blitz in sein Haus und verbrannte dasselbe mit allem Futter und Vieh, das darin war. (125)

### b) Steinernes Holz

Anno 1563 ward dem wolgebornen herren, herrn Johanni Jacobo freyherrn von Königseck, herrn zu Aulendorff vnd Marstetten etc. von einer hohen person, entliche spän von einem abgehawnen Baum fürgebracht, die jhr gnaden mich, als damalen geweßten schulmeister bey ihr gnaden, wie auch andere mehr, sehen lassen: so gleichwol im ersten anschawen dem holtz gleichförmiglich waren, aber in dem anregen, lauter pure natürliche stein waren. Welches mirakel sich also begeben, wie volgt:
Es war vor kurtzen jaren ein luteraner, nit weit von vnserer nachbarschaft, welcher winterszeit an holtz außkommen war: also das er auff den damalen künftige weinächttag kein holtz bei hauß hätte. Darumb wie er vermeint, were es kein sünd, wan er schon an disem h. Tag hinauß in waldt ginge, sich beholtzete inn der noth. Will also hinauß gehn, mit seiner axt ein baum oder

holtz zu fellen, sein nachbar spricht jhm zu, wo er hin wolle mit der axt? Er zeigt jhm sein holtzmangel an, der Nachbawr sagt ime, wie er so keck sein dörfe, an einem solchen hohen festtag den feyrtag zu brechen und arbeiten, weil er doch wol so viel zu entlehnen fende bei den nachbauren, er wölle jhm gern fürsetzen? Er fehrt als ein verstockter mensch fort, sagt dem nachbauren nicht mehr, weder diese wort: ich will von deß weinechtige feststag wegen nit mit weib vnd kinder erfrieren: zeucht also mit disen worten fort, dem wald zu, hawt ein baum nider, da er nun zum fahl gericht, sihe zu: der baum falt nider, vnd wirdt er sampt den vor darvor gefallnen spänen zu einem natürlichen stein: diser thäter erschrickt, wie nit unbillich, zeucht wiederumb gantz traurig zu hauß, legt sich zu beth, vnd stirbt. (126)

## *Fische fressen kein Sonntagsbrot*

Zu Horb wird am Sonntag niemals gebacken. Früher geschah es wohl; da gab ein Mann einstmals den Fischen im Neckar einige Brocken von solchem Sonntagsbrote, aber kein Fisch rührte es an und fraß es. Als er hierüber verwundert anderes Brot holte, das an einem Werktage gebacken war und dies den Fischen hinwarf, so nahmen sie es ohne Anstand und fraßen es. Seitdem backt kein Bäcker am Sonntage. (127)

## *Frevelhafter Tanz in der Fastenzeit*

Zu Rohrbach am Gießhübel ward einmal in der Nacht vom Fastnachtsdienstag auf Aschermittwoch noch nach zwölf Uhr getanzt. Da kam ein Jäger, nahm ein Mädchen und tanzte mit. Ein anderes, frommes Mädchen, welches an der Tür zusah, bemerkte, daß der Jäger Geißfüße habe, und als sie es den Umstehenden mitteilte, verschwand er vor aller Augen. Auf dieses haben die Rohrbacher nie mehr bis in die Fasten hinein tanzen mögen. (128)

## *Die Hand aus dem Grabe*

Vor etwa vierhundert Jahren geschah es in Heidelberg, daß aus dem Grabe eines jüngst beerdigten Kindes, das acht Jahre alt war, eine Hand hervorwuchs. Wegen dieses Wunders veranstaltete die Geistlichkeit Gebete und Bittgänge und untersuchte den Lebenswandel des Kindes, wodurch sich ergab, daß dasselbe oftmals seine Eltern geschlagen hatte. Dessen Mutter wurde nun verurteilt, die versäumte Zucht nachzuholen. Mit einer dicken Rute mußte sie die Hand des Kindes tüchtig durchhauen, und als sie es eine Zeitlang getan hatte, zog sich die Hand in das Grab zurück und blieb auch fortan darin. (129)

## *Erklärung für Mißgeburt*

Wie' n' ich no jünger gsi bi, het ämol hie in Saschbe ä Frau ä Kind bekumme, das isch nit Mensch un nit Tier gsi. D'Frau het das Kind versteckt, aber d'Ma isch zum Pfarrer gange und het 'en um Rot g'frogt. De het g'sait: »Lueget druf, daß euri Frau nümmi nachts ummenander strolchet. Das tuet nit guet.« Das Kind isch derno bald druf g'storbe. (130)

## *Tierfrevel*

In O. a. N. sei ein Metzger gewesen, der habe besondere Lieb und Lust dazu gehabt, den Kälbern die Augen auszuschneiden noch als lebendig oder sie an den Augen überhaupt zu verletzen. Da wurde er und seine Nachkommen schielig.

In der Stadt H. soll einer den Vögelchen gerne die Zunge aus- und durchgestoßen haben. Die Sage will, seine Nachkommen seien alle stumm. (131)

## *Die List*

Ein Weib hatte genug an ihrem Manne und wollte ihn langsam von sich tun. So kochte sie ihm alle Tage Rayacker oder Drüll, und der Mann zehrte davon ab. Er sagte daher einmal, weil er des Weibes Absicht durchschaute:

O Weib,
Semmel und Milch
Tödtet mich;
Aber Rayacker
Macht mich wacker.

Da gab ihm das Weib täglich Semmel und Milch, vermeinend, daß er eher abbern sollte; im Gegenteile aber erstarkte der Mann.

Nun war ihm das Weib zuwider geworden, und er gedachte sie von sich zu schaffen. Deshalb sagte er eines Tages zu ihr: Weib, ich will nicht mehr leben, schwach und blind wie ich bin, ist mir das Leben zur Qual; führe mich hinaus, ich will mich ertränken.

Das Weib führte ihn hinaus an des Teiches Rand. Der Mann aber bat sie, einen rechten Anlauf zu nehmen und ihn in das Wasser zu rennen.

Das Weib tat so, der Mann wich aus, und das Weib stürzte vollen Laufes in das Wasser. Umsonst bat sie den Mann, ihr zu helfen, er sah ja nicht. Getröstet ging er nach Hause und lebte froh, daß er sein böses Weib los hatte. (132)

## *Der Totenkopf auf dem alten Friedhof*

Vor der durch ihren Totentanz berühmten Kapelle im alten Freiburger Friedhof steht ein mächtig hohes steinernes Kreuz, auf dessen Sockel ein eigenartiger, kunstvoll ausgehauener Totenschädel angebracht ist. Den Schädel ziert noch eine spärliche Haarlocke, eine Augenhöhle ist leer und hohl, während sich über die andere ausgetrocknete Haut zieht. Aus dem Backenknochen aber ragt ein dem Mund zu umgebogener Nagel hervor. Die eine Kinnlade steht etwas heraus. Von diesem Totenkopf erzählt man sich:

Unweit des Christopheltores stand einst eine Schmiede, wo ein alter Meister und seine junge Frau in Glück und Zufriedenheit wohnten. Da ergriff die Meisterin eine verbotene Neigung zu ihrem Gesellen, und beide mordeten den greisen Mann, indem sie ihm während des Schlafes einen Nagel durch den Schädel trieben. Der Haarwuchs verdeckte die Wunde, und ohne Argwohn wurde der Leichnam des Ermordeten bestattet. Die beiden Schuldigen heirateten sich alsdann, ohne daß jemand auf sie Verdacht hatte. Da geschah es, daß nach wenigen Jahren schon wegen Überfüllung des Friedhofes das Grab des Meisters geöffnet werden mußte, um einem anderen Leichnam Platz zu machen. Dabei kamen auch die noch nicht vermoderten Gebeine des Schmiedemeisters an die Oberfläche. Als der Totengräber den

*Totenkopf am Gottsackerkreuz des alten Friedhofs in Freiburg*

ausgegrabenen Totenschädel still betrachtete, fing der an, sich zu bewegen, so daß den Mann ein Grausen überlief. Doch faßte er sich ein Herz und blieb, um den Vorgang noch näher zu beobachten. Langsam kroch da aus dem Innern des Schädels eine Kröte hervor und stürzte ihn um. Jetzt sah der Totengräber auch den Nagel, der noch im Schädel steckte. Er machte Anzeige bei Gericht, und die beiden Schuldigen wurden zur Verantwortung gezogen. Dieses Ereignis wurde als eine wunderbare Fügung des Himmels betrachtet und darum unter dem Kreuz versinnbildlicht. (133)

## *Blut zeigt den Mörder an*

In Rüdlingen waren einst zwei Männer ihrem gemeinschaftlichen Freunde grollend aus Neid über das Gedeihen seines Haushalts. Nun trug es sich zu, daß eines abends spät alle drei sich über den Rhein setzen ließen, und als sie in die Mitte gekommen waren, ergriffen die beiden treulosen Meuchler ihren Freund und warfen ihn in die Wellen, also daß er ertrank. Aber des andern Tages wurde sein Leichnam am Ufer gefunden, wo ihn seine Schwester erkannte. Also bald erhub sie bittere Klagen, und als sie in ihrem Grame wie von ungefähr den Toten frug: »ach, Bruder, wie ist es dir ergangen?«, fielen demselben drei Blutstropfen zur Erde. Von Stund an erkannte sie, daß er eines gewaltsamen Todes gestorben sein müsse, und der Verdacht fiel auf die treulosen Freunde. (134)

## *Der Schwur mit dem Schöpfer*

Auf einer Höhe bei Heiligkreuzsteinach ist ein Acker zu einem Steinfeld geworden. Das kam so: zwei Bauern stritten, wem er gehöre. Das war zuletzt nicht anders als durch einen Schwur auszumachen. Auf dem streitigen Acker sollte der, der seine Ansprüche geltend machte, schwören, daß er ihm gehöre, so wahr er seinen Schöpfer über sich und seinen eigenen Grund und Boden unter seinen Füßen habe.

Dies konnte der eine Bauer keineswegs; aber Habsucht und Geiz verleiteten ihn zu einer List. Er füllte nämlich seine Schuhe teilweise mit Erde aus seinem, ihm ganz zweifellos gehörenden Hausgarten, und konnte so sagen, er habe eigenen Grund und Boden unter seinen Füßen. In seinem großen Hute versteckte er einen ihm ebenfalls gehörenden sogenannten Schöpfer, das heißt einen Löffel, welcher zum Schöpfen der Suppe, zum Verteilen derselben aus der gemeinsamen Schüssel diente. So sollte auch dieser Teil des Eides erfüllt sein.

Der Acker wurde ihm nun zugesprochen, aber seine Strafe blieb nicht aus. Sein Wohlstand schwand zusehends, der Acker wurde unfruchtbar, eine steinige Wüste, kein Unternehmen glückte dem Manne mehr, und als er endlich, ganz verarmt und krank, sein Geschick und jenen Acker verwünschte, öffnete sich der Boden unter ihm, und er versank an der Stelle seines Frevels.

Der Acker ist heute noch unfruchtbar, voller Steine, und noch heute zeigt man eine Vertiefung an der Stelle, wo der Böse den Meineidigen holte, und der Name »der falsche Eid« blieb ihm bis zum heutigen Tage. (135)

## *Die betrogene Blinde*

Im Schloß zu Unterdeufstetten lebte einst ein adliger Herr mit 2 Töchtern, deren eine blind war. Sie waren sehr reich. Als der Schloßherr gestorben war, machte sich die Schwester, die sehend war, daran, das väterliche Erbe zu teilen. Weil sie immer ein pelzverbrämtes Jäckchen trug, wurde sie Pelzliesel genannt. Sie holte nun ein Scheffelmaß, um den Berg Goldstücke, den ihr Vater ihrer blinden Schwester und ihr hinterlassen hatte, zu teilen. Sie maß aber ihrer Schwester immer den kleineren Teil des Scheffels zu, sich selbst den größeren. Als nun das Geld auf solche Weise verteilt war, fragte die Pelzliesel ihre (blinde) Schwester, ob sie mit dem ihr zugemessenen Haufen Goldstücke zufrieden sei. Diese tastete mit den Händen über das

Geld und nickte zustimmend. Darüber freute sich die Pelzliesel, daß sie nun den größeren Teil des Geldes erhalten hatte und ihre Schwester es nicht merken konnte. Doch wurde sie augenblicklich in einen großen, schwarzen Pudelhund mit feurigen Augen verhext. Seither muß die Pelzliesel, solchermaßen verwandelt, auf einer Geldtruhe im Keller des Schlosses sitzen und ihre Schätze hüten. Den Schlüssel zur Truhe, der aus purem Golde gearbeitet ist, trägt der Pudelhund im Maul. Doch kann die Pelzliesel erlöst werden, wenn eine unbescholtene Jungfrau es wagt, bei Nacht in den Keller hinabzusteigen und dem Hund den Schlüssel aus dem Maule zu nehmen. (136)

## *Die Pelzliesel*

Im Schlosse von Teufstetten, das vor mehr als hundertdreißig Jahren einigen Fräulein v. Trexel gehörte, ließ sich öfters noch ein Fräulein v. Trexel sehen, die ein grünes Korsett, mit Pelz verbrämt, und einen Bund Schlüssel trug. Vor etwa siebzehn Jahren erschien sie dem Mädchen des Schäfers zum erstenmal nachts beim Schlosse und forderte sie auf, einen Schatz im Keller zu heben. Das Mädchen ging nachts 1710 wirklich, von dem damaligen Hofmeister des Herrn v. Seckendorf und anderen herzhaften Leuten begleitet, in den Schloßkeller, fiel aber in Unmacht. Nachher erschien die Pelzliesel ihr an ihrem Bette, und um eine Abzehrung zu verhüten, tat der Schäfer seine Tochter in einen andern Ort, wo sie wirklich mit den vorigen Visiten verschont blieb. Übrigens sah und hörte nun sie die Pelzliesel bei denselben. Seitdem sah sie niemand wieder, aber in einem Zimmer des Schlosses, das jetzt seit mehreren Jahren unbewohnt ist, sieht man zuweilen ein Licht, das mitunter wie eine Flamme auflodert. Der Beamte, der einst, weil er Feuergefahr besorgte, hineinging, sah beim Eintritt ins Zimmer nichts mehr. Ehedem hörte und sah man zuweilen besonders im Keller etwas, als noch Leute im Schlosse wohnten, die Pelzliesel jedoch nie in Person. (137)

## *Die tanzenden Nonnen*

Zwischen Empfingen und Nordstetten, in dem sogenannten Seewald, liegt ein kleiner See, der ist nicht zu ergründen und heißt deshalb der »bodenlose See«. An der Stelle des Sees soll früher ein Kloster gestanden sein.

Die Nonnen darin führten aber ein schändliches Leben und tanzten mit den Buben aus Empfingen und Nordstetten und liebten sie. Dafür traf bei einem Gewitter ein Blitzstrahl das Kloster, worauf es mitsamt den Nonnen in die Tiefe gesunken ist. Wenn ein Unglück bevorsteht, sieht man eine kleine nackte weibliche Figur, die bis an die Brust im Wasser schwimmt, in diesem See und bemerkt deutlich, daß sie weint. Man vermutet, daß die untere Hälfte dieses Seeweibchens, die noch niemand gesehn hat, die Gestalt eines Fisches habe.

Andre sagen, auf dem Platze des Sees sei ein Wirtshaus gestanden, in welchem man immer des Sonntags getanzt und allerlei Gottloses verübt habe. Deshalb sei es versunken. In dem See aber leben *drei weiße Fräulein,* die seien schon oft um den See herum gewandelt und nach Empfingen zu Hochzeiten und Tänzen gekommen. Es gibt noch jetzt einen Platz in Empfingen, auf dem sonst eine alte Linde stand, der sogenannte *»Tanzplatz«,* wo sie oftmals getanzt haben. Einst fragte aber jemand, woher sie denn eigentlich kämen? Da haben sie es zwar gesagt, sind aber seitdem weggeblieben. – Nur zur Adventszeit soll man sie noch immer im Seewald sehen können. (138)

## *Wurzach versunken*

Im Wurzacher Ried soll einstens die alte Stadt gestanden haben. Sie sei mit Mann und Maus, mit Kind und Kegel versunken. Das rote Moorwasser komme von den Tränen der untergegangenen Einwohner her.

Der sogenannte Rohren-See bei Wurzach, ungefähr 186 Morgen Ackers groß, soll ebenso tief sein wie der Ungeheuer-Brunnen und stehe mit allen Seen des Oberlandes in Verbindung. (139)

## *Der heilige Dorn zu Stadion*

Der Bericht vom heiligen Dorn ist enthalten und zu lesen in einem pergamentenen Büchlein der Pfarr-Registratur zu Stadion, welches die Stadionsche Heilthumb verzeichnet. Wie der hl. Dorn in der Monstranz von Jerusalem nach Deutschland und speziell nach Fünfstetten bei Wemding gekommen, gibt das Büchlein also an:

Ritter Reimboldt von Wembdingen hatte ca. 1530 als Pilger die heiligen Stätten in Jerusalem besucht und diesen Dorn mit nach Fünfstetten gebracht, wo er Herr und Obrigkeit war. In dortiger Pfarrkirche ward er aufbewahrt, bis sie durch das »Lutherthumb gestirmet und entunehret« worden. Gedachte Kirche sei zerstört und die Religion durch die Pfalzgräfische geändert worden. Da habe man die tugendsame Frau Margarethe v. Wembdingen, geb. v. Seckendorf, weiland Jergen v. Wembding zu Fünfstetten Ritters Wittib, diesen hl. Dorn in silbernem Monstränzlein vor der Zerstörung aus besagter Kirche geflehnet und in Bewahrung genommen, und etliche Jahr heimlich bis 1568 aufbewahrt.
Nicht lange vor 1568 hatte gedachte Frau viel Kundschaft mit einem Juden um Seidenwaren für ihre Tochter und Basen zuwege gebracht. Da dieser Jude oft zu ihr und auch ihren Söhnen gekommen, sagte einmal der Sohn Hans zu dem Juden, er habe oft gehört, die Juden hätten gute Wetzsteine, und gab ihm den Auftrag einen solchen beizuschaffen. Das tat denn auch der Jude und schenkte ihn dem Hansen v. Wembding. Dieser Stein wurde nun nicht bloß zum Wetzen zum Gießfaß gehängt, sondern wegen seiner Länge und Schwere von den Frauenzimmern und Nähterinnen zum Auflegen auf die gefälteten Vorschürzen gebraucht.
Diese Frau v. Wembding hatte damals für sich und ihre zwei Söhne und die Töchter einen Vormund, den edlen Christoph v. Pappenheim zu Hoheneichen und Wartingen. Dieser kam Anno 1568 bald nach Pfingsten gen Oettingen und Wembdingen auf Besuch. Er verblieb da bis zum hl. Fronleichnamsfest. Als er aber, weil er eine Monstranz zum Sanktissimum auf dieses Fest in Augsburg bestellt hatte, heimkehren wollte, so sagte Frau Margarethe zu ihm, er solle deswegen nicht so eilen, sie hätte eine silberne Monstranz, und diese wolle sie ihm leihen. Er wollte sie nun zuvor beschauen. In einem Nebenzimmer war sie aufbewahrt, in welchem aber Fräulein Regina v. Eschenheimb eine Vorschürze gefältelt und den obbenannten Judenstein auf den Falten liegen gehabt hatte. Er nahm den Dorn aus der Monstranz heraus, um zu sehen was er wäre, und da gewahrte er auch den Stein. Er wollte nun den Dorn am Steine erproben. Plötzlich befiel ihn ein Schrecken und Zittern, er tat den Dorn wieder in die Monstranz und wollte diese nicht mitnehmen, denn am Steine sah er Blutstropfen, tropfenweis besprengt. Unbedächtigte Menschen wollten dies Blut wegwaschen und wegkratzen, aber sie vermochten es nicht.
So die Sage, wie sie Frau Margarethe v. Wembding in Gegenwart ihrer Kinder etc. einem Berichterstatter erzählte, am 14. Mai 1571. (140)

## *Das Hufeisen an der Liebfrauenkirche*

Einst fuhr ein vornehmer Herr mit vier Pferden an der Kapelle vorbei, die zwischen Tübingen und Hirschau hart an der Straße liegt, und verspottete das Muttergottesbild. Da konnte er plötzlich mit seinem Wagen nicht von der Stelle kommen, wie sehr er die Pferde auch antreiben mochte. Endlich holte man einen Priester; der legte ihm als Buße auf: jedem Pferde das vordere rechte Hufeisen abzureißen, und nachdem er dies getan, konnte er weiterfahren. Zum Andenken aber an dies Wunder nagelte man ein Hufeisen an die Kirchtür, welches noch jetzt dort zu sehen ist. (141)

## *Frevelhafter Schuß*

Bei Altshausen ist eine Kapelle, bei der eine noch vorhandene Vertiefung von nur etlichen Schuhen Umfang folgendes Ereignis bezeugt: Im Schwedenkrieg schossen drei Soldaten auf das Bild unseres Erlösers, das bei der Kapelle war. Der wehmütige Ernst des Bildes konnte ihr verwildertes Gemüt nicht erschüttern und sie von der fluchwürdigen Tat abhalten. Nachdem die Schüsse gefallen, erweichte die Erde unter ihren Füßen, und sie sanken bis an die Brust in den Boden, der, wie Wachs durch Wärme erweicht, jedem Druck nachgab. Vergeblich versuchten sie sich herauszuringen. Erst als der Geistliche mit dem Allerheiligsten, voran das Kreuz und die Fahne, nach in langer Prozession die betende Gemeinde, sich ihnen nahte, konnte ihnen Hilfe werden. (142)

# Hausgeister und Kobolde

## *Der Entenwick*

Bei unsern zeiten und in wenig jaren ist auch ain sollichs gespenst geen Sachsenheim zu den edelleuten [641] des namens kommen. Das ist etliche jar bei inen bliben, hat sich genennt Entenwick, hat auch geredt, aber anders nit, dann wie ain vogelstim, anzeicht, er sei von den verstoßnen engeln ußer dem himel, hab sich aber so hoch nit, wie andere, versündiget, darumb er auch noch verhoff, zu gnaden zu kommen und ewigclichen nit verloren zu sein. Mancherlei bericht hat er geben, wo er die zeit, von seiner verstoßung an zu rechnen, sich enthalten, under anderm aber, das er mehr, dann ain tausent jar, in ainem kleinen rörlin in aim mos gesessen und seiner gelegenhait, das er da dannen kommen künde, erwartet. Wie er von den edelleuten, insonderhait Renharten von Sachsenheim, dessen gar gueter gesell er gewest, befragt worden, wie er geen Sachsenhaim kom, hat er im geantwort, er, Renhart, hab ain raisigen diener zu Cöln gehapt, welches dann war gewest, und kurzlich darvon geen Sachsenheim komen, mit dem sei er herauf geraist, sei stettigs hünder im ufm ross gesessen. Dessen hat er guete anzaig gethon und warzaichen gesagt, die der diener war sein bekennt hat; auch vermeldet, das die ganz rais am heraufziehen sein pferdt ganz schwerlich gangen, als ob es ain grosen last trüege, wiewol er dessen kain gründliche ursach hab künden wissen. Alle dienstbarkaiten und was im schloß zu thuon gewest, das hat er ganz willigclichen, so im das befolchen worden, verricht. Er hat den leuten vorgezündt mit liechter, kartenspill und anders, was er gehaißen worden, gebracht. Solchs hat man im luft sehen daher geen und niemands, der das getragen, sehen künden. Keiner hat ine nie greifen künden. So bald er in ain gemach kommen, hat er gleich anfahen zu reden; da er aber schon stillgeschwigen, hat man doch gemerkt, das er verhanden, an dem, das mertails denen, so in selbigem gemach, der attem etwas hat kürzer wellen werden. Alle gebett, was man ime vorgesprochen, das hat er nachgesagt, auch den glauben und das vatterunser, ohne die wort »und füer uns nit in böse versuchung, sonder erlös uns von allem übel!« die hat er geschwigen und nit sagen wellen.

Es ist Renhart von Sachsenhaim uf ain zeit undertags in seinem bet gelegen und seinen gescheften nachgedacht. Indess er den gaist, das er in der cammer, vermerkt, derhalben im zugesprochen und gefragt, ob er da sei. Da ist er neben im uf dem [bett] gelegen und ime antwort geben. Nach langem gesprech da hat der edelman in gebetten, das er sich doch in seiner gestalt wellt sehen lassen. Das hat im der Entenwick abgeschlagen, mit vermelden, das er ine mit seiner ungestalt und greusenlichen, erschrockenlichen ansehen ungern bekümbern wellte. Iedoch hat der edelman uf seinem begern verharret, darauf Entenwick gesagt: »Wolan, ich will dein verschonen und doch etwas an mir sehen lassen, damit du sehest, das ich dir gern welt wilfaren; mir zweifelt auch gar nit, du werdest sein hinnach nit mer begern.« Indess so streckt der gaist sein arm durch das küssin hindurch, also bedaucht den edelmann. Der war mit langen spitzen am ellenbogen und durch auß, die finger aber an der handt auch spitzig und greulich und die farb so erschrockenlich, mit ploe und bluetfarb und gelen spreckln also vermischt, das ich von dem edelman selbs gehört, das er all sein tag ellender und greuslicher anblick nie gesehen hab. Darumb der gaist selbs sprach: »Wolan, ich hab dirs vorgesagt, dann ich wol gewist, was unlust und unwillen du an meiner gestalt haben würdest, darumb so laß mich hinfüro mit diser oder dergleichen begern zufriden und unbekümbert!« (143)

## *Die Vertreibung des Entenwick*

Es hat sich bemelter Entenwick vernemen lassen, aldieweil er zu Sachsenhaim, so werde das geschlecht an ehren und guet nimmer zerrinnen, und die warhait zu sagen, es ist dem von Sachsenhaim glücklich und wol gangen, er hat hüpsche kinder gehapt, auch an zeitlichem heftig zugenommen. Und wiewol er also etliche jar im schloß gewest, darin er niemands belaidiget, sonder menigclichen alle dienstbarkeit bewisen, iedoch ist den leuten nit also gehewr darbei gewest. Des von Sachsenhaims fründt haben ime heftig gerathen, er solle das gespenst vertreiben, dann es ime [642] sonst letstlich ein letzin werde lassen. Darumb er mertails seiner fründt und verwandten beschriben und desshalben iren rath gehapt. Die haben einhelligclichen wider den gueten Entenwick beschlossen. Also hat der von Sachsenhaim seinen freunden gefolgt und den gaist, gar nahe wider seinen willen, beschweren und darvon verbannen lasen. Also im abschiedt hat er den abgang des geschlechts und des haus Sachsenhaims verkündt. In kürze hernach ist das Schloß Sachsenhaim uf den grund ußbronnen, in dem doch menigclich dem Entenwick die schuldt gegeben. Got waist den grundt. Aber hernach ist er nit mehr gehört oder das man wissen, wo er hinkommen sei. Und nit allain ist das Schloß Sachsenhaim, darvon die edelleut iren stammen und namen, verbrunen, als ain warhaftigs präsagium und ain vorbott künftigs übels, sonder auch das uralt geschlecht ist in wenig jaren abgestorben, welches doch bei unsern vorfarn in hochem ansehen gewesen, und hat fürnem leut in der ritterschaft und allen adellichen sachen gehapt. Das gibt neben anderm wol zu erkennen das höflich gedicht herr Hermans von Sachsenhaims, ritters, das er von der Mörin gemacht, darauß von ainem verstendigen wol etwas mag von hoffsitten und den gemeinen weltgepreuchen gelernt werden, dann in solchem kain vergebens wort, das nit ain besondern verstand. Was dann die historia an im selbs vermegen, so darin mit verborgnen worten begrifen, das will von wegen der hochen leut zu endecken bedenklich sein. (144)

## *Der Klopferle in Großsachsenheim*

In dem alten Schlosse zu Sachsenheim hält sich schon lange ein Hausgeist auf, der klopft überall im ganzen Hause herum und hat daher seinen Namen »Klopferle« bekommen. Er kann nichts an dem Platze lassen, wo es sich befindet, sondern verrückt es beständig. Sind z. B. die Kirchweihkuchen ordentlich aufgeschichtet, so wirft er sie durcheinander; stehen Gläser oder Tassen mitten auf dem Tische, so schiebt er sie an den Rand oder auf die Ecken des Tisches. Oft bindet er nachts das Vieh um und stellt es in eine andere Ordnung und dergleichen. – Man sieht ihn zuweilen, besonders an hohen Festtagen; er geht dann unter den Menschen herum oder setzt sich zu ihnen und tut niemanden etwas zu Leide. Nur wenn ihm jemand einen Auftrag gibt und sagt: »Klopferle, hol mir Wasser, oder tu das und das!« so wird er bös und schlägt denjenigen, der ihn kommandieren will. Sagt einer dagegen ganz unbestimmt: »Jetzt sollte man auch das und das tun, sollte Kartoffeln spülen, schälen, Holz holen, das Vieh füttern« und dergleichen, so verrichtet der Klopferle das Gewünschte auf der Stelle. So hat er noch im Herbst 1847 alles Obst in den Keller getragen, und das war keine Kleinigkeit. Man glaubt, dieser Geist sei ein früherer Bewohner des Schlosses, weiß aber nicht, weshalb er darin umgehen muß. (145)

*Ulm. Kupfer aus Daniel Meisner, Politisches Schatzkästlein. 1. Buch, 1. Teil (Frankfurt 1625)*

## *Das Graumännlein in Waldburg*

In dem Schlosse Waldburg-Zeil erscheint jedesmal, so oft ein Glied der fürstlichen Familie stirbt, das Graumännlein, es ist ganz klein von Gestalt, hat graue uralte Haare und ein aschgraues Mäntelchen. Aus den großen unterirdischen Kellern und Gewölben kommt das Graumännlein herauf ins Schloß, geht durch alle Gemächer und durchstöbert alles. Hat es die Runde gemacht, so kehrt es wieder zurück von wannen es gekommen. Man hat's schon oft gesehen, als der alte Fürst starb, kam es auch wieder, seither aber nicht mehr. (146)

## *Der Kapuziner-Kobold in Ulm*

In der »Sammlung«, einem ehemaligen Kloster in Ulm, weiß man viel vom *»guten Kapuziner«*, einem Hausgeist, zu erzählen. Er heißt dort nur *»der gute Ding«*. Tut niemand was zu Leide, gutmütig arbeitet er die ganze Nacht zu Nutz und Frommen der Leute im Hause und der Dienstboten; macht das Feuer an, holt Wasser, was man nötig hatte, brachte Holz in die Küche, säuberte und ordnete die Küchengeschirre. Fluchen mag er nicht leiden, sonst spielt er im Hause einen Schabernack. Schon seit vielen Jahren sah ihn niemand mehr; er muß erzürnt worden sein. (147)

## *Der Jude als Abt*

In Münchroth war einstens ein Prämonstratenser-Kloster. Mal schlich sich auch ein Jude im Kloster ein, gab sich für einen Christen aus, lebte anscheinend recht fromm und ließ sich nicht das Mindeste anmerken, daß er kein Christ sei. Alles geschah nur, um Abt zu werden und *»gute Pfründe«* zu haben. Richtig, dem Juden ging's nach Wunsch. Der Abt war gestorben, und der Jude wurde zum Abt gewählt. Auch er starb bald. Da fand man in einem seiner Kästen eine silberne Katze und eine silberne Maus. Die Katze sprang auf die Maus los; die Maus aber hatte einen Zettel im Maul, auf dem stand:

So wenig als die Katz die Maus erwischt,
So wenig wird und bleibt ein Jud' ein Christ.

Von seinem Tode an ging der Jude um im Ökonomiegebäude. Er tat Übles, wo er immer konnte. Oft, wenn die Knechte und Mägde über den Gang liefen, legte sich Boppôle den gestreckten Weg auf den Boden, daß man über ihn fiel. Des freute er sich herzlich und lachte hell auf und spottete. Man bannte jedoch den Boppôle mal in eine Gießkanne, die ein Mann in den Wald zwischen Roth und Haßlach tragen mußte, durfte aber nicht umschauen. Konnte es nicht verheben, schaute herum und rückwärts und sah zu seinem Schrecken, daß der Geistliche nicht bei ihm war. Träger warf die Kanne mit dem Boppôle weg. Boppôle ist seitdem böser Geist im Wald. Anno 1848 hat er's einem übel gemacht: warf ihn im Wald, nahm ihn und drückte ihn in der Luft zusammen. (148)

## *Der Pompele in Rotenburg*

In einem Rotenburger Hause hielt sich früher ein Geist auf, ein kleines Männlein, das man »Pompele« nannte und das den Knechten bei der Arbeit half, namentlich beim Strohwerfen und Futterschneiden. Plötzlich war der Pompele verschwunden und stellte sich erst nach sieben Jahren wieder ein. Als man ihn fragte, wo er so lange sich aufgehalten, sagte er: »Ich bin mit Napoleon im Kriege gewesen.« (149)

## *Der gute Kobold*

Zu Poppenweiler ist in einem Hause ein Kobold. Wie er aussieht, weiß man nicht; er kommt immer unsichtbar oder zur Zeit, in der ihn niemand sieht. Tag und Nacht arbeitete er im Hause herum und tat fast alle Dienstbotenarbeiten da. Kehrte die Stube, trug Holz und Wasser in die Küche; sehr gerne hütete er das Kind. Gingen die Eltern fort, so sagte die Mutter, die Türschnall in der Hand: »Gib auf's Kind acht und besorg das Hauswesen!« Beide konnten gehen, wo sie wollten, sie durften dem Kobold trauen, alles geschah recht. Wenn nachts das Kind unruhig war, kam er und wiegte sogleich. Einmal wiegte er auch so stark, daß die Wiege überschlug und das Kind herausfiel. Es tat nichts. Die Mutter schimpfte und schalt drauflos: da freute sich der Geist und schlug ein überlautes Gelächter auf. Mal erzürnte man ihn auch wieder: just warf er alle Wasserkübel in der Küche herum, desgleichen die Holzscheiter und lachte gewaltig dabei. Mal warf er mit dem Holz der Hausfrau die Füße fast ab. Im Holzstall und hinter dem Ofen hielt er sich besonders gern auf. Wünschte man etwas von ihm, so war er im Nu da. (150)

## *Einfüßle im Nonnenkloster*

In einem dem sogenannten Nonnenkloster zu Tübingen gehörenden Nebengebäude weiß man seit alten Zeiten her viel vom Einfüßle zu erzählen. Es ist ein kleines winziges kohlrabenschwarzes Männlein mit nur einem Fuß und einem der Kapuze ähnlichen Käppchen. In der Scheuer besonders zur Adventszeit ließ es sich oft sehen und hören, ergötzte sich oft Tage und Nächte lang mit Fruchtmessen, Geldzählen und hatte seine besondere Freude daran, die Leute recht zu necken und zu erschrecken. So warf Einfüßchen oft, wenn die Leute in der Scheuer arbeiteten, vom obersten Kräch herunter das Heuseil, trippelte die Stiegen auf und ab besonders gegen abend. Mal riefen Kinder unter dem Scheuertor zum Spaß, Einfüßle, Einfüßle komm! Auf einmal trippelte Einfüßchen heran, so schnell als wie einer mit zwei Füßen. Die Kinder sprangen erschrocken davon, nur ein Bube fiel, und das freute Einfüßchen so, daß es laut auflachte und wieder in die Scheuer zurückkehrte. (151)

## *Das Käsperle von Gomaringen*

Kaspar oder Käsperle war ein Vogt in Gomaringen und soll die Gemeinde um Ländereien betrogen haben. Deshalb mußte er nach seinem Tode umgehen und spukte in einem Hause, das man »Aunaut« (Unnoth) nannte, nicht weit von Gomaringen. Da ist er oftmals in seiner weißen Zipfelmütze, mit weißen Strümpfen und Schnallenschuhen und mit der Pfeife im Munde gesehen worden, und klopfte und polterte im ganzen Hause so arg, daß niemand mehr darin wohnen wollte und man es am Ende einem Schreiner umsonst überließ. Besonders unruhig zeigte er sich, wenn die Hausfrau niederkam. Dann nahm er ihr öfters das Kind weg und trug es unters Bett, tat ihm übrigens nichts zu leide.

Am ärgsten lärmte er jedoch um Weihnachten. Da sprang er z. B. in der Viehkrippe hin und her, daß die Kühe vor Angst brüllten, worüber er jedesmal laut lachte. Ferner band er das Vieh verkehrt an, band zwei Stück in einen Strick zusammen u. dgl. Wenn er es zu toll machte, rief der Hausherr wohl einmal: »Jetzt bist aber still!« Dann gings eine Weile gut. Aber bald trieb er aufs neue seine Streiche, zog den Knechten, die Futter schneiden wollten, das Heu und Stroh aus der Schneidlade (»Strohstuhl«), während sie das Messer wetzten u. dgl. m. – Um Weihnachten ging er immer auch aufs Feld und klopfte beständig an einem Marksteine herum, den er wahrscheinlich versetzt hatte. – Auch führte er eine große Schnupftabaksdose bei sich, die wie grünes Moos aussah, und hielt sie den Leuten hin. Wollte aber jemand zulangen und eine Priese nehmen, so zog er sie schnell wieder zurück.

Als endlich das Haus abgebrochen und das Holz nach Gomaringen geführt wurde, spottete man über den Käsperle, der nun allein zurückbleiben müsse. Allein, als der letzte Wagen mit Holz abfuhr, saß Käsperle oben drauf, wovon der Wagen so gedrückt wurde, daß er sich ganz zusammenbog und brechen wollte. In Gomaringen wagte es aber niemand, den Wagen abzuladen, bis daß der Geist fortgesprungen war. So wie aber das Holz verbaut war, stellte auch Käsperle in dem neuen Hause sich ein und trieb darin sein altes Wesen fort, bis vor etwa sechs Jahren sein Grab geöffnet und er noch unverwest und blutig darin gefunden wurde. Dann hat man ihn zum zweiten Male in Gomaringen begraben, und seitdem ist er nicht mehr gesehen noch gehört worden, und wird nun erlöst sein. (152)

## *Der Poppele und seine Streiche*

### a) Der hilfreiche Geist

Auf der zerstörten Burg Hohenkrähen, nahe bei Hohentwiel, geht ein Geist um, der den Leuten auf dem Bruderhofe sehr nützlich ist und alles, was sie ihm auftragen, tut. Er holt Wasser und Holz in die Küche, wirft Stroh und Heu vom Boden, füttert das Vieh, putzt die Pferde, wendet den Dreschern die Garben um und dergleichen. Bei jedem Auftrage aber muß man stets bemerken: »it ze litzel und it ze viel!« (nicht zu wenig und nicht zu viel), sonst macht er Dummheiten und wirft z. B. alles Heu vom Boden herunter, schleppt alles vorrätige Holz in die Küche usw. Sagt man ihm dann: er solle es wieder forttragen, so tut er es auch. – Zum Lohn wegen seiner Dienste muß man aber auch für den Poppele alle Tage mitdecken, ihm einen besonderen Teller hinstellen und sagen: »Poppele, iß auch mit!« Unterläßt man das, so wirft er das Gedeck und alle Speisen durcheinander, bindet das Vieh im Stalle los und dergleichen. Ebenso muß man ihn einladen, wenn man ausfährt, und muß sagen: »Poppele, fahr auch mit!« Dann setzt er sich hinten auf das hervorstehende Wagenbrett (»Schnätter«) und fährt mit ins Feld. Wird er nicht eingeladen, so passiert dem Fuhrwerke gewiß etwas. Ferner muß man, so oft gebacken wird, dem ersten Bettler ein ganzes Brotlaib geben, sonst verschwindet das übrige Brot, und auch die Küche gerät in Unordnung.
Wenn jemand einen dummen Streich macht, so heißt es in der ganzen Umgegend sogleich: »Du bist ein Kerl wie der Poppele.« (153)

### b) Das Kegelspiel

In dem unterirdischen Gewölbe zu Hohenkrähen soll ein goldenes Kegelspiel mit großen goldenen Kugeln sich befinden; damit kegelt der Poppele in Gesellschaft vieler Ritter jede Sonntagnacht um 12 Uhr sowie an jedem Sonntagmorgen während der Kirche. Kinder und erwachsene Leute haben ihn da oftmals schon belauscht. (154)

### c) Goldene Kegel

Andere erzählen von diesem Kegelspiel allerlei Geschichten, besonders folgende. Eines Sonntags während der Kirche sahen zwei Handwerksburschen den Poppele in dem Graben kegeln; er traf aber nichts. Da lud er die Handwerksburschen ein, mit ihm ein Spiel zu machen. Das taten sie und gewannen anfangs mehrere Gulden; dann aber verspielten sie nicht bloß alles, was sie gewonnen, sondern auch noch ihr Reisegeld bis auf den letzten Kreuzer, und zogen traurig von dannen. – Als sie darauf an einen Berg kamen, sah der eine, daß eine Kegelkugel auf seinem Ranzen lag und nahm sie ärgerlich herab und warf sie fort. Dann gingen sie miteinander nach Mühlhausen. Da fand der andere, als er seinen Ranzen abnahm, einen Kegel darauf, der war von reinem Golde. Er wollte ihn verkaufen; aber in dem Orte war niemand, der den Kegel bezahlen konnte. Einer jedoch ließ sich für zweitausend Gulden ein Stück absägen. Zum Andenken an diese Geschichte hat man in Mühlhausen einen Kreuzstock errichtet, den man noch zeigt. – Den Rest des Kegels verkaufte der Handwerksbursch für viele tausend Gulden in Schaffhausen. Darauf hat der andere Bursch die weggeworfene Kugel gesucht und wieder gesucht, aber nicht mehr gefunden. – Wenn man seit der Zeit den Poppele kegeln sah oder nur es hörte, so hatte er immer bloß acht Kegel und eine Kugel. (155)

## d) Die Ohrfeigen

Einst hatte ein früherer Bewohner von Hohenkrähen eine Magd, die jedesmal, wenn sie die Kühe melkte, von der süßen Milch trank und dann von unsichtbaren Händen Ohrfeigen bekam. Deshalb kündigte sie ihrer Herrschaft den Dienst auf. Als der Hausherr fragte, weshalb sie fortwollte, sagte sie lange den eigentlichen Grund nicht; gestand aber doch endlich, daß sie sich nicht länger beim Melken schlagen lassen möge. »Dann mußt du irgend etwas getan haben, was nicht recht ist, sagte der Herr, sonst hättest du keine Schläge bekommen.« Die Magd leugnete zwar anfangs alles; bekannte dann aber doch ihre Schuld. »So laß nur das Milchtrinken! sprach der Herr, dann wird dir nichts wieder geschehen.« Das tat sie denn auch, und seitdem hat sie keine Ohrfeigen mehr bekommen. (156)

## e) Der Glasträger

Ein Schneider aus Engen ging eines Abends vom Nähen heim, und nachdem er unterwegs seine Notdurft verrichtet hatte, sprach er: »Da, Poppele, das ist dein!« In demselben Augenblick aber war der Poppele auch schon da, nahm den Schneider und zog ihn durch Hecken und Büsche, durch Korn und Dorn, daß er am ganzen Leibe elendiglich zerrissen und zerfetzt ward. Seitdem hat der Schneider nie mehr über den Poppele spotten mögen.
Ebenso hat der Poppele auf der Brücke, die bei Mühlhausen über die Ach führt, schon manchen, der ihn geneckt, ins Wasser geworfen.

Aber auch Leuten, die ihm nichts getan, spielt er zuweilen einen Streich. So kam einmal ein Glasmann daher und war sehr müd. Plötzlich verwandelte sich der Poppele in einen abgesägten Baumstamm, und als nun der Glasmann seine Last auf den Stamm niedersetzen wollte, war alles Verblendung; das Glas fiel auf die Erde und zerbrach.
Auf dieselbe Weise hat der Poppele schon müde Eierträger angeführt. (157)

## f) Der anhängliche Geist

Als das Haus, worin der Poppele sich aufhielt, einmal abgebrochen und das Holz an einen andern Platz fortgeführt wurde, sprach der Herr unterwegs zu seinem Knechte: »Haben wir jetzt auch alles?« »Nein, antwortete dieser, den Poppele haben wir nicht.« Da rief aber eine Stimme vom Wagen herunter: »O ja, ich bin auch da!« (158)

# Von wilden Frauen, Erdgeistern und Zwergen

## *Die Erdweible in der Spinnstube*

In der Mitte zwischen dem Bockstein und der Teufelsmühle bei Loffenau befindet sich das »große Loch«, darin ein ganzes Haus stehen könnte. Es befinden sich drei Säulen darin, die zwei Kammern bilden. In diesen Kammern haben sonst zwei »Erdweible« gewohnt; die waren klein, ganz weiß und sehr schön und kamen ein paarmal nach Loffenau in die Lichtstuben und spannen. Da wagte aber niemand sie anzureden. – Endlich, als sie zum zweiten Male da waren, standen sie auf und sagten: »Hättet ihr uns was gesagt, so hätten wir euch auch was gesagt«, und kamen nie wieder. – Sie trugen breite Pantoffeln (»Schlappen«) und ließen beim Weggehn einige Strohhalme fallen. Die hoben die Leute auf und sahen, daß sie schweres Gold wurden. – Wenn jemand aus der Spinnstube die Erdweible angeredet hätte, so wären sie erlöst gewesen, und sie hätten ihren Erlöser gewiß reich und glücklich gemacht. (159)

## *Die Küche der Erdweiblein*

In dem Küchenfelsen zu Oberbeuren hatten ehemals schöne Erdweiblein ihre Wohnung und Küche, und von der letztern schreibt sich sein Name her. Diese Weibchen lud einst die Frau des Hauses, zu welchem der Felsen gehörte, mit den Worten ein:

»Kommet her, ihr Armen,
Esset auch von dem Warmen!«

worauf sie zu ihr gingen und sich den vorgesetzten frischen Zwiebelkuchen trefflich schmecken ließen. Von nun an standen sie mit den Leuten dieses Hauses in freundschaftlichem Verkehre. Aus dem Teig, welchen dieselben abends eingelegt, buken sie ihnen in der Nacht das Brot, und zur Arbeit auf dem benachbarten Acker brachten sie ihnen aus ihrer eigenen Küche Essen. Die silbernen Geschirre, worin dieses enthalten war, sowie die dazugehörenden Silberbestecke mußten jedoch von den Leuten wieder auf den Acker gestellt werden, von wo die Weiblein sie dann zurückholten.

*Das Freiburger Münster. Stahlstich von H. Worms (um 1850)*

*Schloß Lichtenstein. Gemälde von P. J. Büttgen 1826*

Einmal aber behielt der Knecht eine der Gabeln für sich zurück, und auf dieses ließen die Weiblein sich nicht mehr blicken; obwohl man den Rauch ihrer Küche noch manchmal aufsteigen sah. (160)

## *Die Holzfräulein*

Also auch haben die herrn von Weinnspergh vor zeithen dasz gejäg uf dem holtz bey Wintzenweyller unferne von dem stättlein Gailldorff gelegen gehabt, unnd uf ein zeith an dem orth, noch der Weinnsperger gehrn genandt, ein schweinhatz gehabt, ihr frauenzimmer mitgenommen, und bey einem erdtfall im waldt den weibern sich zu erwarmen ein fewer gemacht. Allsz aber von ungeschichten zwen pauren im waldt dieses frauenzimmer mit ihren bunden gesehen, haben sie den bauren, so daselbst inn höffen sietzen, gesagt, wie sie waldt: oder holtzfrauen im waldt bey dem fewr sietzend gesehen hetten. Dahero solcher orth desz waldes – ist ietzt desz stifftes Chomburg – uf diesen tagh zue der holtzfrawen stuben genandt wirdt. (161)

## *Frau Hulda*

Eine andere Begegnung mit Frau Hulda hatte eine alte Frau von Hasloch, namens Klara Behringer, gemeinhin »das Klärle« genannt. Sie lebte bei ihren Verwandten und verrichtete, weil sie schon etwas altersschwach war, nur leichte, häusliche Arbeiten. Einst trug sie ihren Vettern, die im untern Berge im Walde arbeiteten, das Mittagessen zu. Solange die Fahrstraße im Tale fort ging, machte es der alten Frau keine Beschwerde. Als sie aber ans Steigen kam, konnte sie bald vor Müdigkeit nicht mehr weiter. Das gewahrte Frau Hulda und kam mitleidig aus dem Berge, um der Alten den schweren Speisekorb abzunehmen und zu tragen. Die wollte aber nichts davon wissen: »Fort! Fort!« rief sie, »ich will allein schon mit meinem Korb fertig werden; ich habe so lange ihn getragen, da werde ich ihn auch noch länger tragen können. Mit Hexen will ich nichts zu tun haben.« Bei diesen Worten war Frau Hulda verschwunden, zugleich aber wußte die Klara plötzlich gar nicht mehr, wo sie war. Mit irren Schritten kam sie vom guten Weg ab, kletterte über Felsen und Steinhaufen und schlug endlich durch das dickste Dorngesträuch eine ganz falsche Richtung ein. Dieses seltsame Bergsteigen sahen die Vettern aus weiter Ferne mit an. Was hat nur das »Klärle« heute vor? sprachen sie untereinander. Als die Alte aber ganz verkehrtes Zeug begann, sich durch Dornen drängte und ihre Kleider daran hängenließ, da schrien sie ihr aus Leibeskräften zu: »Klärle, wo naus?« Bei diesem Ruf kam die Alte wieder zu sich, denn das Beschreien hatte den Zauber gebrochen. Sie erkannte, wo sie sich befand, und sah auch ein, warum sie in Dornen und Nesseln geführt worden. Ihre Kräfte waren vor Schrecken und Angst erschöpft, sie hielten sie nicht mehr aufrecht. Da kamen die Vettern herbeigesprungen, der niedergesunkenen Alten zu Hilfe, und zogen sie aus den Dornen; verwunderten sich aber sehr, als sie das Nähere von ihr erfuhren. Die Frau Hulda selbst hatten sie nicht gesehen. (162)

## *Die Todesbotschaft*

Bei einem Bauer in Holl diente ein unbekanntes Mädchen, das sehr fleißig und ordentlich war, aber durchaus nicht sagte, wie es heiße. Als einst der Mann, ein Joch tragend, vom Felde heimging, rief ihm die Stimme eines Unsichtbaren mehrmals nach: »Jochträger! Sage der Gloria, der Kanzelmann sei gestorben.« Erst beim Nachtessen erinnerte sich der Bauer wieder des Vorfalls und erzählte ihn dem Mädchen, mit dem Beifügen, nun wisse er, daß sie Gloria heiße. Da sprang das Mädchen über Hals und Kopf davon und ließ niemals sich wieder sehen. (163)

## *Die fleißigen Erdmännlein*

### a) Hilfreiche Zwerge

In dem Dorfe Röthenberg, das im Schwarzwalde nicht weit von Alpirsbach (Albersbach) liegt, hielten sich früher viele Erdmännlein auf, die taten unsichtbar bei Nacht alle Arbeit für die Menschen, fütterten das Vieh, warfen Stroh herab, kneteten die Brotlaible zurecht und backten sie, so daß die Leute sie des Morgens fertig vorfanden. Dafür aber mußte man den Erdmännlein täglich ihr Essen auf den Herd hinstellen, was sie dann heimlich verzehrten. Unterließ man das oder nahm jemand etwas davon, so wanderten sie fort

*Peterstal im Schwarzwald. Kupfer aus der Topographia Alsatiae von Mathaeus Merian (Frankfurt 1644)*

und gingen in ein anderes Haus. Jetzt sind alle Erdmännlein schon lange aus Röthenberg verschwunden und wahrscheinlich von unserm Herrgott in eine andere Gegend der Erde verwiesen worden. (164)

## b) In der Spinnstube

Des Winters kamen die Erdwichtele gewöhnlich zweimal in der Woche zum »Vorsitzen«, d. h., sie setzten sich in den Spinnstuben neben die Spinnerinnen hin, und zwar, wie es Sitte ist, auf die linke Seite. (Wer sich zur Rechten der Spinnerin setzt, von dem sagt man gleich: »Der hat Hunger!« weil nämlich die Mädchen rechts die Tasche tragen und darin gewöhnlich allerlei zum Naschen mitbringen. Man vermutet deshalb, ein solcher wolle die Taschen plündern; außerdem würde man auf der rechten Seite die Spinnerinnen hindern, die Spindel frei zu bewegen.) Genug, die Erdwichtele machten es gerade so wie die Bauernburschen. Weil sie aber so sehr klein waren, so setzten sie sich nicht etwa auf einen Stuhl, sondern auf das Kunkelstühlchen, ganz unten zu den Füßen der Mädchen, und unterhielten sich mit denselben; trieben auch allerlei Scherz und Mutwillen, indem sie die Mädchen am Rock zupften,

in die Waden kniffen und dergleichen. Einst wollte ein Mädchen das nicht mehr leiden, weils das Erdwichtele zu weit trieb, und gab ihm deshalb einen Fußtritt; allein das Männle blieb fest auf seinem Platze sitzen, daß das Mädchen ganz ärgerlich ausrief: »Der Blitzdreck fällt erst nit um!«
Ein andres Mädchen, das auch eines Abends vor dem Mutwillen der Erdwichtele keine Ruhe hatte, sagte endlich: »Ei, wir wissen ja wie ihr heißt!« »Nun, wie heißen wir denn?« sprachen sie alle verwundert. »Erdwichtele«, sagte das Mädchen. Da gingen sie auf der Stelle fort und sind nie wiedergekommen. Es leben aber noch Leute, die sie vielmals gesehn haben. (165)

## *Schwarze Erdmännlein*

Zum Lammwirt Friederle in Neubulach kamen bei Nacht immer zwei Erdmännle oder Bergmännle und backten ihm das Brot. Er brauchte abends nur das Mehl hinzustellen, so war am andern Morgen das Brot fertig. Da belauschte er einstmals die Erdmännle bei ihrer Arbeit und sah, daß sie ganz nackt waren und große Augen hatten, ihre Hautfarbe aber war schwarz wie die eines Mohren. Dem Lammwirt tat das leid, und er ließ zwei Kleider für sie machen und legte ihnen dieselben auf die Backmulde. Am folgenden Morgen waren die Kleider zwar fort; die Erdmännle aber auch und kamen nie wieder. Er hatte sie »ausgezahlt«, was sie nicht leiden konnten; denn sie wollten ihre Dienste umsonst tun. Damals, als die Erdmännle »herrschten«, sah es noch besser aus in der Welt als jetzt. (166)

## *Das Rotmäntele bei Tübingen*

Auf dem Spitzberg bei Tübingen hauste vor alters ein Zwerg in den Kellern und Verließen der Oedenburg. Man hieß ihn unter dem Volke nur »das Rothmäntele« von feinem roten Mäntelchen, in dem er sich den Leuten zeigte. Rotmäntele kam oft, ja fast alle Tage herunter an den Neckar, der unten vorbeiläuft, um sich zu baden, ging allemal zur nämlichen Stunde um Mittagszeit herunter und wieder hinauf auf demselben Wege in derselben Furche eines Weinbergs. Hirschauer, wenn sie in ihren Wiesen oder Weinbergen arbeiteten, sahen Rotmäntelchen sehr oft. Manchmal konnte man es sehen auf dem Fahrwege, den Leuten, die in den Halden herum schafften, zusehend, bei dessen Anblick sie sich aber allemal versteckten. In Tübingen lebte ein Mann, der kam öfters auf den Spitzberg vor Sonnenaufgang. Rotmäntelchen erschien ihm dann aus einem Loch heraufsteigend und unterhielt sich einigemal mit ihm wegen eines Schatzes, den es ihm unter gewissen Bedingungen zu zeigen versprach. Der Schatz liege mitten im Felde der Tübinger Markung und sei schwerer als der Österberg. Der Mann solle das Geheimnis des Schatzes niemand verraten. Habe er aber den Schatz gehoben, so dürfe er ihn nicht in der Heimat genießen, sondern er solle in apfelgrünem Gefährt, gezogen von apfelgrünen Pferden gen Wien fahren und ihn dort verbrauchen. (167)

## *Die Erdmännlein in der Lichtstube*

In der »Halde«, einem Berge beim Fuchseckhof, oberhalb Schlath, hielten sich ehemals kleine Erdmännle auf, die nachts die »Lichtstuben« besuchten und sich mit den Spinnerinnen unterhielten. Man wußte nicht, wie sie hießen. Weil sie aber immer rote Mäntelchen umhatten, so haben die Burschen ihnen den Namen *Rotmäntele* »geschöpft«.

Wenn sie fortgingen, so sangen sie gewöhnlich. Da schlichen ihnen die Burschen eines Abends nach und vernahmen nun folgende Worte, die sie miteinander sangen:

»Daß dees mein Schatz nit weiß,
Daß i *San-Nefle* heiß!«

Als sie wiederkamen, wurden sie von den Burschen hiermit so lange geneckt, bis sie endlich ganz weggeblieben sind. (168)

## *Hebammendienste bei den Erdmännlein*

Im Wald unweit Geislingen bei Balingen hausten ehedem Erdmännlein und Erdweiblein. Einstmals kam ein Erdmännlein in den Ort herein zur Hebamme und holte sie in den Wald hinaus zu seinem Weiblein, ihr zu helfen. Das tat die Frau, und das Erdmännlein leuchtete ihr voran. Bald kamen sie zu einer Moostüre, die tat sich auf, und sie traten ein. Dann folgte eine Holztüre, endlich eine dritte, die war von glänzendem Metall. Hinter dieser ging es eine Treppe hinunter bis tief hinein in die Erde. Dann traten sie in ein großes, prächtiges Zimmer. Da lag das Erdweiblein in ihrem Bett. Als die

Hebamme dem Weiblein geholfen, sagte das Erdmännlein zu ihr: »Unser Essen und Trinken würde dir doch nicht schmecken; deshalb will ich dir etwas anderes zum Lohn geben.« Damit schüttete das Männlein dem Weib eine Handvoll Kohlen in ihre Schürze. Diese nahm sie, dachte aber: wenn ich draußen bin, will ich sie schon wegwerfen. Dann begleitete sie das Erdmännlein wieder heim. Als sie unterwegs eine Kohle um die andere fallen ließ, merkte es das Männlein und sagte:

»Wie minder ihr zettlet,
Wie mehr ihr hättet.«

Dann kehrte das Männlein wieder um. Darum behielt das Weib den Rest Kohlen. Und wie sie zu Haus die Kohlen aus ihrer Schürze auf den Tisch schüttete, da waren es lauter blanke Goldstücke. Sie suchte am andern Morgen im Wald eifrig nach den weggeworfenen Kohlen, fand sie aber nicht mehr. (169)

## *Die Hebamme im Urschelberg*

Einst kam ein Mann nach Pfullingen gelaufen und holte eine Hebamme in das Schloß des Urschelberges. Nach einer andern Aussage holte er sie in einem Wagen ab, und der sei so schnell gefahren, als ob der Wind ihn durch die Luft getrieben. Nachdem die Hebamme sodann die Frau des Mannes entbunden und reichlich gegessen und getrunken hatte, sprach der Mann: »Geld hab ich nicht; aber deinen Lohn hab ich dir da in die Schachtel gelegt!« Mit diesen Worten überreichte er ihr eine Schachtel, die sie nahm und damit fortging. Weil die Schachtel aber so sehr leicht war, so war die Frau neugierig zu wissen, was sie enthalten möchte, und öffnete sie und sah bei dem Lichte ihrer Laterne (denn es war Nacht), daß drei Strohhalme darin lagen. Etwas ärgerlich machte sie die Schachtel wieder zu und ließ bei der Gelegenheit einen Strohhalm herausfallen. Als sie aber am andern Morgen zu ihrem Manne sagte: »Jetzt guck auch nur einmal, was ich gestern verdient habe!« und die Schachtel aufmachte, da lagen zwei Stangen helles, schweres Gold darin. Jetzt hat sie auch den dritten Strohhalm noch gesucht, aber nicht mehr gefunden. (170)

## *Der Pfalzgraf von Tübingen und Meister Epp*

In einem Dorfe auf dem Schwarzwald, Pfalzgrafenweiler genannt, hat eine Burg gelegen, von der man noch heute die Gräben sieht; aber wegen der Länge der Zeit ist sie in einen solchen Zustand gekommen, daß der Platz nunmehr mit großen Bäumen ganz verwachsen ist und fast keiner Burgstelle mehr gleicht. In diesem Schloß und Weiler wohnte einst ein Graf von Tübingen, der außer anderer Kurzweil auch viel zu jagen pflegte.

Einmal zog dieser Graf ins Holz, wo ihm ein wunderkleines Jägerlein entgegenkam, das zwei Jagdhündchen an einer Koppel führte. Das Männlein nannte sich Meister Epp. Die zwei Hündchen hießen Will und Wall. Woher sie kamen, das findet sich nicht geschrieben. Der Graf hatte an dem Meister Eppen und seinen zwei Hündchen soviel Wohlgefallen, daß er sie mit sich nach Pfalzgrafenweiler nahm. Er behielt sie viele Zeit bei sich und fing, weil er mit Meister Eppen und seinen zwei Hündchen häufig in den Wald zog, soviel Wildbret, daß er niemals ohne Beute heimkam, außerdem erging es ihm, solange er dieses Erdmännlein oder Jägerlein bei sich behielt, glücklich und wohl an Leib und Gut und an allem, was er vornahm.

Einmal unterstand sich der Graf mit seinem Jägermeister Eppen und dessen zwei Hündchen Will und Wall an dem Weilerwald allernächst hinter dem Schloß Feherbach (Vöhrenbach über der Waldach) zu jagen. Wie sie nun in den Wald kamen, brachten die zwei Hündlein einen mächtigen Haupthirsch auf die Füße, der nicht von diesem Lande war. Das Tier nahm seine Flucht nach der Stadt Horb und in einen Wald, der Weitow geheißen, in der Richtung nach Tübingen, dann aber weiter nach Gmünd, Ellwangen, Dinkelsbühl, Nürnberg und durch den Böhmerwald bis gen Prag. Der Graf und sein Jägermeister zogen den ganzen Tag mit ihren Hunden hinter dem Hirsche her bis zur Nacht und allezeit morgens früh wieder auf, bis sie endlich nach Prag kamen.

In der Prager Burg regierte damals der König von Böhmen. Als der Graf mit seinem Jäger und den Hunden an die Pforte kam, war sie verschlossen. Die beiden Jagdhündchen Will und Wall aber waren so laut, daß sich manniglich darüber verwunderte. Das wurde dem Könige gleich hinterbracht, der sie einlassen hieß, worauf der Graf mit seinem Jägermeister und den Hündchen bis in des Königs Saal zog, wo an die tausend Hirschgeweihe hingen. Als die beiden Hündchen unter das Geweih des Hirsches kamen, den sie eben gejagt hatten und den sie nun über sich sahen, wurden sie abermals so laut, daß sich der König mit seinem Hofgesinde darüber verwunderte. Auf des Königs Befehl nahm man die zuletzt gefangenen Hirschgeweihe herab und legte sie den

beiden Jagdhündchen vor. Wie sie an das rechte Geweih kamen, fielen sie darüber her, wie die Hunde tun, wenn sie einen Hirsch festhalten. Daraufhin sagte des Königs Jäger, daß dieser Hirsch erst am Tage zuvor gefangen worden sei, woran man erkennen konnte, daß es derselbe Hirsch war, den die Hunde zuerst im Weilerwald bei Feherbach auf die Beine gebracht hatten. Der König von Böhmen verwunderte sich höchst, und nun erzählte ihm der Graf von Tübingen von Anfang bis zu Ende erstlich, wie ihm sein Jägermeister Epp, das kleine Männchen, samt seinen zwei Jagdhündchen in dem Holze aufgestoßen, wie ihm hernach auch allemal das Jagen gelungen und er nie leer von der Jagd heimgekommen wäre, ferner wie er diesen Hirsch am Weilerwald zuerst angetroffen und ihn dann alle Tage bis hierher verfolgt hätte.
Als der König solche Abenteuer vernahm und des Grafen Namen hörte, erkannte er ihn und fand seinen Namen in etlichen Briefen geschrieben, aus denen ersehen und bewiesen werden konnte, daß der Pfalzgraf des Königs von Böhmen offener und abgesagter Feind war, worüber der Pfalzgraf nicht wenig erschrak. Der König aber sagte zu ihm, er sollte darüber nicht erschrekken, bei ihm wäre er Leibes und Gutes sicher. Die Herren und das Hofgesinde, das dabei war, redete soviel, daß der König und der Graf erfreut und aller Dinge vereint wurden und der König seine Ungnade fallen ließ.
Über etliche Zeit, als der Graf mit seinem Jägerlein, Meister Eppen, und den zwei Jagdhündlein Will und Wall hinwegscheiden wollte, bat ihn der König so ernstlich um die zwei Hündchen mit dem Bemerken, er würde ihm nichts versagen, um was er ihn auch bitten möchte, wenn er ihm die zwei Hündchen schenkte. Darauf bedachte sich der Graf und redete mit Meister Eppen, seinem Jägermeister. Aber dieser widerriet dem Grafen, es zu tun, und so versagte der Graf dem Könige die Bitte, wenn auch ungern. Als der König aber immer wieder in ihn drang und der Pfalzgraf zuletzt in Zweifel kam, durfte er es dem Könige nicht abschlagen und schenkte ihm die Hündchen zuletzt. Aber das Jägerlein wollte sich von seinen lieben Jagdhündchen nicht trennen und blieb beim Könige zu Prag. Kurze Zeit danach rüstete der König von Böhmen den Pfalzgrafen von Tübingen mit Knechten und Pferden, auch anderen Geschenken und königlichen Ehren aus und ließ ihn in allen Gnaden abscheiden. Der Graf reiste wieder gen Pfalzgrafenweiler, aber bald kam ihn ein Verlangen an nach seinem Meister Eppen und den Jagdhündlein. Das wurde so groß in ihm, daß er anfing, an Leib und Gut abzunehmen; er starb bald darauf. Seine Nachkommen verließen hernach den Pfalzgrafenweiler, so daß keiner mehr in der Landschaft ansässig blieb, gleichwohl das Dorf seinen Namen nicht wechselte. Die Herrschaft des Grafen von Tübingen ist in fremde Hände gekommen. (171)

# Von unheimlichen Gewässern und ihren Bewohnern

## *Der blutige Brunnen bei Mergentheim*

Im oberen Tal gegen Lichtal, auf der rechten Seite des Waldsaumes befindet sich ein kesselförmiger, tiefer Brunnen, der Frälesbrunnen genannt. Allabendlich stiegen aus demselben Wasserfräulein heraus, um der Vorsitz im letzten Hause des Ortes, dem »Wolfenhause«, beizuwohnen. Sie sangen, spielten und tanzten mit den Buben und Mädchen und waren stets guter Dinge. Gegen 11 Uhr gingen sie alle pünktlich nach Hause. Einmal – es war eine größere Gesellschaft beisammen – dauerte die Vorsitz länger als gewöhnlich und die Wasserfräulein vergaßen bei der heiteren Unterhaltung ganz die Zeit, die ihnen zu ihrer Heimkehr vorgeschrieben war. Rasch brachen sie, dieses plötzlich gewahrend, auf, klagten und jammerten und sprachen die Befürchtung aus, daß ihnen schweres Unheil zustoßen und sie wohl niemals mehr kommen würden. Teilnehmend begleiteten sie sämtliche Anwesende. Bei dem bewegten Abschied äußerten die Wasserfräulein noch, daß, wenn nach ihrem Untertauchen im Brunnen das Wasser seine gewöhnliche Farbe behalte, alles gut ab-

*Mergentheim. Kupfer aus Daniel Meisner, Politisches Schatzkästlein (Frankfurt 1630)*

gegangen sei, wenn es sich aber blutig färbe, sie schweres Unglück betroffen und sie nie, nie mehr kämen. Die Fräulein tauchten unter, und erwartungsvoll standen die andern da. Plötzlich wallte blutig gefärbtes Wasser auf. – Betrübt gingen die Leute nach Hause, und nie mehr hat man noch etwas von den Wasserfräulein gesehen und gehört. (172)

## *Die Wasserfräulein*

Es hat sich zugetragen, dasz einem von Hoenstein etliche edele weiber vor fasznacht zue ihme in sein schlosz Hoenstein sein kommen, welche nach dem nachtmahl in der mummerey verbutzt wie voor zeithen die weiber mit 2en spietzen gehüllet, gemahlt, von Hoenstein hinnüber in dasz schlosz Neunbronn gangen, daselbst getantzet, collatzet und im widergehen in die Mühlen under dem Schlosz am flusz Bieler ligendt in dasz kunckelhausz zunn baurenmägden, willens mit ihnen zu tanzzen gangen. Alsz aber die bauernmägdt diese verbutzte spietzig gehüllte edelweiber gesehen, seind sie aus der stuben geflohen. Also sein die edelweiber auch widerumb in das schlosz Hoenstein gangen. Zue morgens haben diese baurenmägd jedermann gesagt, wie zue nacht waszerfräulichen ausz der Biler zu ihnen in die vorsetzt oder kunckelhausz sein kommen, und also sie ausz der Stuben geflohen, weren die waszerfräulichen widerumb ausz der stuben zu der Biler gegangen, in einen gumppen unnder dasz waszer gefallen, dasz sie es batschen gehört, und underm waszer verschwunden, dahero der gump bey solcher mühlen uf diesen tag der waszerfrauen stuben genandt wird. (173)

## *Die Nonnen im See*

Auf der fürstlich Sigmaringischen Domaine Kremmensee im Oberamte Haigerloch befindet sich ein tiefer schwarzer See, der Heiligenweiher genannt. An der Stelle desselben soll früher ein Nonnenkloster gestanden haben, weil aber die Bewohnerinnen desselben in Üppigkeit und Laster versanken, begab es sich, daß bei einem furchtbaren Unwetter einst sich die Erde öffnete, das Kloster in die Tiefe hinabgerissen ward und an der Stelle dieses Erdfalls sich ein See bildete. Man sagt, daß im Sommer, wenn in Folge der Dürre das Wasser sinkt, tief unten auf dem Grunde desselben das Klostergebäude noch zu erkennen ist. Zuweilen kommen aus dem See ein oder zwei Klosterjungfrauen hervor, gehen in das nahe Städtchen, kaufen dort mit alten Goldmünzen sich Nahrungsmittel oder andere Bedürfnisse ein und kehren dann nach dem See zurück. Einst folgte ein Fleischerbursche einem solchen Fräulein, da sah er unter ihrem Kleide Ziegenfüße hervorschauen, und natürlich lief er angsterfüllt davon, denn er wußte nun, wes Geistes Kind das Weibsbild war. (174)

## *Der Wassermann unter der Gamburger Brücke*

Bei Gamburg hält sich in der Tauber ein Wassermann auf, den man besonders oft unter einem Bogen der Brücke plätschern hört. In der Hand trägt er einen langen Haken, wie ihn die Fischer führen. Damit greift er nach den Kindern, die sich zu nahe an die gefährlichen Stellen des Flusses begeben, zieht sie unter das Wasser und behält ihre Seelen bei sich. Damit ihm diese aber nicht entfliehen, läßt er sie unter die alten Häfen ducken, die von den Leuten als unbrauchbar ins Wasser geworfen werden. Nur am Samstag zwischen zwölf und ein Uhr mittags dürfen sie hervor und miteinander spielen. Aber er hält strenge Wacht dabei, und wie jemand am Ufer sich zeigt, husch!, werden die Kinderseelen wieder in ihr Gefängnis getrieben. (175)

## *Der Titisee*

Unterhalb der Seesteige stand in alter Zeit eine reiche Stadt mit einem Kloster. Als die Üppigkeit ihrer Bewohner so groß geworden war, daß sie die Weißbrotlaiber aushöhlten, die Brosamen dem Vieh verfütterten und in der Kruste, wie in Schuhen, umhergingen, versank die Stadt in die Erde, und an ihrer Stelle entstand der Titisee. In dessen Tiefe ist bei hellem Wetter die Turmspitze des Klosters noch sichtbar, das, wann jenes zu Friedenweiler versinkt, wieder aus dem Wasser emporsteigt. Vor vielen Jahren begann der See an der Schanze auf der Höllensteige auszubrechen. Da kam in der Nacht eine alte Frau, verstopfte, indem sie etwas sprach, die Öffnung mit ihrer weißen Haube und verhinderte dadurch den Ausfluß. Von der Haube verfault jedes Jahr ein Faden, und wenn der letzte verwest ist, bricht der See heraus und überschwemmt das ganze Dreisamtal. Einige sagen, daß, zur

Abwendung dieses Unglücks, in dem Freiburger Münster täglich eine Messe gelesen werde.
Nachdem schon manche vergebens gesucht hatten, die Tiefe des Sees zu ergründen, nahm einer sich vor, dieselbe schlechterdings auszumitteln. Er fuhr mit einem Kahn in die Mitte des Sees und warf an einer fast endlosen Schnur das Senkblei aus. Schon waren achtzehn Spulen Faden im Wasser und noch genug zum Nachlassen vorhanden, da rief aus den Wellen eine fürchterliche Stimme:
»Missest du mich,
So fresse ich dich!«
Oder, wie andere sagen:
»Willst du mich messen,
So will ich dich fressen!«
Voll Schrecken ließ nun der Mann von seinem Unternehmen ab, und seitdem hat niemand mehr gewagt, nach der Tiefe des Sees zu forschen.
In einem Sumpf bei Hinterzarten, eine Stunde vom See, ist einmal ein Paar zusammengejochter Ochsen versunken und ihr Joch einige Jahre nachher im See an der Wutachbrücke gefunden worden. (176)

## *Opfer an den Wasserdämon im Blautopf*

Im Jahre 1641, so erzählt eine alte Chronik, war der Topf so stark angelaufen, daß das Kloster Blaubeuren den Untergang fürchtete. Es wurde daher ein allgemeiner Bettag gehalten, eine Prozession zu der erzürnten Quelle veranstaltet, und gleichsam zur Versöhnung der in derselben wohnenden Nymphe wurden zwei vergoldete Becher hineingeworfen, worauf das Toben nachgelassen habe. (177)

## *Der Ochse im Quelltobel*

Hinter dem Kloster Zwiefalten kommt ein zweiter Quellfluß der »zwiefältigen Ach« aus dem Kesseltobel, der sich vom Kloster gegen Abend in der Richtung auf Upflamör hinzieht. Der Kessel ist ein großer Quelltopf, der dem Blautopf an Umfang wenig nachgibt. Er soll bis auf den Grund der Hölle hinuntergehen.

*Blaubeuren. Kupfer aus der Topographia Suebiae von Mathaeus Merian (Frankfurt 1643)*

Dort weidete einmal ein riesiger Ochse, von dem niemand wußte, woher er gekommen. Ein fahrender Schüler, der zufällig des Wegs daherwanderte, wollte den Ochsen an den Hörnern fassen. Alsbald konnte er diese nicht mehr loslassen, und der Ochse rannte mit ihm dem Kessel zu und verschwand darin. Seitdem hat man von beiden kein Dinglein mehr gesehen. (178)

## *Der Kindsmord*

Im Schwindelsee soll früher ein menschenähnliches Ungetüm schwimmend gesehen worden sein. Laut der Sage alter Leute hätte ein Ritter von Schwarzach aus den Kreuzzügen eine Sklavin vom Morgenlande mitgebracht. Er soll mit ihr ein Kind gezeugt haben, darob der bösen Leute Mund viel Lärm machte. Der Ritter habe das Weib ins Morgenland zurückgebracht, das Kind aber in den Schwindelsee werfen lassen. Es muß umgehen, und zu gewissen Zeiten schwimmt es sichtbar auf dem Wasser. (179)

## *Der Rattenpelzmann im Mummelsee*

Ein seltsam gestalteter Bewohner des Mummelsees, in Rattenpelz gekleidet, holte einst eine Hebamme aus Kappel, seiner Frau bei der Niederkunft beizustehen. Mit einer Birkenrute schlug er in den See. Sogleich teilte sich das Wasser, und beide stiegen auf einer alabasternen Wendeltreppe in den Abgrund zu einem vergoldeten Prachtzimmer, in welchem ein aus Karfunkel zusammengesetzter Thron aufgeschlagen war. Hier hatte die Wehmutter ihr Geschäft zu verrichten. Derselbe rätselhafte Mann führte sie auf derselben Treppe wieder zu der Oberwelt. Hier angekommen, gab er der Geburtshelferin als Belohnung ein Strohbündel. Voll der herzlichsten Freude, daß sie das Abenteuer glücklich bestanden, weigerte sie sich bescheiden, das Geschenk anzunehmen. Verschone mich, sagte sie; es ist gern geschehen; auch fehlt es mir zu Hause nicht an Stroh. Durch vieles Nötigen gelang es endlich dem Rattenpelzmann, daß sie das vermeintliche Strohgeschenk annahm. Doch kaum hatte er sich entfernt, so warf sie das Strohbündel weg. Nach Hause gekommen, bemerkte sie, daß ein Strohhalm, der unversehens an ihr war hängengeblieben, sich in das reinste Gold verwandelt hatte. Nicht wenig grämte sich nun das arme Weib, daß sie das rätselhafte Geschenk so geringgeachtet hatte. (180)

## *Der Wassermann und der Bär*

In einem Tale bei Neunburg stand eine Mühle. In dem nahen See lebte ein Wassermann. Derselbe kam jede Nacht in die Stube des Müllers. Dort legte er Fische auf den Tisch und verzehrte sie. Der Müller wollte sich dieser lästigen Besuche erwehren. Er machte deshalb dem Wassermann im Hofe unter einem Baume einen Tisch zurecht und stellte einen Stuhl daneben. Allein, der Wassermann gedachte nicht, sich da niederzulassen. Immer wieder fand er sich in der Stube ein.

Einmal übernachtete ein Fremder in der Mühle. Derselbe hatte einen Bären bei sich. Der Müller wies ihm das Nachtlager in der Stube an. Zu gewohnter Stunde erschien der Wassermann, setzte sich an den Tisch und kaute an seinen Fischen. Da trottete der Bär, den sein Herr eilends herbeigeholt, zu ihm heran, stellte sich auf die Hinterbeine und schnupperte gierig nach der leckeren Speise. Katsch, Kodl! schrie der Wassermann und schlug mit beiden Fäusten auf den Bären ein. Das ließ sich aber der Bär keineswegs gefallen. Er warf den Tisch um und richtete den Wassermann gar schrecklich zu.

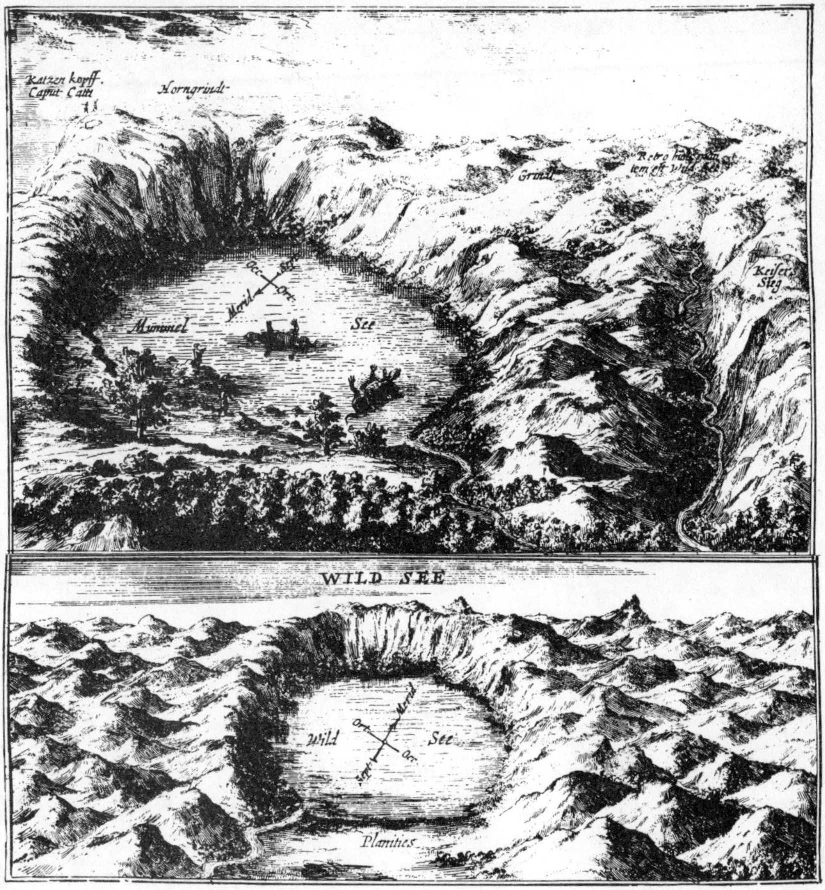


*Oben: Der Mummelsee mit totem Drachen. Unten: Der Wildsee. Kupfer aus Athanasius Kircher, Mundus subterraneus (Amsterdam 1664)*

Jetzt traute sich der Wassermann nicht mehr in die Stube. Aber er hockte Tag und Nacht im Wasser vor der Mühle und streckte den Kopf heraus. Der Müller tat, als ob er ihn nicht sähe. Da tauchte er einmal weiter aus dem Wasser und fragte den Müller, ob die große Katze noch in der Stube sei? Der Müller war kurz besonnen. Jawohl, sprach er, und nicht bloß eine – zwölf sind jetzt dort! Da tauchte der Wassermann unter und ward nicht mehr gesehen. (181)

# Vom Teufel und von Riesen

## *Der Teufel und der Salzsieder*

Während ein Salzsieder in Hall einmal bei Nacht siedete, erschien ihm der Teufel und steckte durch einen Spalt in der Wand des Haalhauses seine gewaltig lange Nase und sagte zum Sieder: *»Ist dees nit a Noose?«* Der Sieder, darauf nicht faul, füllte sogleich ein Gefäß mit siedigem Wasser und schüttete dies dem Teufel auf die Nase und sprach: *»Ist dees nit a Guuß?«* worauf der Teufel den Salzsieder packte und ihn über den Kocher auf den Gänsberg warf und hinwiederum fragte: *»Ist dees nit a Wuuref?«* (182)

## *Der Teufel als Jäger*

Beim Odenwald drunten lief mal ein armer Mann des Wegs hin und her und dachte, wie er wohl Geld bekäme. Da begegnete ihm ein Jäger in grasgrüner Montur. Der Jäger fragte, was denn seines Hin- und Hersinnens sei, ob er Gold möchte? Der Mann bejahte die willkommene Frage. Jäger sprach: Geh' du nur mit mir, ich will dir geben, und führte ihn an eine alte Eiche, steckte sein Messer hinein, das ein großes Waidmesser war, und riß dem Manne ein Haar aus, steckte es mit dem Messer wieder in des Baumes Ritze hinein. Von jetzt an, sagte der Jäger, werde er, sooft er in die Tasche greife, immer einen Kronentaler darin haben. So war's. Der arme Mann arbeitete nimmermehr, lebte gut und köstlich und tat, wie große Herren tun. Seine Nachbarn und Verwandten fragten den Mann, woher es denn komme, daß er auf einmal so dick tue? Sagte der, »kommet mit, ich will's euch auch lernen«; führte sie hinaus zu der Eiche; aber auf einmal verschwand er in den Lüften, und niemand wußte mehr, wo er hingekommen ist. Die, welche dort standen, sahen noch seinen Hut herabfallen. Der Teufel soll den Mann geholt haben. (183)

*Heidelberg. Stahlstich von F. X. Eißner aus Gustav Schwab, Wanderungen durch Schwaben (Leipzig 1840)*

*Marbach am Neckar. Stahlstich von S. Lacey aus Gustav Schwab, Wanderungen durch Schwaben (Leipzig 1840)*

## *Der geprellte Teufel*

Es war einmal ein geiziger Mann, dem sein Reichtum nicht genügte; wie alle Geizigen wollte er mehr und immer mehr haben. Um das zu erreichen, verschrieb er dem Teufel mit seinem Blut seine Seele, und dieser versprach ihm dagegen einen Sack voll Geld, das er ihm durch den Kamin bringen würde; der Geizige brauche nur einen Sack aufzuhalten. Dann wurde eine bestimmte Stunde dafür festgesetzt. Der Geizige aber war ein Schalk; er schnitt dem Sacke den Boden aus und hielt ihn so unter den Kamin.

Der Teufel brachte Geld über Geld, aber der Sack wollte nicht voll werden. Als er endlich des Geldholens müde war und auch nicht mehr wußte, wohin er sich noch um welches wenden könnte, rief er durch den Kamin in die Küche hinab: Ist denn der Sack noch nicht voll? – Nein, schrie der Geizige hinauf, noch lange nicht. – Nun, sagte der Teufel, weiß ich nur noch einen Pfennig bei einem alten Weibe, den will ich noch holen. Er warf auch diesen letzten Pfennig in den unersättlichen Sack – und seitdem ist der Teufel arm. (184)

## *Kind dem Teufel verschrieben*

Ein armer Landmann geriet mit einer Fuhre Holz so tief in den Kot, daß er sie, trotz aller Anstrengung, nicht mehr herausbrachte. Da kam aus dem nahen Wald ein Jäger auf einem Schwein geritten und erbot sich, den Wagen herauszuziehen, wenn der Mann ihm das verschriebe, was jetzt hinter seiner Stubentüre stehe; nach sieben Jahren müßte er es dann hierher auf den Platz bringen. In der Meinung, es sei, wie gewöhnlich, nur der Besen hinter der Türe, willigte der Bauer ein, sagte aber, daß er keine Tinte bei sich habe. »Schwarz gilt bei mir nichts, bei mir ist alles schwarz, ich muß rot haben!« erwiderte der Jäger, worauf der Mann sich den Finger ritzte und mit seinem Blute schrieb. Als dies geschehen, zog der Jäger den Wagen aus dem Kot und gab noch dem Bauer einen großen Beutel mit Gold. Voll Freude brachte derselbe den Reichtum nach Haus und erzählte seiner Frau das Geschehene. Da erfuhr er von ihr, daß er sein Kind verschrieben, welches damals zur Strafe hatte hinter der Türe stehen müssen. Sie waren nun sehr traurig und beschlossen, das Kind zu aller Frömmigkeit zu erziehen, was sie in den sieben Jahren auch taten. Während dieser Zeit befanden sie sich in stetem Wohlstande, weil das Geld, welches sie vom Jäger erhalten, niemals ausging. Als die bedungene

Frist um war, brachte der Mann, in Begleitung vieler Leute, sein Kind auf den bestimmten Platz; der Jäger kam wieder auf dem Schwein angeritten und führte das Kind auf immer hinweg. Nachher hat auch das Geld des Bauers ein Ende genommen. (185)

## *Der schwarze Hund*

So als junger Bursch, wie i no gelernt hab, da bin i amal vom Zierer heimgangen, in der Nacht. Jetz kimm i ins Holz eini, da lauft mir der Teifl übern Weg; ganz schwarz hat er ausgschaut. Geh i wieder a Weil, da lauft er mir wieder übern Weg und dann immer so hin und zruck. Wie i auf d' Lichtung aussi kimm, bleibt der Teifl weg, aber nacha im Holz kimmt er allaweil wieder. I denk, Teifl, da kimm i ja nimmer hoam! Kimm i fürs Holz außer, jetz, denk i, fürcht i mir nimmer. Beim Misthaufen vom Nicklnachbarn ist nacha der Teifl wegbliebn. Geh i a Stück weiter, zu unsern Haus abi, da geht er wieder vor mir her. Nacha, am Hauseck, siech i'n wieder nimmer. Da sperr i die Hautür auf, und wia i's Licht anzünd, da steht der schwarze Hund vom Zierer hinter mir. Da hab i den Hund angehängt, hinter'n Stadl hint, und hab mir an Prügl gnumma, und hab gesagt: Jetz treib i dir den Teifl aus. (186)

## *Wie der böse Geist in einen Mann kommt*

Auf dem Dinkelberg ward aus einer Besessenen der böse Geist getrieben, wobei er um die Erlaubnis bat, in einen Grashalm zu fahren. Nachdem er sie vom Priester erhalten hatte, sprach er: »So, nun wohne ich in vierzehn Tagen wieder in einem Menschen.« »Wieso?« fragte der Geistliche, und darauf antwortete der Teufel: »Der Grashalm, in welchen ich fahre, wird einer Kuh zu fressen gegeben; dadurch komme ich in sie und mit ihrer ungeseihten Milch in einen Mann, der von derselben aus dem Melkkübel trinkt.« Wirklich war in vierzehn Tagen der Mann, welcher in einer andern Gegend wohnte, vom bösen Geiste besessen. (187)

## *Der Besessene*

Der Brenner von Stralfeld, der Baumfahrer, der ist vom Teufel besessen, behauptet der Hans. Ein Kind von ihm hat kommunizieren sollen, und da hat er es nicht gehen lassen. Alle Karfreitag schlachtet er, und die Wiese vom Kloster mäht er heimlich am Bennotag. Er ist schon dreimal in Kartaus gewesen, bloß halt, wenn es über die Kirche geht, dann ist mit ihm nimmer zu reden. Er hat sieben Kinder, aber keins läßt er in die Kirche oder in die Religionsstunde gehen. Und der Hans sagt halt, er ist vom Teufel besessen. Voriges Jahr zur Fronleichnamsprozession, da hat er den nackten Arsch zum Fenster hinausgehalten. Jetzt natürlich, wenn einer vom Teufel besessen ist, da kann ihn der Pfarrer schon belesen, aber er muß die schwarze Schule studiert haben und darf keine Sünde an sich haben. (188)

## *Die verlorenen Akten in Crailsheim*

Auf dem Rathause zu Crailsheim war ein Heft Schriften, wovon in einem Rechtsstreit das Wohl eines rechtschaffenen Hauses abhing, auf unerklärbare Weise abhanden gekommen. Der Stadtschreiber, welchem die Sache sehr anlag, suchte einmal nach dem Hefte den Ratssaal bis Mitternacht durch, da er es jedoch nicht auffand, rief er unwillig: »Teufel, gib die Schriften her, du hast sie doch in deinen Klauen!« Kaum hatte er diese Worte ausgestoßen, so fiel das Heft von oben herab vor seine Füße nieder; zugleich sprangen die Türflügel auf, der Teufel und hinter ihm die Weiber der zwölf Ratsherren fuhren auf gläsernen Ofengabeln mit Gebraus zum Saal herein und zur andern Türe wieder hinaus. Vor Schrecken fiel der Stadtschreiber in Ohnmacht, wurde aber von dem Ratsdiener und dessen Frau, welche im untern Stock seinen Fall gehört hatten und heraufgeeilt waren, bald wieder zu sich gebracht. Am andern Tag übergab er die Schriften dem Rate; jedoch ohne die Art ihrer Erlangung und das weiter dabei Geschehene zur Anzeige zu bringen. (189)

## *Der Teufel als Überzähliger*

a) Am Nikolausabend

Am Vorabend von Nikolaus vermummten sich in Dittishausen zwölf Burschen als Pelznikel und gingen umher in die Häuser. Als sie auf die Wohnung eines gottseligen Mannes zukamen, bemerkte derselbe, daß es dreizehn seien; in seiner Stube waren es dann nur zwölf und nachher auf der Straße abermals dreizehn. Dieses kam ihm so verdächtig vor, daß er sie ans Haus zurückrief und alle mit Weihwasser besprengte. Da fuhr der dreizehnte mit fürchterlichem Gebrülle davon in die Lüfte. Hierbei kratzte er in den Giebel des Nachbarhauses mehrere zollbreite, bogenförmige Ritze, welche durch den Verputz bis in den Stein gehen und nicht mehr vertilgt werden können. (190)

b) Bei der Fastnacht

In Untermeitingen haben sich einmal zehn Burschen an der Fastnacht zusammengetan und sind vermaschkert gegangen. Sie gingen in verschiedene Häuser und trieben es nicht zum feinsten. Wie sie so aus einem Haus treten, sind es ihrer auf einmal elf. So kommen sie in ein anderes; der elfte setzt sich an den Tisch, die anderen zehn drücken sich bald. Wie er so dasitzt, merken die Leute, daß er einen Geißfuß hat. Da hat man einen Geistlichen kommen lassen, der sollte ihn vertreiben. Der Teufel sagte jedoch zu ihm: Du kannst mir gar nichts machen, du hast als Student einmal ein Kreuzerröggle gestohlen und bist einmal durch einen Samenacker gelaufen! Ein zweiter Herr konnte dem Teufel auch nichts anhaben, erst ein dritter hat ihm warm gemacht, da hat er müssen reisen. (191)

## *Teufel will einen Stadtknecht holen*

Im 1562. am 1. Juni hatt der teufel zum gostenhof ainen stattknecht holen wällen, vnd hatt in schon gefast, aber sein weib welche bey im gelegen, die schrey Christe gesegen, zuhand hatt er in fallen lassen, doch hatt er im ainen grief gegeben, das man mainett er würde sterben. Die vhrsach war dis: Es hatt im ein mahn zehen kreutzer geben, das er auf dem landt im ainen für den pfleger bieten soltt, der stattknecht war voll west zu morgens nichs mer drum als nun der man der im 10 kreutzer geben hatt fraget, ob er seinem wider thaill gebotten, hatt er nichs darum wissen wollen, der man verclagtt den Stattknecht für dem Pfleger, der pfleger zornett den stattknecht an, da sprach der stattknecht, het er im ein heller geben soltt in der teufel holen, darnach zu nacht wer im solches leicht wider faren wo gott nitt verschonet hatt, daß sey jderman ein Warnung. (192)

## *Der Teufel zu Biberach*

Im schwarzen Rößle zu Biberach befindet sich der Teufel in der großen Kanne im Tischeck. Dort hinein hat ihn nämlich der Kapuziner geschworen. Da war einst ein Wirt, der ein großer Unflat gewesen und auch allen Frommen zum Spott gesagt hatte, ihn dürfe der Teufel holen, wenn es welchen gebe. Kaum war's gesagt, als ein Jäger zur Türe hereintrat und den Wirt mit ganz absonderlichen Augen ansah. Die Magd, welche ihn die Stiege hinaufgehen sah, bemerkte, daß der Jäger Bocksfüß habe, und lief zu den Kapuzinern. Der Malefizpater kam eilig dahergelaufen und wußte den Teufel noch rechtzeitig zu bannen, denn schon hatte er den Wirt am Schopf. Der Pater ließ den Wirt in einen Zuber voll Weihwasser setzen, aus dem ihn der Teufel vergebens am Schopf herauszuziehen sich bemühte. Inzwischen beschwor der Malefizpater den Teufel und trieb ihn so in die Enge, daß er sich schließlich in des Wirts zinnerne Maßkanne zurückzog. Diese stellte man in das Tischeck, und bis auf diesen Tag sitzt der Leibhaftige in ihr gefangen. (193)

## *Die Eisenbahn und der Teufel*

Nachdem die württembergische Eisenbahn von Plochingen bis Süßen im Herbst 1847 eröffnet worden und die Bauern nicht ohne Haarsträuben und innerliches Grauen den unheimlich wühlenden Riesenmaulwurf, die dampfende und pfeifende Maschine, betrachtet hatten, verbreitete sich plötzlich das Gerücht: ein kleines dürres Männlein im grünen Rocke sei auf der Eisenbahn gefahren und habe geäußert, daß, wenn es nicht geholfen hätte, man keine Eisenbahn haben würde. Übers Jahr aber in derselbigen Stunde werde es wieder darauf fahren, und dann werde es mit der ganzen Eisenbahn ein Ende haben. Niemand habe diesen seltsamen Mann während der Fahrt erkannt. Als er aber auf der Station Ebersbach ausgestiegen, habe man an den Bocksfüßen gesehn, daß es der leibhaftige Teufel gewesen.

*Göppingen. Kupfer aus der Topographia Suebiae von Mathaeus Merian (Frankfurt 1643)*

Später ist er noch einmal auf der Eisenbahn gefahren, aber ganz allein und unsichtbar in einem bloßen Wagen, ohne Lokomotive, also, daß man sich nicht genug hat verwundern können, wie ein leerer Wagen so von selbst dahergefahren gekommen. (191)

## *Der schwäbische Riese Einheer*

Zu Zeiten Karls des Großen lebte ein gewaltiger Riese, so unter dem Kaiser zu Pferd diente und *Einheer* (oder Einotheer) hieß, welcher Name einen bezeichnet, der allein so viel ist als ein ganzes Heer. Sonst war dieser Riese aus dem Thurgau, am Bodensee, einem Landstrich, der ehedem zu Schwaben gehörte. Durch Flüsse, über die keine Brücken geschlagen waren, wadete er zu Fuß, zog sein Pferd hinter sich her, und wenns ihm nicht nach wollte, sagte er wohl im Scherz: »So wahr mir Gott helfe! Gesell, du mußt mir folgen auch wider deinen Willen.« – In den Kriegen Karls des Großen wider die Wenden und Hunnen mähte er mit seinem Degen die Leute wie Gras nieder, hing sie an seinen Spieß und trug sie wie kleine Vögel auf seiner Schulter. Und wenn ihn dann, als er heimgekehrt war, die Leute nach ihrer Gewohnheit fragten, was doch die Feinde für Leute seien und was man im Kriege wider sie ausgerichtet, so sagte er voll Unwillen: »Was soll ich von den Fröschlein sagen? Ich habe oft ihrer sieben, bisweilen auch mehrere an meinen Spieß als an einen Bratspieß gesteckt und auf der Achsel getragen, daß sie quackten, weiß nicht wie. Es war nicht der Mühe wert, daß unser Kaiser mit so großen Unkosten wider solche Würmlein einen Feldzug unternommen. Man hätte das viel leichter und billiger ausmachen können.« (195)

## *Das Riesenspielzeug*

Auf dem Burgberge bei Neidstein, unweit Neukirchen bei Sulzbach, hauste mit seiner Tochter ein Riese, der sich aus den Felsblöcken des Berges eine Wohnung gebaut hatte, die er aber, weil er alt und krank war, nur noch selten verließ. Er war gutmütiger Natur, nicht aber seine Tochter, deren größtes Vergnügen es war, das kleine Menschenvolk zu drangsalieren.
Eines Tages, kurz vor Johanni, begegnete dem Riesenmädchen auf dem Felde bei Kirchenreinbach ein alter Bauer, der mit einem Paar Ochsen seinen Acker pflügte. Ohne ein Wort zu sagen, raffte sie ihn samt Pflug und Ochsen in ihre Schürze und trug ihn nach Hause. Dort zeigte sie dem Vater ihren Fund; Sieh, was für schöne Würmlein ich hab, mit denen will ich jetzt spielen und sie tanzen lassen. Der Alte aber war erzürnt und befahl seiner Tochter, sie sofort wieder in Freiheit zu setzen. Trag sie wieder hin, wo sie waren; diese Würmlein werden uns noch einmal vertreiben! Verärgert ging die Riesentochter hinaus, bestieg den höchsten Punkt ihrer Felsenwohnung und warf Bauern und Ochsen hinunter in die Tiefe, wo sie zerschmettert liegen blieben.
Als die Bauernfrau am Abend zusammen mit den Nachbarn den Vermißten suchen ging, fand sie ihn am Fuße der Riesenburg liegen. Man schaffte den Toten heim, die Frau aber sprach einen Fluch über das Geschlecht der Riesen aus, daß sie vernichtet würden und keines Riesen Fuß mehr die Erde berührte.
Der Fluch der Bäuerin ging in Erfüllung. In der Nacht vor Johanni brach ein furchtbarer Sturm los, ein Donnerschlag erfolgte und eine Feuersäule stieg von der Burg des Riesen auf zum Himmel. Das Felsenschloß auf dem Neidstein stürzte in sich zusammen. Am nächsten Morgen war die Burg der Riesen und auch diese selbst verschwunden. Nur ein Felsturm ragt noch empor, und am Fuße des Berges lag ein großer, durchlöcherter Felsblock, der Rest der Riesenburg; der heißt bis heute noch der Riesenfels. (196)

## *Der Riese Heim*

Auf dem Heimenstein im Neidlinger Tal hauste einst der Riese Heim. Als er einst eines Morgens aufgewacht war und sein zottiges Haupt zu seiner Höhle hinausstreckte, da bekam er plötzlich Lust, auf einen Felsen auf der andern Seite des Tals ein Schloß zu bauen. Mit einem einzigen Riesenschritt war er auf dem Felsen an der gegenüberliegenden Talwand. Von dort aus rief er mit dröhnender Stimme ins Tal hinab: »Ihr Menschenzwerglein, wer von euch arbeiten will, der soll zu mir heraufkommen und mir mein Schloß bauen helfen!« Da kamen Maurer und Zimmerleute, Steinhauer und Schlosser und nahmen die Arbeit freudig auf. Denn der Riese hatte Goldes die Fülle und versprach reichlichen Lohn. Bald stand das Schloß fertig da und schaute stolz vom Reußenstein ins Land hinaus. Da kam der Riese und beschaute sein Werk. Alles war in schönster Ordnung und gefiel ihm über die Maßen. Nur außen am obersten Fenster im höchsten Turm fehlte noch ein Nagel. Da sprach er: »Keiner soll seinen Lohn bekommen, ehe der letzte Nagel eingeschlagen ist.« Aber keiner wagte, zu der schwindligen Höhe hinaufzusteigen und den Nagel einzuschlagen. Schließlich versprach der Riese dem, der es wage, noch besonders reichen Lohn.

Da war ein armer junger Schlossergesell aus Neidlingen, der liebte heimlich seines Meisters Tochter; der Meister wollte sie ihm aber nicht geben, weil er ihm nicht reich genug war. Darob brach ihm schier das Herz, und das Leben war ihm verleidet. Da gedachte er: Du solltest nur den Nagel einschlagen, vielleicht gelingt es dir; stürzt du aber hinab – nun, so ist dein Herzeleid vorüber. So meldete er sich denn bei dem Riesen. Und wie dieser den kecken Burschen auf den Turm steigen und ans Fenster treten sah, um hinauszusteigen und den Nagel einzuschlagen, da hatte er seine herzliche Freude an ihm, packte den Gesellen fest beim Genick und hielt ihn mit Riesenkraft frei in die Luft hinaus, daß dieser die Hände frei und gut arbeiten hatte. Und als die Arbeit fertig war, da lobte der Riese den Burschen: »Zwerg, das hast du brav gemacht« und beschenkte ihn reichlich, also daß er um seines Meisters Tochter werben konnte und sie zur Frau bekam. (197)

## *Der Riese zu Ebrach*

Zur Zeit der Heuernte kam einst ein Riese nach Ebrach und erbot sich, um mäßigen Lohn den dortigen langen Wiesengrund des Klosters allein abzumähen. Die Mönche erwiderten, daß dies allzu lange dauern würde, worauf er ihnen folgende Wette antrug: Wenn er von Tagesanbruch bis Mittag, bei einmaligem Wetzen der Sense und einmaligem Ausruhen während des Frühstücks, die Wiesen nicht vollständig abmähe, so sei sein Kopf oder ein großes

Lösegeld verloren; werde er aber fertig, dann solle das Kloster, mit allem, was es besitze, ihm eigentümlich zufallen. In der Überzeugung, daß dem Riesen sein Unternehmen unmöglich gelingen könne, gingen die Geistlichen die Wette ein. Nachdem der Riese am nächsten Morgen seine Sense gewetzt hatte, machte er sich an die Arbeit und verrichtete sie mit solcher Geschwindigkeit, daß die Mönche bald innewurden, ihre Wette gehe verloren. Sie vergifteten nun sein Frühstück, ein gebratenes Huhn und eine Flasche Wein, und tischten es ihm um sieben Uhr, eine Stunde oberhalb des Klosters auf einem großen Stein auf, bis wohin schon der Wiesengrund abgemäht war. Nicht lange hatte der Riese das Frühstück verzehrt, so fiel er nieder und starb. An der Haupttreppe des Klosters ist er in Lebensgröße ausgehauen, und auf dem Steine, der von dem Ereignis der *Hühnerstein* heißt und noch am alten Platze liegt, sind Flasche, Huhn, Teller, Messer und Gabel abgebildet. (198)

## *Erkinger und Merkinger*

Oberhalb des Bads Liebenzell am Rande des Schwarzwalds steht ein Turm; den hat ein Riese, Erkinger mit Namen, gebaut.
Den Kalk, den er zum Bau brauchte, machte er mit Wein und Milch an, die ihm die Bauern der Umgegend liefern mußten. Erkinger war ein Räuber und Menschenfresser. Er und seine beiden Gesellen, die mit ihm in seinem Turm hausten, hatten eine besondere Freude daran, Bräute vom Hochzeitsmahl wegzustehlen, mit sich auf den Turm zu schleppen und dort sie aufzufressen. Oft aber trat ihm sein Feind Merkinger, der auf der andern Seite des Tals seine Burg hatte, dabei in den Weg und jagte ihm die Leute wieder ab und gab sie dem Bräutigam zurück. Andernfalls schleuderte Erkinger die Knochen der Gefressenen eine Viertelstunde weit weg von seinem Turm. Daraus ist mit der Zeit ein ganzer Berg geworden, der bis auf den heutigen Tag Beinberg heißt. Als es der Riese gar zu schlimm trieb, hat ihn Merkinger schließlich totgeschlagen, obgleich dieser nur ein Mensch und kein Riese war. Merkinger drang in seinen Turm ein, faßte ihn bei den Füßen und warf ihn zum Fenster hinaus, daß er Hals und Bein brach.
In der Riesenkapelle im nahen Kloster Hirsau bewahrte man lange Zeit das Kleid Erkingers auf, das vierzehn Fuß lang war, dazu einen ungeheuren Hosenträger und einen Riesenschuh. Statt der Knöpfe hatte er eiserne Ringe an seinem Lederwams. Und die Liebenzeller hatten an das Stadttor, durch das man zur Burg hinaufging, den Riesen in Lebensgröße mit einer mächti-

*Das Alte Schloß in Baden-Baden. Radierung von Wenzel Hollar (um 1650)*

gen Stange in der Hand malen lassen. Noch heute findet man riesige Steinkugeln in der Gegend des Städtchens, ein bis zwei Fuß im Durchmesser, die der Erkinger einst von seinem Turm aus ins Tal herabgeschleudert hat. (199)

## *Riesen als Baumeister*

Die drei uralten, kleinen Kirchen von Gaurettersheim, Oberwittighausen und Grünsfeldhausen wurden von den Riesen erbaut, wobei dieselben die großen, schweren Steine in ihren Schürzen herbeitrugen. Als das erste dieser Gotteshäuser fertig war, warf der Baumeister seinen Hammer mit dem Vorhaben durch die Luft, da, wo derselbe niederfalle, wieder eine Kirche zu bauen. In einer Entfernung von zwei Stunden fiel der Hammer zu Boden, und daselbst wurde nun das zweite Kirchlein errichtet. Nach dessen Vollendung warf der Riese den Hammer abermals und erbaute dann auf dem wieder zwei Stunden entfernten Platz, wo der Hammer niedergefallen, das dritte Gotteshaus. In dem zu Gaurettersheim wird eine Rippe des Baumeisters und in jeder der beiden andern Kirchen ein Hemdsärmel eines Riesen aufbewahrt. (200)

# Mythische Tiere und Pflanzen

## *Ein uralter Hecht*

Anno 1497 wurde in einem Teich, nach der Heilbronner Chronik, ein Hecht von 350 Pfund gefangen, bei welchem man einen goldenen Ring fand mit der Inschrift: *»Ich bin der Fisch, den in diesen Teich Friedrich II., der Weltbeherrscher, mit eigenen Händen gesetzt hat den 5. Oct. 1230.«* (201)

## *Das Stubentier*

In Stuben bei Altshausen soll ein Tier umgehen, das viele schon gesehen, jedermann aber schon gehört hat. Die einen sagen, es sei ein großer Vogel, andere wollen das Tier noch viel größer gesehen haben. Man will es schon schreien gehört haben wie ein Kind, bald wie einen Vogel, bald aber wie ein vierfüßiges Tier. Sein Ton ist häßlich, und niemand kennt ihn. An Wassern schlürft es laut hörbar, als ob es Eimer hineintrinke. Bei anbrechender Nacht und nicht erst um 12 Uhr geht das Stubentier um. Ein Schuhmacher wollte einmal abends gegen 8 oder 9 Uhr von Stuben nach Mendelbeuren gehen, da sprang ihm das gespenstische Ding zwischen die Füße; er kehrte um und blieb in Stuben über Nacht, erkrankte des folgenden Tages und starb. (202)

## *Der dreibeinige Hase*

Im Hirschbachtal bei Tiefenfall spielten einst drei Knaben miteinander. Im Scherz wurde einer von ihnen zum Tod verurteilt. Eben wurde ihm die Schnur um den Hals gelegt, daß er an einem Bäumchen für einen kurzen Augenblick baumeln sollte. Da kam unversehens ein dreibeiniger Hase dahergehumpelt. Die beiden Knaben erschraken darüber so sehr, daß sie in ihrer Angst schleunigst davonliefen und nicht mehr daran dachten, den dritten zu befreien. Dieser starb so elendiglich. Nun wollten sie den Hasen fangen und rannten ihm nach, stundenlang, aber ohne ihn zu erwischen. Und rannten so lang, bis sie schließlich vor Erschöpfung tot umsanken, der eine bei Orendelfall, der andere bei Hermersberg. An den drei Orten, an denen die drei Knaben gestorben sind, wurden zum Gedächtnis Steinkreuze errichtet, die noch heute zu sehen sind. (203)

## *Das Geisterpferd*

Zwischen Altoberndorf und dem Eichhofe geht nächtlicher Weile seit uralten Zeiten ein geisterhaftes Roß um. Es trabt daher, man hört keinen Laut, weil die Hufe wie von Baumwolle sind. Schon hie und da ging es neben Leuten her und machte erst kehrtum, als die Hunde vom benachbarten Eichhofe bellten.

Auch im Schemmerberger Schloß soll ein geisterhafter Schimmel sein Unwesen getrieben haben. Er sei oft unter der Herde von Kühen und Schafen sogar bei glockhellem Tage gesehen worden. Die alten Leute sagten: es sei das ein grausamer Herr gewesen, der das Brot und überhaupt das Essen lieber in den Saukübel geschüttet als den hungrigen Armen gegeben habe. Man erzählt sogar, er habe in dem Saukübel nächtlich »geschlappt«. Er ist jetzt fortgebannt worden. (204)

## *Geisterschwein in Rotenburg*

Während der Adventszeit läuft in Rotenburg ein weißes »Säule« um, sieht munter und fett aus und wird gefürchtet, besonders von Kindern, obwohl es noch niemanden etwas zu Leide getan. Früher kam es häufig von der Steig langsam herab und legte sich vor dem Spital nieder, wo man es dann schnaufen hören konnte. Ein Nachtwächter lief ihm einmal eine ganze Stunde lang, von 12 bis 1 Uhr, nach; konnte es aber nicht einholen. Von andern hat es sich schon fangen und einsperren lassen; allein am folgenden Morgen war es immer wieder fort. – Wenn an den Adventsabenden Kinder heftig atmend heimkommen, heißt es gleich: »Was schnaufst so? Hast das Säule gesehn?« (205)

*Geflügelter Drache. Kupfer aus Athanasius Kircher, Mundus subterraneus (Amsterdam 1664)*

## *Der Drache von Immendorf*

Auf dem Georgswasen hatte in uralter Zeit ein Lindwurm sein Lager. Alle Jahre an einem bestimmten Tage mußte ihm ein Mensch, welcher durch das Los bestimmt wurde, zur Speise gebracht werden. Mal traf das Los ein Fräulein des in alten Zeiten dahier hausenden Geschlechtes der Heidecker; aber an diesem Tage wurde der Lindwurm von dem Ritter St. Georg erlegt und durch diese kühne Tat das Fräulein gerettet. Auf dem Orte, wo jetzt die Kirche erbaut ist, soll ein Schloß gestanden sein. Man sieht auch noch einen etwas erhabenen Platz mit einer sich herumziehenden, den ehemaligen Schloßgraben bezeichnenden Vertiefung. (206)

## *Der Lindwurm und die Gräfin von Tübingen*

Eine Gräfin von Tübingen wollte einmal zu Fuß nach Jesingen gehn; allein alsbald kam der Lindwurm des Ammertals auf sie zu, worauf sie schnell zurückfloh und mit Mühe noch das Tübinger Stadttor erreichte. Hier stand ein Ritter und befragte sie über den Grund ihrer ängstlichen Flucht. Nachdem sie ihm alles erzählt, begab sich der Ritter ins Ammertal, erstach den Lindwurm und heiratete nachher die Gräfin.

Die Kinder kennen noch folgenden Spruch über den Lindwurm:

Lindwurm, Lindwurm, grausiges Tier,
Hast schaun drei, vier g'fresse,
Den fünfte hast im Rache,
Dem sechste wirsts au so mache. (207)

## *Der Basiliskenblick*

Bei Stuttgart war am Wald ein Keller in Sand ausgehöhlt. Er gehörte einem Bierbrauer, welcher darin sein Bier aufbewahrte. In diesem Keller sah man die Mündung eines Loches, das sich weit in die Erde erstreckte. Einst wurde der Brauknecht vermißt, und da er nicht wieder erschien, so glaubte man, er habe sich ums Leben gebracht. Auch sein Nachfolger im Dienste verschwand. Der dritte Brauknecht, welcher diesem folgte, schöpfte Verdacht, stellte in

*Der Basilisk, Kupferstich, 18. Jahrhundert*

den Keller, der Mündung des Loches gegenüber, einen Spiegel und verbarg sich hinter ein Faß, wo er alles übersehen konnte. Nicht lange währte es, da schoß ein greulicher Lindwurm aus dem Loch gegen den Spiegel und fiel tot nieder. Der Brauknecht erntete großen Ruhm von dieser Tat. Andere sagen, der habe den Lindwurm erlegt. (208)

## *Der Drache zu Bittelschieß*

Do sagt man grundlich, daß vor Jharn ain lebendiger Drack an die Kirch zu Büttelschieß geschossen sei, da soll er sich angestoßen haben, daß er geschweist. Solcher Schweiß ist an der Kirchen von unverdechtlichen Jharen biß uf den heutigen Tag bliben, und do es schon vilmals seithero darüber ist gedunchet und geweisget worden, so sicht doch der Schweiß hindurch und laßt sich das Wunderwerk Gottes nit verbergen, wie ich selbs das durch meine darumb abgesandte Diener erkundigen lassen. (209)

## *Die Schlangenkrone*

Ein Bauer aus Derendingen hatte schon oft in der Steinlach eine Schlange gesehn, die sich badete; eine goldene Krone, die sie auf dem Kopfe trug, legte sie jedesmal vorher ab. Da gelüstete ihn die Krone, und er beschloß, sie der Schlange zu stehlen, ritt eines Tages, als sie eben badete, hin und nahm die Krone und jagte davon. Die Schlange merkte sogleich den Diebstahl und schoß hinter ihm her. Weil der Bauer aber bald links, bald rechts auswich und durch Kreuz- und Quersprünge die Schlange nötigte, sich beständig zu drehen und zu wenden und dadurch sie im Laufe aufhielt, so kam er glücklich an sein Haus und ritt in die Scheuer, die er vorher hatte aufmachen lassen. So wie der Knecht aber, den er aufgestellt hatte, die Tür eben zuschlagen wollte, kam auch die Schlange angeschossen und wurde unter der Tür zerquetscht, daß sie starb. Der Bauer aber ist steinreich geworden. (210)

*Cannstatter Wasen. Stahlstich aus O. Frhr. von Reinsberg-Düringsfeld, Das Festliche Jahr (Leipzig 1863)*

## *Die Hausschlange*

Eine Bauersfrau stellte ihrem kleinen Kinde ein Schüsselchen mit Milchsuppe hin und verließ für einige Zeit die Stube. Als sie wieder zurückkam, hörte sie das Kind lebhaft sprechen. Sie öffnete die Türe und sah zu ihrem Schrecken, daß eine Schlange mit ihrem Kinde die Morgensuppe teilte. Das Kind schien sich aber gar wohl in der Gesellschaft zu befinden, nur war es mit dem Gebaren der Schlange, die nur die Milch ausschlürfte, nicht recht zufrieden. Von Zeit zu Zeit schlug es ihr mit seinem Holzlöffel auf die Nase und sagte: »Eß net lauter ›Müh‹ (Brühe), eß a ›Mocke‹ (Brocken).« Seit dieser Zeit war die Schlange der tägliche Gast des Kindes, das prächtig gedieh. (211)

## *Die Springwurzel*

Auf der Baßgeig, einem Berg zwischen dem Neuffen und der Teck, wächst die Sprengwurzel. Sie hat die Kraft, Gewitter zu zersprengen und vom Tal fernzuhalten. Aber kein Mensch kann sie von sich aus finden. Man kann sie sich nur durch den Wiedehopf verschaffen; der weiß, wo sie wächst. Will man sie von ihm bekommen, so muß man ein Wiedehopfnest in einem hohlen Baum finden und dieses mit einem Brett vernageln. Daraufhin fliegt der Wiedehopf mit der Sprengwurzel im Schnabel herbei, um das Brett von dem Astloch abzusprengen. Damit sie aber in keines Menschen Hände komme, will sie der Wiedehopf ins Wasser oder ins Feuer werfen. Stellt man nun vor dem Nest eine Gelte mit Wasser auf, so läßt der Wiedehopf die Wurzel dort hineinfallen. Statt ein Feuer anzumachen, kann man auch ein rotes Tuch vor dem Nest ausbreiten. So hält der Wiedehopf dieses für Feuer und läßt die Sprengwurzel darauf fallen. Mit der Sprengwurzel kann man dann alle Türen und Schlösser öffnen; auch macht sie stich- und kugelsicher, wenn man sie in der rechten Tasche bei sich trägt. (212)

## *Das Galgenmännlein*

Wenn ein Erbdieb, dem das Stehlen durch Herkunft aus einem Diebsgeschlecht angeboren ist, oder dessen Mutter, als sie mit ihm schwanger ging, gestohlen, wenigstens groß Gelüsten dazu gehabt (nach andern, wenn er zwar ein unschuldiger Mensch, in der Tortur aber sich für einen Dieb bekennet) und der ein reiner Jüngling ist, gehängt wird und das Wasser läßt (aut sperma in terram effundit), so wächst an dem Ort der Alraun oder das Galgenmännlein. Oben hat es breite Blätter und gelbe Blumen. Bei der Ausgrabung desselben ist große Gefahr, denn wenn er herausgerissen wird, ächzt, heult und schreit er so entsetzlich, daß der, welcher ihn ausgräbt, alsbald sterben muß. Um ihn daher zu erlangen, muß man am Freitag vor Sonnenaufgang, nachdem man die Ohren mit Baumwolle, Wachs oder Pech wohl verstopft, mit einem ganz schwarzen Hund, der keinen anderen Flecken am ganzen Leibe haben darf, hinausgehen, drei Kreuze über den Alraun machen und die Erde rings herum abgraben, so daß die Wurzel nur noch mit kleinen Fasern in der Erde stehen bleibt. Danach muß man sie mit einer Schnur dem Hund an den Schwanz binden, ihm ein Stück Brot zeigen und eilig davonlaufen. Der Hund, nach dem Brote gierig, folgt und zieht die Wurzel heraus, fällt aber, von ihrem ächzenden Geschrei getroffen, alsbald tot hin. Hierauf nimmt man sie auf, wäscht sie mit rotem Wein sauber ab, wickelt sie in weiß und rotes Seidenzeug, legt sie in ein Kästlein, badet sie alle Freitag und gibt ihr alle Neumond ein neues weißes Hemdlein. Fragt man nun den Alraun, so antwortet er und offenbart zukünftige und heimliche Dinge zu Wohlfahrt und Gedeihen. Der Besitzer hat von nun an keine Feinde, kann nicht arm werden, und hat er keine Kinder, so kommt Ehesegen. Ein Stück Geld, das man ihm nachts zulegt, findet man am andern Morgen doppelt, will man lange seines Dienstes genießen und sichergehen, damit er nicht abstehe oder sterbe, so überlade man ihn nicht, einen halben Taler mag man kühnlich alle Nacht ihm zulegen, das Höchste ist ein Dukaten, doch nicht immer, sondern selten.

Wenn der Besitzer des Galgenmännleins stirbt, so erbt es der jüngste Sohn, muß aber dem Vater ein Stück Brot und ein Stück Geld in den Sarg legen und mit begraben lassen. Stirbt der Erbe vor dem Vater, so fällt es dem ältesten Sohne anheim, aber der jüngste muß ebenso schon mit Brot und Geld begraben werden. (213)

## *Eierlegende Kröte*

Ein altes Weib verkaufte immer Eier und hatte doch keine Hennen. Da paßte der Nachbar ab und sah durch eine Spalte des Fensterladens, daß die Alte auf ihrem Tisch ein Krötlein liegen hatte, das sie mit einem Rütlein schlug. Bei jedem Schlag ließ das Krötle ein Ei fallen. (214)

## *Der Pestdrache bei Wurzach*

Auf dem *»Siechenberge«* oder *»Leprosenberge«* bei Wurzach steht eine alte Linde. Ein etwa drei Finger breiter, ausgehöhlter, gleichsam eingeschnittener Streifen windet sich an dem Stamme hinauf. In Mitte des Stammes über der Wendung ist eine alte Votivtafel mit Christus am Kreuze, fast in den Baum hineingewachsen. Die Sage geht: Vor alten Zeiten kam, man weiß nicht von welcher Gegend her, ein grausig Tier, halb Schlange, halb Drache, geflogen und ließ sich an dem Baume nieder und wand sich um ihn herum. Der Atem, den das Tier aushauchte, erzeugte eine tödliche Seuche in der ganzen Umgegend. Um des Tieres loszuwerden und die Pest abzuhalten, nahm man seine Zuflucht zu verschiedenen Mitteln, vor allem zu Wallfahrten und Gebeten. Alles schien nichts zu helfen; da zog der Geistliche mit dem Allerheiligsten an der Spitze einer Prozession den Riesenberg hinauf und beschwor das Ungeheuer an der Linde, damit es weiche. Unter furchtbaren Zuckungen und Windungen wand das Tier sich nach und nach vom Stamm herab und verschwand plötzlich in der Erde. Am Stamme des Baumes blieb diese Spur zurück, und um dem Tiere den Rückweg abzuschneiden, brachte man das Bild des Gekreuzigten an. (215)

## *Die eingepflockte Pest in Hirschhorn*

Als der Schwarze Tod in unserm Vaterlande wütete, blieb auch das Städtchen Hirschhorn nicht verschont. Viele Opfer waren schon gefallen, da wanderte eines Tages ein fremder Handwerksbursche durch das Städtchen und sah zufällig, wie eine unheimliche bläuliche Gestalt, fast einer Taube gleich, in die Öffnung eines weithin ausgefaulten starken Baumes huschte und verschwand. Der junge Mann erkannte in dieser gespenstigen Gestalt die Pest; schnell schlug er einen dicken Stopfer in das Loch des Baumes, und schnitt somit der Pest den Rückweg ins Freie ab. Von dieser Stund an starb niemand mehr an derselben, die Stadt war von der Plage erlöst.
Nach mehreren Jahren führte denselben Handwerker sein Weg wiederum durch Hirschhorn. Da stand noch der Baum mit dem verschlossenen Loche. Zu seinem und des Städtchens Unglück geriet der Wanderer auf den Einfall, jenen Stopfer herauszuziehen, um zu sehen, ob wohl die eingesperrte Gestalt noch darin stecke. Die Pest flog augenblicklich heraus, tötete zuerst ihn, und verbreitete sich dann aufs neue im Städtchen, ärger als das erste Mal. (216)

## *Pestdämon*

Im Jahr 1813 sah ein Fuhrmann von Rothenfels, welcher in der Abenddämmerung heimfuhr, am Weg eine weißgekleidete Frau sitzen. Dieselbe bat ihn, mitfahren zu dürfen, worauf er ihr auf den Wagen half und dabei spürte, daß sie fast kein Gewicht habe. Unterwegs sagte sie ihm, es komme eine verheerende Krankheit ins Land, gegen die man häufiges Räuchern mit Wacholder und Essig anwenden solle. Vor dem Orte mußte der Fuhrmann sie wieder vom Wagen heben, und kaum war sie auf dem Boden, so verschwand sie. Bald darauf kam die Seuche und raffte eine Menge Leute weg; viele aber wurden durch das Mittel der Frau am Leben erhalten. (217)

# Von Schatzhütern, Schätzen und versunkenen Glocken

## *Vergiß das Beste nicht!*

Ein armer Kuhhirt aus Eibensbach hütete einst im Spätherbst in der Nähe der Ruine Blankenhorn und sah, als er mit seiner Herde »heimfahren« wollte, eine große schöne Schlüsselblume am Heuchelberge stehn. Die hatte er sonst nie in dieser Jahreszeit noch blühen sehn, brach sie sich deshalb ab und steckte sie an den Hut. Alsbald ward ihm der Hut so auffallend schwer, daß er ihn abnahm; da steckte statt der Blume ein silberner Schlüssel daran, und zugleich sah er eine schneeweiße Jungfrau vor sich stehen, die sagte ihm: mit dem Schlüssel möge er die Tür aufschließen, die er plötzlich an dem Berge erblickte, und möge von den goldenen und silbernen Schätzen, die er finden werde, so viel mitnehmen, als er wolle. Dann fügte sie hinzu: »Vergiß aber das Beste nicht!« und das wiederholte sie ihm dreimal. Darauf öffnete der Mann mit dem silbernen Schlüssel die Tür und füllte seine Taschen und Ärmel mit Gold und Silber, ward aber alsbald von solcher Angst befallen, daß er mit seinen Schätzen forteilte und in der Eile nicht daran dachte, auch den Schlüssel mitzunehmen. Hätte er den nicht vergessen, so wäre ihm auch später der Zugang zu den Schätzen geöffnet geblieben, und zugleich würde er das weiße Fräulein erlöst haben. So aber konnte er die Tür später nicht wiederfinden, obwohl er mehrmals danach suchte. Für sich freilich bedurfte er keiner weiteren Schätze; denn er hatte gleich das erste Mal sich reichlich versehen.

Indes besorgte er, daß seine Mitbürger nicht glauben würden, er habe auf ehrliche Weise so viel Geld erworben, und wanderte deshalb aus nach Amerika; bevor er aber fortzog, hat er die vorstehende Geschichte in Eibensbach erzählt. Später hat er noch einmal aus Amerika geschrieben und soll unter anderem geäußert haben:

Eibensbach und Blankenhorn
Tut mir und meinen Kindern wohl.

Das ist aber schon lange her, daß dies geschehen ist. Nachgehends hat schon mancher bei Blankenhorn nach Schätzen gesucht und gegraben, aber keiner hat etwas gefunden. (218)

## *Das weiße Fräulein bei Bietigheim*

Zwischen Bietigheim und Besigheim geht seit alter Zeit ein weißes Fräulein um. Einst traf sie mittags um 12 Uhr ein Mann aus Bietigheim, namens Pochterle, indem sie in dem dortigen Walde auf einem Felsen, auf dem sogenannten »Kahlenstein«, saß. Von diesem Felsen führt der Sage nach anderthalb Stunden weit bis auf den Asberg ein unterirdischer Gang, den man im Dreißigjährigen Kriege gemacht haben soll, um Habseligkeiten dorthin zu retten. Über der Tür dieses Eingangs saß die Jungfrau und winkte dem Pochterle, der ein frommer Mann war. Darauf ging er nach Bietigheim zurück, weil er über die Brücke mußte, wenn er zu ihr wollte, und wie er hinkam, sagte sie ihm: sie habe bei der Tür des Eingangs ihre Aussteuer vergraben, sei darüber verstorben und müsse deshalb nun schon Jahrhunderte lang »schweben«. Er aber könne sie erlösen; er möge den Schatz hervorsuchen und nehmen und sich nur nicht fürchten vor den Erscheinungen, die er wahrnehmen werde. Der Mann versprach ihr das. Als nun aber eine Menge schrecklichen Getiers, schwarze Pudel und der Böse selbst hervortraten, ward es dem Mann angst und bang ums Herz; er stand alsbald vom Suchen ab und lief eilig fort, war aber nach drei Tagen eine Leiche. (219)

## *Mißglückte Schatzhebung*

Es war einmal ein Krieg. Ein reicher Bauer verbarg sein Geld in einer Kinderbahre, grub diese in die Erde und setzte ein hölzernes Kreuz an der Stelle in den Boden. Der Vater starb. Als das Kreuz im Boden abgefault war, gruben die Söhne des Mannes nach und fanden das noch wohlerhaltene Bährlein. Als sie dasselbe schon halb oben hatten, sahen sie, daß ihr Haus brenne. Schnell eilten sie hinein nach Weiler, aber ihr Haus war schon gelöscht. Als sie zum 2.mal den Versuch machten, das Bährlein emporzuheben, sprang ein großer Hund an ihnen vorbei. Vor Schrecken ließen sie den Schatz wieder fallen. Als sie zum 3.mal versuchten, die Bahre zu heben, waren Schlangen auf derselben. Nun gaben sie den Versuch auf. Sie bedeckten das Loch mit einem schweren Stein, der noch heute dort im Walde zu sehen ist. (220)

*Bergwerksarbeiten. Holzschnitt aus Agricola, Vom Bergkwerck (Basel 1557)*

## *Der Schatz unterm Weißdornbusch*

Zwischen Daisendorf und Meersburg sah einmal ein Bauer vier Männer, die unter einem Weißdornbusch, der Misteln trug, eifrig nach etwas gruben. Das machte den Bauern neugierig – und er lehnte sich an einen Hag und schaute schweigend zu, wie die vier Männer einen Sack füllten, einem von ihnen den Sack auf den Rücken luden und sodann im nahen Wald verschwanden. Es waren Schatzgräber, die eben einen Schatz gehoben. Wer nämlich unter einem »Weißdornbusch mit Misteln« nachgräbt und dabei kein Wort spricht, der findet stets einen Schatz. (221)

*Das Heidelberger Schloß. Kupfer aus Daniel Meisner, Politisches Schatzkästlein. 1. Buch, 4. Teil (Frankfurt 1626)*

## *Das vergessene Bergwerk*

In dem Goldberg bei Oberried war vor Zeiten eine reiche Goldgrube, Sankt Martin genannt. Darin lag, hinter einer silbernen Türe, ein Standbild dieses Heiligen verborgen, welches von lauterm Gold und dreihundert Mark schwer war. Noch im Jahr 1521 wurde der Bau betrieben, aber bald nachher wegen des hereinbrechenden Krieges eingestellt. Die Bergleute schlossen jedoch die Grube mit einer eisenbeschlagenen Türe und schütteten dieselbe mit Erde und Steinen zu. Hierdurch gelang es ihnen, das Bergwerk den Augen der Feinde zu entziehen, die sich mit der Plünderung und Verbrennung der Poch- und Schmelzgebäude begnügen mußten. Kaum war es wieder ruhiger geworden, so kam die Pest und raffte die Bergleute weg oder scheuchte sie in entfernte Gegenden. In Folge dessen blieb die Grube uneröffnet, und mit der Zeit ist sie immer mehr in Vergessenheit geraten. (222)

## *Das Heidelberger Schloß*

Am Haupttore dieser Burg hängt ein dicker Ring von Eisen. Wer ihn durchbeißt, erhält das Schloß zum Lohne. Der ritzartige Biß, welcher in dem Ringe sich befindet, rührt von einer Hexe her.

Als einst etliche Knaben im Schlosse spielten, geriet einer derselben in einen ihm unbekannten Keller, worin auf einem Tische viel goldene und silberne Gefäße standen. Eiligst lief er hinaus und rief seine Gespielen herbei; als er aber mit ihnen in den Keller zurück wollte, konnte er ihn trotz alles Suchens nicht wiederfinden. (223)

## *Die Schatzkohlen*

Ein Mann sah mitten im angebauten Felde einen glühenden Kohlenhaufen. Niemand war weit und breit, der das Feuer hätte angezündet haben können. Da seine Pfeife gerade ausgegangen war, ging er darauf zu, nahm eine Kohle, legte sie auf und drückte den Deckel zu. Beim Weitergehen öffnete er den Deckel wieder, weil die Pfeife nicht brannte. Zu seinem Erstaunen lag auf dem Tabak ein funkelndes Goldstück. Schnell ging er wieder an den Platz zurück, aber die Kohlen waren verschwunden. Jede Kohle – so herrscht der Glaube –, die er von ihrem Platze gerückt hätte, wäre zu Gold geworden. Noch besser ist es, wenn man Brosamen hineinwirft, dann werden alle Kohlen zu Gold. (224)

## *Der Schatz bei Kitzingen*

Eine Frau von Kitzingen sah unter einem Baume des dortigen Feldes einen Haufen glühender Kohlen liegen. Weil sie dieselben für einen Schatz hielt, schickte sie sich an, sie in ihre Schürze zu fassen. Da erblickte sie ihren längst abwesenden Bruder, der über das Feld herkam, und rief ihm zu: »Heinrich! wo kommst du her?« In demselben Augenblick waren Schatz und Bruder verschwunden. (225)

## *Christoffelsgebet hilft zu Gelde*

Zwei Männer von Oberprechthal und einer von Biederbach beteten, drei Vierteljahre lang, miteinander das Christoffelsgebet. Dies geschah Freitagnachts von elf bis zwölf Uhr; es mußte vor- und rückwärts gesprochen werden, wobei sie auf den Gesichtern lagen und nach dem steten Lärm, welchen es um sie hermachte, nicht aufschauen durften. Als sie das letzte Mal beteten, erschien ihnen eine Frau in großem Glanze, berührte ihre Köpfe und hieß sie furchtlos aufblicken, was sie auch taten. Dieselbe sagte ihnen, weil allein die Not sie zum Christoffelsgebet gebracht habe, so sollten sie Geld erhalten und zu dem Ende am nächsten Gründonnerstag, nachts von halbzehn bis zwölf, auf der Hochburg sein, auch durch das, was etwa dort vorfalle, sich nicht irren lassen. Nach dieser Rede verschwand sie. Zur vorgeschriebenen Zeit waren die Männer auf der Burg und beteten erwartungsvoll den Rosenkranz. Auf einmal entstand in dem Gewölbe ein stets wachsendes Getöse, wie von einer rollenden Kugel, sie gingen hinein, da stieg aus dem Boden eine von Fackeln umleuchtete Kiste, die offen und voll Geld war. Dieses wollten die Männer in die mitgebrachten Säcke füllen, aber in dem Augenblick erfolgte ein so gewaltiger Blitz und Donnerschlag, daß sie entsetzt nach allen Seiten entflohen. Erst bei Tagesanbruch wagte sich der Biederbacher, welcher der herzhafteste war, in die Nähe der Burg, um seine verlaufenen Freunde zu suchen, und als er dort einen Haufen dürren Kuhmist liegen sah, faßte er ihn in seinen Sack und warf denselben, gleichsam als den erlangten Schatz, in der nächsten Nacht einem der Oberprechthaler in die Stube. Dieser fand ihn am Morgen, aber ganz mit Kronentalern gefüllt; er benachrichtigte gleich die beiden andern davon, die Sache klärte sich auf, und die drei teilten sich nun das Geld, welches ungefähr fünfzigtausend Gulden betrug. (226)

## *Die Schatzgräber*

An einem Waldsaume ungefähr 1/4 Stunde von *Schwendi* ist eine Grube, wie deren noch viele unter dem Namen *Wolfsgruben* in Oberschwaben zu sehen sind, welche den Namen *Geldloch* führt. Auf mein Befragen, woher diese ihren Namen erhalten, erzählte man mir: »In diesem Geldloche sei ein Schatz vergraben und diesen haben früher Bürger von Schwendi erheben wollen. Nachdem sie in der Nacht wohl einige Stunden gegraben, seien sie auf eine eiserne Kiste gekommen, und wie sie diese Kiste herausnehmen wollten, sei ein Pudel mit roten Haaren und feurigen Augen auf den Deckel der Kiste gesprungen und habe nach den Schatzgräbern gebissen; worüber sie sich sehr gefürchtet haben; und sogar die Beschwörungsformel aus Angst vergessen hätten. Endlich aber habe einer von ihnen nach dem Pudel geschlagen, und gerufen: ›Gehst weg, oder ich schlag die tot.‹ Sobald jedoch diese Worte gesprochen: so sei der Schatz auf einmal, vor ihren Augen verschwunden,

*Schatzsucher. Holzschnitt von Hans Weiditz aus: Petrarca, Trostspiegel (1532)*

denn beim Schatzgraben darf kein lautes Wort geredet werden; und seit dieser Zeit hat niemand mehr den Schatz gefunden, obgleich nochmals vor noch nicht 30 Jahren nach demselben gegraben wurde. Der Pudel aber geht nachts zwischen 11–12 Uhr bei der Kapelle, welche zwischen *Schwendi* und *Großscheffhausen* liegt, und ist schon vielen begegnet, und von vielen Hasenfüßen gesehen worden, wenn diese nicht vorher in einem Schwendier Wirtshause oder in der Kotz in Großscheffhausen einen Spitzer getrunken hatten, und wenn sie um die Geisterstunde den Weg bei diesem Kapellchen vorbeigehen mußten, so wurden sie oft von dem Pudel eine Strecke Wegs begleitet; aber noch keiner von all diesen ist bis jetzt von diesem gebissen worden.« (227)

## *Der Schatz in Burg Neidek*

Es war wie gewiß, daß sich neben den unterirdischen Resten der Burg Neidek bei Eberhardszell ein reicher Schatz vorfinde. Schon oft hatte man versucht, denselben ans Tageslicht zu fördern, allein nie mochte es gelingen, weil es an Mut und Mitteln gebrach. Einmal, es sind vielleicht kaum 70 Jahre, taten sich 6 junge verwegene Männer zusammen, sannen nach dem Schlüssel, der die Hebung des fraglichen Schatzes ermöglichte, fanden ihn auch – wahrscheinlich aus alten Büchern – und machten sich nun, wie vorgeschrieben war, in der Nacht einer kirchlichen Festzeit nach der den Schatz bergenden Stätte, gelangten mit ihren Mitteln bis in die Nähe des verborgenen Mammons, aber als der entscheidende Augenblick der Entdeckung da war, schüttelte und rüttelte sich der Burgberg und es ächzte und dröhnte und gellte und klaffte in höllisch schrillen Tönen und höhnische Fratzengesichter scheußlicher Teufelsgestalten grinsten aus blaugrauen Nebeln: die Endarbeit des Schatzgrabens führte nur einer aus, die 5 anderen entwichen mit rasender Hast und verloren sich selbst in zeitlebens dauernden Wahnsinn; der einzige aber, der die Fassung behielt, war von nun an ein reicher Mann. (228)

## *Der kluge Wirt*

In Münster, südlich von Siegertshofen, grub man hinter der Wirtschaft den Bühel ab. Während des Mittagessens wurde die Arbeit eingestellt; unterdessen sank ein Wagen an der abgegrabenen Stelle ein. Der Wirt machte es schlau, schickte den Knecht an eine andere Arbeit und grub allein weiter. Er stieß auf ein Gewölbe mit viel Geld, Schwertern und Kleidern mit goldenen Borten. Soviel betrug der Schatz, daß er dem Knecht aus freien Stücken 600 fl. schenkte (Konradshofen). In Münster soll ein Kloster gestanden sein; darauf weist übrigens schon der Name Münster = monasterium hin. (229)

## *Die Ohrfeige*

Diente mal ein Mädchen in Ellwangen, und die hätte gern schöne Kleider gehabt. Da ging sie oft auf den Schönenberg und betete inbrünstig, sogar oft noch am Fuße des Berges unten, die Mutter Gottes möchte ihre Bitten erhören. Da kam mal abends beim Melken ein steinuralt Weiblein mit einer Kienz in den Stall und sagte: »Ich hab dir auch was mitgebracht«, und gab ihr zwei Kronentaler. Alt Weiblein sagte weiter: »Hier hast du's, aber gescheiter wäre es, du würdest nicht um solches beten«, gab dem Mädchen eine tüchtige Ohrfeige und verschwand. Das Mädchen betete nie mehr um Geld. (230)

## *Die betrogenen Schatzgräber auf der Randenburg*

Auch von ihr – der Burgruine – ging unter dem Volke die Sage, in den Kellern seien große Schätze verborgen. Ein Betrüger oder »Leuteverführer« machte sich diesen Glauben im Jahr 1600 zu Nutzen; er bewog einige Bauern von Schleitheim, in dem alten Schloß nach Schätzen zu graben; sie räumten mit großer Mühe den Turm aus, fanden aber nichts als eine alte, wohlgemalte und gebrannte Ofenkachel und ein kleines Küh- oder Stierglöcklein. Der Betrüger machte sich während der Arbeit mit dem ihm vorgeschossenen Geld aus dem Staube. (231)

## *Die Glocke im Sindelfinger See*

Eines Tages, als Graf Atzimbert von Calw müde von der Jagd im Sindelfinger Wald, auf seine Burg heimgekehrt, eingeschlafen war, hatte er einen seltsamen Traum. Es däuchte ihn, als träte ein Mann in weißen Kleidern vor ihm und spräche zu ihm: »Du sollst die Mauern deiner Burg abbrechen und aus ihren Steinen eine Kirche bauen. Zum Zeichen dafür, daß ich von Gott komme, laß dir sagen: es wird sich eine Glocke in einem See in der Nähe finden; diese soll der Erstling für das Gotteshaus werden, und für ewige Zeiten soll sie auf seinem Turme hangen.«
Kaum graute der Tag, da meldete sich einer seiner Jäger beim Grafen, er habe ihm wichtige Kunde zu bringen. »Was ist's?« fragte Atzimbert. »Schon lange war ich einer Wildsau auf der Fährte. Gestern abend bin ich wieder auf ihre Spur gekommen; wie ich sie verfolge, komme ich zu einem See im Walde. Dicht an seinem Ufer im Gestrüpp fand ich die Sau mit ihren Jungen in einer Höhlung am Boden, und der Rand der Höhlung glänzte wie Metall. Wie ich aber genauer hinsehe, da war die Höhlung der Bauch einer gewaltigen Glocke; die hatte die Sau aus dem See gewühlt.«
Als der Jäger seinen Bericht geendet, erkannte der Graf die Wahrheit seines Traums. Alsbald sandte er Leute an den See, um nach der Glocke zu suchen. Und wirklich fand man diese ganz nach des Jägers Bericht. Mit Mühe zog man die Glocke aus dem Schlamm und hängte sie auf den Turm der neuerbauten Kirche zu Sankt Martin in Sindelfingen. (232)

## *Die Glocke zu Waldkirch*

In der Stiftskirche zu Waldkirch ist eine große Glocke, die den Namen »Margaretha« trägt. Sie wurde auf dem Friedhof, in einem noch sichtbaren Loche, gegossen, und dabei ein ganzer Haufen geopferten Silbers unter das Erz gemischt. Hierdurch erhielt sie den schönen Klang, welcher weit und breit im Lande gehört wird. Nicht allein schwere Gewitter vertrieb ihr Geläut, sondern auch eine Schar Hexen, die einst mit gläsernen Äxten den Kandelfelsen durchhauen und so den See, welchen er verschließt, auf das Waldkircher Tal loslassen wollten.

Weil die Glocke ein solches Kleinod, suchten die Freiburger, sie für ihr Münster zu bekommen. Sie boten dafür dem Stifte so viel Kronentaler, als sich auf dem Wege von Freiburg bis Waldkirch in einer zusammenhängenden Reihe würden legen lassen. Diesen Handel gingen die Stiftsherren ein und empfingen nach acht Tagen die Bezahlung. Eine Woche später kamen die Freiburger mit neun Wägen, die Glocke abzuholen. Um sie aus dem Turme zu bringen, mußte ein Stück desselben ausgebrochen werden. Als sie mit großer Mühe aufgeladen war, wurde abgefahren, aber noch in dem Orte drückte sie drei der Wägen zusammen. Da ließen die Freiburger sie liegen und einen eisernen Wagen machen, worauf sie dieselbe luden und bis zum Bad »in der Enge« brachten. Dort sank der Wagen ziemlich tief in den Boden; er wurde zwar wieder herausgehoben und bis an die Waldkircher Banngrenze gezogen, war aber, nebst den zweiunddreißig angespannten Pferden, schlechterdings nicht weiter zu bringen. Nun endlich erkannten die Stiftsherren des Himmels Willen, kündigten den Freiburgern den Handel auf und ersetzten ihnen den Kaufschilling und die übrigen Auslagen. Um die Glocke nach Waldkirch zurückzuführen, taten der Vogelbauer und der Schwefelbauer aus dem Suggental auf ihren gewöhnlichen Wagen drei neue Tragbäume, spannten zehn Ochsen an und brachten damit die Glocke ohne Mühe in das Stift. Als sie dort wieder im Turm hing, begann sie von selbst zu läuten und tönte die Worte:

Margaretha heiß ich,
Alle schwere Wetter weiß ich,
Alle schwere Wetter kann ich vertreiben,
Und im Glockenturm zu Waldkirch will ich bleiben.

Dieser Spruch steht jetzt auf der Glocke und ist im Waldkircher Tale jedem Kinde bekannt. (233)

## *Die Hosannaglocke zu Weingarten*

In Weingarten ist eine große Glocke, drei Mann müssen sie läuten. Die wollten mal die St. Galler kaufen. Sie boten so viel Kronentaler, als man von St. Gallen nach Weingarten aneinanderlegen könnte. Die Weingartner gabens nicht. Mal kamen sie und stahlen die Glocke und brachten sie bis Friedrichshafen, aber keinen Schritt weiter. Währenddessen schlug das Wetter in Weingarten alles zusammen. Die St. Galler hätten deswegen die Glocke so gern gehabt, weil, so oft man in Weingarten die Glocke anziehe, die Gewitter alle weg und der Schweiz zu ziehen. (234)

## *Die versunkene Glocke*

Uf der Sponeck isch früner ä Glocke gsi. Mer het die Glocke abe bringe welle, aber sie isch mitsamt 'em Wage uf de falsche Sitte abe g'rollt, bis z' nögscht an Weiher. De Fuhrmann het g'ruefe: »Uffe mueß die Glocke, em liebe Gott z'lieb oder z'leid. Do isch das G'spann ganz in de Weiher g'rollt und dinne verschwunde. Me ka d'Glocke hüt no mengsmol brumme höre. (235)

## *Wetterläuten*

Gegen den Nebel läutete man auch einst in Seekirch am Federsee mit dem Nebelglöcklein. Dieses ließ der Graf v. Stadion in den Federsee versenken zum Dank dafür, daß ihm das Nebelmännle auf dem Kreuzzug im Heiligen Land einst das Leben gerettet und ihn gesund zu seiner Frau nach Haus zurückgebracht hatte. Das Glöcklein hört man noch zuweilen in der Tiefe läuten an der Stelle, wo Altbuchau im Federsee versunken ist. (236)

# Von schweren Zeiten, Abenteuern und merkwürdigen Begebenheiten

## *Das Gottesurteil*

Im Jahr 1432 fand ein merkwürdiger Kampf zwischen Hans Roth, oder wie andere ihn nennen, Hans Ratenberg und einem gewissen Hans Riem statt. Ersterer hatte nämlich diesen als einen gefährlichen Zauberer, Wettermacher und Giftmischer ausgeschrieen und ihn auch bezichtigt, daß er seinen Schwager vergiftet habe. Daraufhin forderte Hans Riem, auf Anraten des Konstanzer Landvogts, des Grafen Bruno von Tettighofen, der ihm wohlwollte, den Hans Roth vor das Konstanzer Landgericht. Dieser stellte sich wirklich ein, erhärtete durch mehrere Zeugen seine Aussage von begangener Zauberei usw. und erbot sich, die Vergiftungsgeschichte hinsichtlich dessen Schwager durch einen Zweikampf zu beweisen.

Darauf wurden beide Gegner von dem Landgericht in gefängliche Verwahrung gebracht und der letzte Juli 1432 als der Tag festgesetzt, an welchem das Gottesurteil durch einen Zweikampf entscheiden sollte. Zugleich erging durch öffentlichen Straßenausruf der Befehl, daß weder Frauen, noch Kinder unter zwölf Jahren, noch Geistliche, noch Bewaffnete sich zu dem Kampfplatze begeben und zuschauen dürften. Alsdann ließ man auf dem freien Felde, dem sogenannten großen Bühl, wohin später die St.-Leonhards-Kapelle gebaut wurde, einen mit Sägemehl aufgeschütteten Kreis zurichten und um diesen eine starke, 120 Schritte weite und breite Schranke mit Sitzen ziehen, auf welchen der obengenannte Landgraf, der Landrichter und die Urteilssprecher Platz nahmen. Außerhalb dieser Schranken befand sich der Raum für die Zuschauer, deren etwa 20 000 herbeiströmten.

Als nun der bestimmte Tag erschienen, wurden die beiden Gegner, jeder besonders, von einem Schneider, so vorher eidlich angeloben hatte müssen, nichts Nachteiliges in seiner Arbeit anzubringen, in einen gleich verfertigten grauen, einem jeden durch das Los zugeteilten Rock gekleidet. Nachdem darauf ihr Haar kurz abgeschoren und jedem ein, ebenfalls von beeidigten Meistern geschmiedeter, hoher, bis über den Kopf reichender Schild und ein gleiches Schwert übergeben war, ließ man beide unter Begleitung von Bewaffneten in die Schranken führen. Jeder erhielt einen Sekundanten; Hans Roth den sogenannten Trommer von Tugen, und Hans Riem den Molle

Truchseß von Diessenhofen, indessen Junker Schilter, als Erster Ratsherr und Landrichter zu Konstanz, durch die Stadtknechte ausrufen ließ, daß niemand, bei Lebensstrafe, ein Wort bis zu Ende des Kampfes reden, sonst ein Geräusch machen oder die Schranken überschreiten solle.
Als nun tiefe Stille im Volke herrschte, rief Ulrich Schilter: »Wohlauf in Gottes Namen. Zum ersten, zum anderen, zum dritten Mal! Beginnet euren Kampf!« Auf dieses Losungswort gingen beide Kämpfer aufeinander los, stachen, schlugen, hieben und trieben einander eine gute Weile in dem Kreis herum, bis endlich der Riem den Roth oberhalb des Schildes mit dem Schwert in die etwas entblößte Achsel traf und demselben so in den Arm hieb, daß er kaum noch an der untern Haut hing. Riem trat sogleich nach diesem Hiebe einige Schritte zurück, strauchelte aber und fiel auf den Rücken; Roth jedoch stürzte trotz seiner schweren Wunde auf ihn zu und warf sich auf seinen Leib, um ihn zu erstechen. Allein, die Kräfte waren ihm durch den großen Blutverlust entschwunden, so daß es Riem gelang, ihm das Schwert aus der Hand zu winden und es ihm unter der linken Achsel in die Brust zu stoßen, sich wieder aufzuraffen und auf den bewußtlosen Roth zu knien. Dessen Ohnmacht nicht bemerkend, rief er ihm nun zu: »Ergibst du dich und willst du jetzt bekennen, daß ich unschuldig bin?« – Roth aber, wahrscheinlich bereits tot, gab keine Antwort mehr, worauf Riem in blinder Wut ihm die Klinge durch das Herz bohrte, dann niederkniete und Gott für den Sieg dankte. Seine Unschuld ward nun öffentlich anerkannt und hergestellt; die blutige Leiche Roths wurde auf derselben Stelle beerdigt.
Nicht lange hernach gebar eine Frau in der Vorstadt Paradies ein Kind, welches nur einen Arm hatte. Diese hatte nämlich während ihrer Schwangerschaft heimlich vom Göltinger Tor aus dem Zweikampfe zugeschaut und sich an dem abgehauenen Arme Roths versehen. (237)

## *Mittelstadt im Schwedenkrieg*

In Mittelstadt am Neckar lebten zur Zeit des dreißigjährigen Kriegs nur noch zwei Menschen, und die besaßen nur noch ein einziges Pferd; das hütete immer einer, während der andere auf den Kirchturm stieg und zusah, ob der Feind nicht etwa komme. Merkte er, daß Schweden im Anzuge waren, so ließ er die Uhr schlagen, worauf dann der andere sogleich heimeilte und sich selbst nebst seinem Pferde verbarg.

Aus jener Zeit hat man auch noch den Kinderspruch:

Der Schwed ist kommen,
Hat alles wegnommen,
Hat d'Fenster eing'schlagen,
Hats Blei wegtragen,
Hat Kugeln draus gossen
Und d'Leut mit verschossen. (238)

## *Der Partisan*

Drei Viertelstunden von hier entfernt lag vor Zeiten das Dorf Wiesent, welches nach Münster pfarrte. Im 30jährigen Krieg kamen die Schweden auch dorthin. Es sei nun vorgekommen, daß aus einem gewissen Haus von Zeit zu Zeit ein Schuß gefallen sei, wodurch jedesmal ein Mann verwundet oder getötet worden sei. Die Soldaten hätten stets sofort das Haus durchsucht, aber niemand vorgefunden. Als wieder einmal ein Soldat durch einen Schuß aus diesem Haus getroffen worden sei, sei peinlichste Untersuchung angeordnet worden, und nun habe man entdeckt, wie aus einem im Zimmer stehenden dicken, hölzernen Pfeiler ein Stückchen Tuch hervorgeschaut habe. Es fand sich, daß der Pfeiler innen hohl war und einen außen nicht ersichtlichen Verschluß hatte. In diesem Raum hatte sich der Wirt, welches der Attentäter war, versteckt. Der Rockzipfel hatte ihn verraten. Es wurde Kriegsgericht gehalten, der Missetäter wurde erschossen und der ganze Ort niedergebrannt. (239)

## *Die Schlacht bei Schönenbuchen*

Im dreißigjährigen Kriege zog aus dem obern Wiesental ein Heer Schweden feindlich gegen Schönau heran. Als sie dessen Kirchturm erblickten, rief ihr Anführer: »Pfeifer, pfeif' auf, wir sehen das Schönauer Geißhaus!« und rascher rückten sie nun vorwärts. Auf den Bergen bei Schönenbuchen standen aber Engel, wie Schwarzwälder gekleidet, und warfen den Andringenden unbemerkt kleine vierspitzige Eisen in den Weg. Da diese in jeder Lage eine Spitze in die Höhe streckten, so drangen sie den darauftretenden Pferden in die Hufe, wodurch dieselben scheu wurden und das Heer in Verwirrung brachten. Die vordern Truppen gaben den hintern, diese jenen die Schuld, sie gerieten miteinander ins Handgemenge und rieben sich bis auf den letzten Mann auf. Von ihrem Blute rötete sich die Wiese bis nach Kleinhüningen. Schönau war nun gerettet, und zum Danke stifteten seine Bewohner eine Abbildung der Schlacht nach Schönenbuchen, welche, nebst einigen der vierspitzigen Eisen, noch jetzt dort befindlich ist. (240)

## *Der Graf von Calw als Kuhhirt*

Vor vielen hundert Jahren war zu Calw ein Graf, der besaß großen Reichtum und lebte herrlich und in Freuden, bis er eines Tags zu seiner Gemahlin sagte: »Soll ich nicht ganz und gar verlorengehen, so muß ich auch lernen wie es tut, wenn einer arm ist.« Deshalb legte er ein schlechtes Kleid an, nahm Abschied von seiner Gemahlin und wandte sich gegen die Schweiz. Hier wurde er in dem Dorfe Deißlingen Kuhhirt und hütete die ihm anvertraute Herde mit allem Fleiß auf einem Berge, und obwohl das Vieh gedieh und fett war, wurde er doch von den Bauern nach einigen Jahren seiner Dienste entlassen, weil es sie verdroß, daß er beständig auf dem nämlichen Berge weidete. Hierauf ging er zurück nach Calw, wo seine Gemahlin eben mit einem andern Hochzeit hielt, und erbat sich als Pilger in seinem eigenen Schlosse ein Almosen. Als man ihm nun ein Stück Brot brachte, wollte er es nicht nehmen, es sei denn, daß ihm auch der Becher der Gräfin voll Wein dazu gereicht würde. Nachdem er den Becher empfangen und ausgetrunken hatte, ließ er seinen goldenen Trauring dareinfallen und kehrte stillschweigend in das vorige Dorf zurück. Hier vertrauten ihm die Bauern ihr Vieh aufs neue an, weil sein Nachfolger dies Amt indessen sehr schlecht versehen hatte, und behielten ihn als Hirten solange er lebte.
Als der Graf aber sein Ende herannahen fühlte, eröffnete er den Leuten, wer er sei, und verlangte: sie sollten ihn nach seinem Tode von Ochsen hinausführen lassen und wo diese still stehen würden begraben, auch daselbst eine Kirche bauen. – So geschah es hernach denn auch, und die Kirche über dem Grabe wurde nach seinem Namen Obert oder Hupert die »Sankt Hupertskirche« genannt. Dahin wurden später Wallfahrten angestellt und zu seinem Gedächtnis Messen gehalten, und darf ein jeder Bürger von Calw, der dort vorbeigeht, an die Türe anklopfen oder sich um etwas anmelden. (241)

*Die Nikolausbrücke in Calw. Aquarell eines unbekannten Malers, um 1830*

## *Graf Ulrich und Wendelgard*

Zu Buchhorn am Ufer des Bodensees, da wo jetzt Friedrichshafen liegt, wohnte zur Zeit, als Burkhard Herzog in Schwaben war, Graf Ulrich V. (Udalrich), ein Nachkomme Karls des Großen und Herr im Linzgau. Er war vermählt mit der schönen Wendelgard, einer Gräfin von Eberstein, Enkelin Heinrichs des Voglers, der nachgehends Kaiser wurde. Da geschah es, daß die Ungarn Deutschland verheerten und auch Oberschwaben, wo Graf Ulrich begütert war, heimsuchten. Er zog deshalb mit vielen Edlen dem Feinde entgegen, wurde aber gefangengenommen und nach Ungarn geführt. – Da er nicht heimkehrte und seine Gemahlin glauben mußte, daß er in der Schlacht gefallen sei, so begab sie sich nach St. Gallen und ließ sich, weil sie nicht wieder heiraten mochte, in ein Nonnenkloster aufnehmen. Dies geschah im Jahr 916, da sich eben auch die heilige Wiborada in ein Kloster eingeschlossen hatte. Daselbst nun diente Wendelgard mit Fasten und Beten ihrem Gott,

ging aber alle Jahr nach Buchhorn, um dort das Gedächtnis ihres verlorenen Gemahls in feierlicher Trauer zu begehen und die Armen zu beschenken.
Als sie im Jahr 919 in gleicher Absicht mit Bewilligung des Bischofs nach Buchhorn gegangen war und sehr viele Arme sich herbeidrängten, um ein Almosen zu empfangen, so kam darunter in ganz zerlumpten Kleidern auch einer, der nicht bloß das Almosen von ihr empfing, sondern auch ihre Hand heftig drückte und sie wider ihren Willen umarmte und küßte. Die Umstehenden, welche dies nicht leiden konnten, wollten ihr helfen und den frechen Bettler züchtigen; der aber begann zu rufen und zu sagen: »O laßt mich gehen! Ich habe genug Schläge und Elend in der Gefangenschaft ausgestanden! Ich bin Ulrich, euer Graf, welchen Gott aus sonderlicher Gnade von einem grausamen Volke errettet und euch wieder geschenket hat!« Alsbald wurde er auch erkannt und von seiner treuen Gemahlin und allen andern bewillkommt und mit großer Freude aufgenommen. Wendelgard ließ sich vom Bischof Salomo von Konstanz ihres Gelübdes, daß sie einsam leben wollte, entbinden, legte ihr Nonnenkleid ab und hielt zum zweitenmal Hochzeit mit ihrem lieben Gemahl, welcher dann zum Zeichen seiner Dankbarkeit einige Güter im Rheintale dem Kloster zu St. Gallen verehrte.
Bald darauf wurde Wendelgard gesegneten Leibes, starb aber kurz vor ihrer Niederkunft. Das Kind indes wurde sogleich aus dem Leibe der toten Mutter herausgeschnitten und gerettet. Es war ein schöner, zarter Knabe, den man dem heiligen Gallus weihte und im Kloster zu St. Gallen sorgfälig erzog, woselbst er später auch Abt geworden ist. Er hieß Burkhard und erhielt von den Klosterbrüdern den Zunamen: der *Angeborene* (ingenitus), weil die Mutter gelobt hatte, wenn sie einen Sohn gebäre, denselben dem Kloster zu weihen. (242)

## *Ritter von Staufenberg und die schöne Melusine*

Also finden wir, das ain theurer, fürnemer ritter ußer der Ortnow, genannt herr Petter Diemringer von Staufenberg, vor vilen jaren ain solche merfainen zu weib überkomen, wiewol sie ime kain kindt geboren. Der ritter, herr Petter, hat von jugendt uf den höfen nachgewandlet, er ist zum hailigen grab zu ritter geschlagen worden, hernach hat er in Ungarn und Preußen, dergleichen in Engellandt und Frankreich, auch in teutschen und welschen landen die ritterschaft gesucht und sich allenthalben also erwisen, das sein lob und preis für andere ritter derzeit weit erschollen und übertroffen. Uf ain zeit ist er nach langem wider haim geen Staufenberg zu baiden seinen brüedern

*Melusine im Bad. Holzschnitt aus: Das Volksbuch von der schönen Melusine (Augsburg 1474)*

kommen, und unlangs do gewest, ist er an aim pfingstag mit ainem vertrawten diener in ain dorf unter dem schloß, genannt Nußbach, zur kirchen geritten. Underwegen findt er ain schöne frawen, dergleichen er seins erachtens nie gesehen haben vermaint. Er sprücht ir zu; sie erzellt im, welcher gestalt sie im in ferren landen in nöten, gleichwol seinethalben unbewist, beigestanden, in aller gefahr darvon geholfen; kompt dahin nach vilen reden und zusprechen, das sie im bewilliget, zu allen zeiten er allain ir beger, sie bei im sein, auch ehren und guets biß an jungsten tag genug zubringen und fertigen welle, iedoch mit der beschaidenhait, das er ir verhaiß, sein leben lang [1346] kain eheweib zu nemen; dann wa das beschehen, werde er am dritten tag darnach one alles felen sterben müeßen, bei dem warzaichen, das sie uf den hochzeittag in beisein menigclichs ain bloßen fueß und schenkel biß an das knie sichtbarlichen erzaigen werd. Der ritter, der ain sonder wolgefallens ab solcher schönen creatur, verhaist ir nach allem irem begern, darauf sie auch im vilmals, zu aller zeit er ir begern was, beiwonung thuet, gibt im auch gelt und guet so vil, das er mit verwundern menigclichs ein so großen stat über sein und seiner gebrüeder vermegen füeren kont. Das weret nun so lang, das ain großer hof geen Frankfuert an Main wardt ußgeschriben, und wardt auch aldo ein römischer künig erwelt. Dieweil aber dieser herr Petter Diemringer sich so ritterlichen mit allen ritterspillen zu Frankfurt erwisen, auch die dänk alle vor allen andern erworben, also das alles lob und der rum er allain erlangt, do gewann der römisch künig ain solliche gnad zu im, das er im ain schöne junkfraw, seiner basen aine, war ain geborne herzogin von Kernten, mit ainem großen heiratguet, auch irer zugehörigen landtschaft zu vermeheln anbot. Herr Peter entschuldiget sich lang, das er nit willens sich zu verheiraten; zudem erkannt er sich zu schlecht und kleinfüeg, ein solchen hochen heirat zu bewilligen, welche entschuldigung doch der römisch künig von ime nit annemen wolt, zudem au ander fürsten und herren darzu redten. Damit wardt der ritter dermaßen geengstiget, das er inen bekennen muest, wie er ain schöne fraw, die im in allen landen beiwonung thet, auch het er von ir ehr und gut, der het er verhaißen sich nit zu verheiraten, darauf stüende im auch sein leben, das er gewisslichen, da er sein versprechen nit halten, am dritten tag darnach verlieren wurde. Hiebei waren etlich bischof und priester, die hörten alle wort und wie es im biß daher ergangen; die sprachen, es were kain rechtes naturlichs weib, sonder ain böser gaist, der hett sich also, ine zu betrüegen und letzstlich umb sein leib und seel zu bringen, verstellt und ains weibs form an sich genommen, und triben das arguirn mit ime so lang, das er sich doch nach langem verwilliget, des künigs basen zu nemen, die ime der künig verlobet, auch ehrlichen von hof wider abfertigt. Es wardt baldt hernach die hochzeit geen Staufenberg ins schloß angeschlagen. Dahin pracht man die jung herzogin von Kernten uf die bestimpt zeit; so kamen auch vil grafen, herrn, ritter und knecht im zu ehren und zu gefallen, deren ainstails ire frawenzimmer und weiber mitprachten. Wie nun die hochzeit mit großer kostlichait wardt angefangen und der hochzeiter und die braut sampt der ganzen messanei ob disch saßen in frewden, einstmals, da man sich dessen am wenigisten versahe, so sicht man sichtbarlichen ein mentsch, oder wer es dann gewest, ein zarten schneweißen fueß biß an die knie durch den soler oder boden herab lassen. So baldt das der theur ritter, herr Petter, ersicht, schreit er überlaut: »Wee mir armen man, das ich hab mich und euch verderbt! dann über drei tag kan ich nit mer leben und wurd müeßen sterben.« Es liefen iren vil eilends uf den soler, aber sie konten niemands finden, vil weniger den riß oder spalt in dem estrich. Zu dem, so baldt das gespenst den fueß widerumb über sich gezogen, da konte man im sal auch nichs mehr sehen, und sprach menigclich, es were des bösen gaist geferdt und betrüegnus. Nichs destoweniger als der ritter ein geschwinden scharpfen siechtagen an ime selbs empfande, do hieß er im ain priester holen, legt sich in ain bett nider, beichtet seine sünde mit großem ernst, ließ sich darauf mit allen sacramenten versehen, und als es an dritten tag kam, auch seiner vertrawten und seinen brüedern gnadet, do starb er mit rew und andacht ganz seligclichen. (243)

## *Die Heimkehr aus dem Morgenland*

Kuno von Stein, ein Ritter aus dem Kinzigtal, war zum Kampf gegen die Ungläubigen ins heilige Land gezogen und dort in Gefangenschaft geraten. Wie er nun in einer schlaflosen Nacht der Heimat und seines Weibes gedachte, da trat ein kleines Männlein an sein Lager und versprach ihm, ihn noch vor Anbruch des Tages in seine Heimat zu bringen. Nur sollte der Ritter die ganze Nacht über wach bleiben, schliefe er aber unterwegs ein, so sollte er mit Leib und Seele dem Männlein verfallen sein. Der Ritter willigte ein, und alsbald befand er sich auf dem Rücken eines Löwen, der ihn nach Hause trug. Aber unterwegs befiel ihn der Schlaf. Doch wie er gerade am Einschlafen war, da sah er einen großen Falken über sich in der Luft. Dieser berührte ihn mit seinem Fittich, so oft er einschlafen wollte. Dies geschah zu dreien Malen. Als der Falke ihn aber zum dritten Male berührte, dämmerte schon der Morgen. Er sah bald die Zinnen seiner Burg; dort setzte ihn der Löwe ab. In demselben Augenblick lag der Pergamentstreifen, auf dem er sich dem Männlein verschrieben hatte, zerrissen vor ihm auf dem Boden; zugleich brach ein gewaltiger Sturm los, der lange um die Burg tobte. Als aber die Sonne aufging, da sah er den weißen Falken auf dem Turm seiner Burg sitzen. Zum Dank für diese Rettung nahm der Ritter den Falken in sein Wappen und nannte seine Burg Falkenstein. (244)

## *Die treuen Schwaben*

Nachdem Eberhard im Barte von Württemberg (1445–1496) von Kaiser Maximilian I. im Jahre 1495 auf dem Reichstage zu Worms mit der Herzogswürde belehnt worden war, wurde er eines Abends nebst anderen Fürsten von dem Herzoge zu Sachsen zu einem Mahle geladen. Während der Unterhaltung kam man auf die Vorzüge der verschiedenen Länder zu sprechen, wo-

*Hohentwiel am Bodensee. Kupfer aus Daniel Meisner, Politisches Schatzkästlein. 1. Buch, 8. Teil (Frankfurt 1626)*

bei ein jeder das seine nach Gebühr herausstrich. Der Sachse rühmte seine Silbergruben, der Pfalzgraf seine köstlichen Weine, der Herzog von Bayern seine schönen Städte. Herzog Eberhard hörte schweigend zu. Als er aber von Herzog Albrecht von Sachsen angesprochen wurde, doch auch etwas von seinem Lande zu rühmen, sagte er ganz bescheiden: »Ich weiß gar sehr wohl, daß eure Länder weit größer und ansehnlicher sind als meines, darüber kann und will ich nicht streiten; doch danke ich Gott für das meine und vermag wohl mit Wahrheit zu sagen, daß ich mitten im Sommer auf freiem Felde im Schoße eines jeden meiner Untertanen sicher ruhen und schlafen könnte.« Dieses Kleinod des Württembergers schien allen anwesenden Fürsten dergestalt köstlich und beneidenswert, daß sie es allen ihren gepriesenen Schätzen und Vorteilen vorzogen. (245)

## *Herzog Ulrich in der Nebelhöhle*

Als Herzog Ulrich von Württemberg seines Landes verjagt war, kam er nach langen Irrfahrten in die Gegend des Lichtenstein. Er wußte, daß der alte Schloßherr treu zu ihm hielt. Aber trotzdem wagte er nicht, am hellichten Tage in die Burg zu treten. Drum versteckte er sich den Tag über in der Nebelhöhle und kam nur des Nachts auf den Lichtenstein. Aber auch dort wußte außer dem Schloßherrn und seiner Familie niemand um den nächt-

lichen Gast als eben der treue Torwart. Auch wurde sein Name nie genannt. Wenn der Herzog abends ins Burgtor kam und Einlaß begehrte, so sagte er nur: »Der Mann ist da!« Daraufhin öffnete der Torwart.
So ging es etliche Wochen. Aber schließlich mußte der Heimatlose fürchten, auch hier aufgespürt und verraten zu werden. Darum machte er sich nächtlicherweile auf und wanderte des Nachts und schlief des Tags im Walde, bis er an den Bodensee und in die Schweiz entkam. (246)

## *Die feindlichen Brüder*

Bei Wißgoldingen liegt der Heldenberg, ihm gegenüber das Graneckle. Inzwischen liegt das enge Christental. Auf dem Heldenberg stand vor alten Zeiten eine Burg; Überbleibsel sollen noch da sein. Der vom Heldenberg hatte zwei Söhne. Um vor seinem Tode jedem eine Burg hinterlassen zu können, baute er eine Burg auf das Graneckle und verband sie mit dem Heldenberg durch eine lederne Brücke. Beide Brüder ritten darauf hin und her. Der auf dem Graneckle war böse. Bei einer Jagd um die Heldenburg kam er das Tal herunter an einem Schäferhaus und gewann eine junge Schäferin gar lieb. Kam und kam wieder, so daß es zuletzt zu einer Heirat kam. Der Brautzug auf das Graneckle sollte nächtlicherweise vor sich gehen. Der vom Heldenberg lauerte mit seinen Knappen in einer Klinge und wartete bis zum Augenblicke, da der Zug kam, überfiel Braut und Knappen seines Bruders und hob sie in seiner Burg auf. Das betrübte den Bruder gar sehr, sann alle Tage und alle Stunden auf Rache. Alle Tage stellte der drüben mit seiner Beute sich auf und neckte ihn. Einstmals sah er ihn allein drüben, wie er den Bogen spannte; er tat desgleichen, und beide Brüder fielen im selben Augenblicke getroffen nieder. (247)

## *Die zwei Brüder auf der Burg Lichtenberg*

Dem Wunnestein gegenüber, nahe bei Oberstenfeld, liegt auf dem Gipfel des Lichtenbergs die gleichnamige alte Burg Lichtenberg, um deren Besitz sich einst zwei Brüder gestritten haben sollen. Sie zogen gegeneinander ins Feld, und bei dem Sauferhofe vor der Burg kam es zur Schlacht. Da ließ der eine Bruder dem andern sagen: er werde ihn Hungers sterben lassen, wenn er ihn in seine Gewalt bekomme; worauf der andere zur Antwort gab: »Und ich werde ihn verdursten lassen!«

Der letztere siegte, nahm den Bruder gefangen, warf ihn ins Burgverließ und gab ihm, wie er gedroht hatte, nur trockenes Brot ohne alles Getränk. Der Gefangene aber stillte seinen Durst mit der Feuchtigkeit, die aus der steinernen Mauer schwitzte, so daß der Bruder nicht begreifen konnte, wodurch er so lange sein Leben erhalten mochte. Deshalb schickte er unter dem Vorwande des Nachtmahls seinen Burgpfaffen zu dem Gefangenen hinab, und der wußte durch die Drohung der Absolutionsverweigerung ihm das Geheimnis zu entlocken und hinterbrachte es seinem Herrn, worauf dieser das Gefängnis mit Brettern ausschlagen ließ.
Als nun der Eingekerkerte wirklich vor Durst starb und des Bruders Rachsucht befriedigt war, fühlte dieser Reue und heftige Gewissensbisse. Da ließ er den Burgpfaffen kommen, führte ihn auf die Zinne des Turms, warf ihn hinunter und stürzte sich selbst hinter ihm her. (248)

## *Das heimliche Gericht*

An der Straße von Überlingen nach Lippertsreute zweigt sich kurz vor letztgenanntem Ort in der Richtung gegen Salem ein Weg ab, welcher zunächst nach dem nahen Weiler Baufnang führt. In dem von beiden Straßen gebildeten Winkel, abseits von Baufnang, lag ehedem das einsame Wohnhaus des Scharfrichters; der Richtplatz mit Galgen aber war etwa eine Viertelstunde südöstlich beim jetzigen Bauerngut Berghof. Längst ist das Haus des Scharfrichters abgebrochen, statt dessen ward von den Nachkommen ein Wirtshaus näher an die Landstraße gebaut, welches zur Erinnerung an das Gewerbe der Urahnen das Schild »zum Schwert« führt. Hier wurde auch noch bis in die letzte Zeit das Richtschwert aufbewahrt und dasselbe erst kürzlich von einem Antiquitätenhändler angekauft, welcher es außer Landes brachte.
Im vorigen Jahrhundert wohnte noch im alten Hause der Scharfrichter Fidel Krieger, welcher streng und gewissenhaft seines schaurigen Amtes waltete. Nachts ward er einmal mit der Aufforderung geweckt, »sein Schwert zu nehmen und mitzukommen«. Mit verbundenen Augen ward er in eine Chaise gesetzt, die mit ihm fortfuhr, er wußte nicht, wohin. Als nach geraumer Zeit die Chaise hielt, und man ihm die Binde abnahm, befand er sich in einem großen Gemach, wo eine Anzahl Geistlicher versammelt waren. Hier ward ihm nun der Befehl gegeben, mehrere Todesurteile zu vollstrecken. Alsdann ward Krieger wieder mit verbundenen Augen in einen etwa eine Viertelstunde langen Gang geführt, an dessen Ende eine Steinplatte sich öffnete. Nach Lösung der Binde erkannte er, daß er in einem unterirdischen Gewölbe

war, vor sich 12 Mönche, die zum Tode Verurteilten. Nun vollzog er mit dem Richtschwert an sämtlichen das Todesurteil, wobei das vergossene Blut seiner Opfer ihm bis an die Knöchel reichte. Den letzten Streich konnte er kaum vollenden, denn der dem Tode Geweihte nahm, die Hände im Gebete faltend, sein Geschick mit solcher Sanftmut und Ergebung hin, daß der Scharfrichter vom tiefsten Mitleid ergriffen ward. Auf gleiche Weise, wie Krieger gekommen, ward er wieder heimgebracht, ohne jedoch erfahren zu haben, wer die Hingerichteten waren, und was sie mit dem Tode gesühnt. Auch später konnte er nie näheres erfahren; nach seinem Dafürhalten aber geschah die Verkündigung des Todesurteils im Kloster Salem und die Hinrichtung in einem der unterirdischen Gänge, deren es von Salem bis gegen Heiligenberg und andererseits bis an den Heidenlocher Weiher verschiedene gibt. Auch in Baufnang und Umgegend glaubte man das.
Nach einer anderen Mitteilung waren die Verurteilten nicht Klostergeistliche, sondern rebellische Bauern und ihre Zahl hundert, welche tags zuvor gefangengenommen und ins Kloster geschleppt, zum Tode verurteilt und in einem unterirdischen Gang enthauptet wurden bis auf den hundertsten, dem man das Leben schenkte. (249)

## *Jus primae noctis*

In der Umgegend der Stadt Wangen hatten die Ritter von dem nahen Prasberg viele Besitzungen, und auch in der Stadt selber gehörte ihnen ein großes schönes Haus am Marktplatz. Wenn nun damals ein Untertane Hochzeit hielt, so kam nach der kirchlichen Trauung ein Wagen vor die Kirche gefahren und brachte dann die Braut in das erwähnte Haus oder auf die Burg Prasberg, und sie wurde von da erst nach drei Tagen dem Bräutigam zurückgegeben. Die Wangener aber nahmen daran Ärgernis, und da sie sonst auch gegen die Ritter spänig worden, so zerstörten sie dieses Haus von Grund aus und machten es dem Erdboden gleich, worüber ihnen die Prasberger blutige Rache schworen. Da ihnen aber die Stadt zu einem offenen Angriff zu stark und mächtig war, beschlossen sie einen heimlichen Überfall, und um einen solchen zu verabreden, bestellten sie all ihre zuverlässigen Mannen und befreundeten Ritter der Umgegend auf einen Sonntag in die Kapelle zu Herfatz. Hier beratschlagten sie das Nähere und kamen überein, daß sie am kommenden Neujahrstag, wo die Wangener sich dessen sicherlich nicht versehen würden, die Stadt überfallen wollten. Diese Abmachung aber hatte ein altes Weiblein, das in der Kapelle in einem Stühlchen etwas abseits gebetet

hatte und von den Rittern unbemerkt geblieben war, mitangehört, und nachdem die Männer wieder fort waren, ging sie eilends nach Wangen und sagte alles, was sie angehört hatte, und daß sie sich vorsehen sollten.
Als nun am Neujahrstag die Prasberger mit ihren Mannen gegen Wangen herangezogen kamen, wurde ihnen von den Bürgern ein rauher Empfang zuteil. Besonders waren es die Schmiede, die mit eisernen Spießen und Stangen den Rittern arg zusetzten und greulich unter ihnen hausten, daß die Funken aus den Harnischen stoben, und wer nicht erschlagen wurde, davonfloh.
Zum Andenken an die siegreiche Zurückweisung des heimtückischen Überfalls ritt noch bis zum Beginn des 19. Jahrhunderts jedes Jahr am Neujahrstag während des Gottesdienstes ein Reiter am Stadtwall »auf der Buch« herum und schwenkte ein Fähnlein. (250)

## *Ebrachs Reichtum*

Diese Abtei war nur um ein Ei, oder, wie andere sagen, um einen Pfennig ärmer als das Hochstift Würzburg. Unter ihren Schätzen befand sich, an einer goldenen Kette hängend, das von den Schatzgräbern so gesuchte Gertrudenbüchlein, und zwar das einzige Stück, welches noch in der Welt vorhanden war. Eines Tages stritten die Äbte von Langheim und Ebrach miteinander, ob jenes oder dieses Kloster reicher sei. »Mit sieben unserer Fruchternten schütten wir euer ganzes Gotteshaus zu!« sprach der Langheimer. »Und mit sieben unserer Weinherbste mahlen wir all diese Frucht!« entgegnete der Ebracher, und brachte dadurch den andern zum Schweigen. (251)

## *Der Hauptmann Longinus*

Der Hauptmann Longinus, der Christus am Kreuz die Seite durchstach, stammte aus Zöbingen bei Ellwangen. Dieser schrieb damals den Seinigen nach Haus, es sei kürzlich in Jerusalem ein merkwürdiger Mann gekreuzigt worden; er habe auch mit dabeisein müssen. Dieser Mann habe viel Wunderbares getan, viele Kranke mit seinem bloßen Wort geheilt, auch Tote wieder lebendig gemacht. Aber mit den vornehmen Juden sei er nicht gut ausgekommen. Die haben auch nicht Ruhe gegeben, bis sie ihn aus der Welt geschafft haben. Der Brief sei richtig in Zöbingen angekommen, die Seinigen haben ihm auch Antwort gegeben und als große Neuigkeit mitgeteilt, daß der große See abgelaufen und auf diese Weise das Ries zum Erdboden geworden sei. (252)

# Ursprungs- und Erklärungssagen

## *Nicht geboren, sondern gesät*

Die Schwaben sind nicht geboren, sondern gesät, so sagt ein alter Spruch in einer Münchener Handschrift. Noch der berühmte Volksprediger Geiler von Kaysersberg ließ am Ende des 15. Jahrhunderts auf die Frage: »Warum säst du nicht zarte Schwaben?« die Antwort geben: »Das Erdreich trägt sie nicht.« Die Schwaben werden wie die Hessen blind geboren und erst am zehnten Tage sehend. (253)

## *Ursprung des Hauses Wirtemberg*

### a) Die Tochter des Österreichers

Ein Mann aus gewöhnlichem Bürgerstande hatte einst eine Liebschaft mit der Tochter des Kaisers von Östreich, und da die beiden jungen Leute keine Möglichkeit sahen, wie sie je hätten vereinigt werden können, so entflohen sie aus übergroßer Liebe zueinander und kauften sich in Schwaben ein kleines Grundstück und legten daselbst eine Wirtschaft an, von der sie lebten. Das Haus lag an einem Berge, und daher nannte man den Besitzer desselben *»den Wirt am Berg«*. Da geschah es, daß nach mehreren Jahren der Kaiser einmal auf einer Reise nach Frankfurt des Wegs daherkam und bei seiner Tochter einkehrte, ohne sie zu erkennen. Die Tochter aber erkannte ihren Vater sogleich und beredete ihren Mann, daß sie dem Kaiser sich entdecken und ihn um Gnade und Verzeihung bitten wollten. Sie hatten bereits ein junges Söhnlein miteinander gezeugt, und da es ein schöner Knabe war, nahmen sie ihn mit und stellten sich so dem Kaiser vor. Der hatte große Freude, seine Tochter wiederzufinden, und verzieh ihr gern und machte ihren Mann zum Herzog; er sollte aber zum Andenken an diese Geschichte seinen Namen: *Wirt am Berg* beibehalten. Das war der erste Anfang des jetzigen königlichen Hauses von Wirtemberg oder Württemberg. So haben die Alten oftmals erzählt. (254)

*Schloß Württemberg. Kupfer aus Daniel Meisner, Politisches Schatzkästlein. 1. Buch, 4. Teil (Frankfurt 1626)*

b) Die Tochter Barbarossas

Andre erzählen auch so: der erste Württemberger sei ein Metzger gewesen, der habe des Kaisers Barbarossa Tochter geliebt und entführt und mit ihr eine Wirtschaft am Fuße des *Rothenbergs* (wo das alte Stammschloß *Würtemberg* war) eingerichtet und sich »Wirt am Berge« genannt. Als nun einst der Kaiser des Wegs daherkam und bei dem Wirte einkehrte, bereitete die Tochter des Kaisers Lieblingsessen. Wie er das sah und kostete, rief er außer sich vor Freuden: »Wo ist denn meine Tochter?« Da gab sie sich zu erkennen, und der Kaiser verzieh ihr wie ihrem Manne und machte diesen zu einem Grafen von Wirtemberg. (255)

## *Eberhard der Greiner oder der Rauschebart*

Der unruhige Graf Eberhard von Württemberg wurde der Greiner (Zänker) oder Rauschebart genannt. Diese Namen sind ihm aus folgender Ursache geworden. Als seine Mutter, eine geborene Gräfin von Hochenberg, mit ihm ging, da greinte oder weinte er schon unter ihrem Herzen, was für eine besondere Vorbedeutung gehalten wurde, wie sich ja auch später zum Nachteil und Verderben von Land und Leuten bewährt hat. Der Name Rauschebart wurde ihm gegeben, weil er mit seinem Barte rauschte, sobald er zornig war. (256)

## *Ursprung der Welfen*

Warin war ein Graf zu Altorf und Ravensburg in Schwaben; sein Sohn hieß Isenbart und Irmentrut dessen Gemahlin. Es geschah, daß ein armes Weib unweit Altorf drei Kindlein auf einmal zur Welt brachte. Als das die Gräfin Irmentrut hörte, rief sie aus, es wäre unmöglich, daß dies Weib ohne Ehebruch drei Kinder von einem Mann haben könnte. Dies redete sie öffentlich vor Graf Isenbart, ihrem Herrn, und allem Hofgesinde und sagte auch, die Ehebrecherin verdiente nichts anders, als in einen Sack gesteckt und ertränkt zu werden.

Das nächste Jahr wurde die Gräfin selbst guter Hoffnung und gebar, als der Graf eben ausgezogen war, zwölf Kinder, lauter Knaben. Zitternd und zagend, daß man sie nun ihren eigenen Reden nach gewiß Ehebruchs zeihen würde, befahl sie der Kellnerin, elf Kinder (denn das zwölfte behielt sie) in den nächsten Bach zu tragen und zu ersäufen. Während nun die Alte diese elf unschuldigen Kinder, die sie in einem großen Becken trug, in den vorfließenden Bach, die Scherz genannt, tragen wollte, schickte es Gott, daß der Isenbart selber heimkam und die Alte fragte, was sie da trüge? Sie antwortete, es wären Welfe oder junge Hündlein. »Laß schauen«, sprach der Graf, »ob mir einige zur Zucht gefallen und ich sie gebrauchen kann!« »Ei, ihr habt Hunde genug«, sagte die Alte und weigerte sich, »ihr möchtet das Gruseln bekommen, sähet ihr einen solchen Wust von Hunden.« Allein der Graf ließ nicht ab und zwang sie, die Kinder zu zeigen. Da er nun die elf Kindlein erblickte, die, obwohl klein, doch von adliger, schöner Gestalt und Art waren, fragte er heftig, wem die Kinder gehörten. Als die alte Frau bekannte und auch sagte, weshalb sie umgebracht werden sollten, gab der Graf diese Welfen einem reichen Müller in der Nähe zur Erziehung und verbot der Alten ernstlich, ihrer Frau etwas davon zu sagen.

Sechs Jahre hernach ließ der Graf die elf adlig geputzten und gezierten Knaben in sein Schloß bringen, wo jetzt das Kloster Weingarten steht, lud seine Freundschaft zu Gast und machte sie fröhlich. Als das Mahl beendet war, ließ er die elf rot gekleideten Kinder einführen; und alle waren dem zwölften, das die Gräfin behalten hatte, an Farbe, Gliedern, Gestalt und Größe so gleich, daß man sehen konnte, wie sie von einem Vater stammen und unter einer Mutter Herzen gelegen waren.

Unterdessen stand der Graf auf und fragte seine gesamte Freundschaft feierlich, was für einen Tod ein Weib verschuldete, das elf so herrliche Knaben hätte umbringen wollen. Machtlos und ohnmächtig sank die Gräfin bei diesen Worten hin; denn das Herz sagte ihr, daß ihr Fleisch und Blut zugegen

*Die Siebenlinge*

waren. Nachdem sie wieder zu sich gebracht worden war, fiel sie dem Grafen mit Weinen zu Füßen und flehte jämmerlich um Gnade. Weil nun alle Freunde für sie baten, verzieh der Graf ihrer Einfalt und kindlichen Unschuld, aus der sie das Verbrechen begangen hatte: »Gottlob, daß die Kinder am Leben sind!«

Zum ewigen Gedächtnis der wunderbaren Geschichte begehrte und verordnete der Graf in seiner Freunde Gegenwart, daß seine Nachkommen sich fürder nicht mehr Grafen zu Altorf, sondern Welfen, und sein Stamm der Welfen Stamm heißen sollten. (257)

## *Die sieben Knaben*

Bei Mühlhausen (im O. A. Spaichingen) stand ehedem ein Schloß auf einem hohen Berge, den man jetzt den Burgrain nennt; daselbst soll seit alter Zeit eine Frau »geisten«. Die hatte nämlich sieben Knaben auf einmal geboren, und da ihr Mann gerade abwesend war und sie die vielen Kinder ihm zu verheimlichen wünschte, so übergab sie alle bis auf eins der Magd, daß sie dieselben in dem Brunnen im Tale, der noch heute der »Kindlestalbrunnen«

heißt, ersäufen sollte. Wenn sie aber von jemand befragt werde, was sie da habe, so möge sie nur antworten, sie müsse junge Hunde ersäufen.
Da geschah es, daß der Ritter, der eben von der Jagd heimkehrte, der Magd begegnete und sie fragte: was sie da im Korbe trage und wo sie hin wolle? Und als sie sagte, daß sie junge Hunde ertränken solle, so wollte der Ritter die Hündlein sehen und nötigte die Magd so lange, bis sie ihm den Korb aufmachte und ihm alsdann alles gestand. – Darauf begab sich der Ritter zurück in das Schloß, trat in das Zimmer seiner Frau und fragte: was für eine Strafe verdient doch ein Weib, das ihre eigenen Kinder ersäufen läßt? »Die verdient, sagte sie, daß man sie in Öl versiede.« »So hast du selbst dein Urteil dir gesprochen!« sagte der Mann, und ließ auch sogleich diese Strafe an seiner Frau vollziehen. (258)

## *Warum die Grafen von Bodmann alle den Namen Hans tragen*

Als im Jahr nach Christi Geburt 1307, den Abend vor St. Lamberti, auff dem uralten Berg und Schlosse Bodmann (so das Stamm-Haus ist des Hoch-Adelichen Geschlechts der Herren von Bodmann) der benachbarte Anverwandte Bodmannische Adel bey einem Gastmahl sich beysammen befande, entstunde gähling ein erschröckliches Ungewitter, und schluge hierauff der Donner in das Gast-Zimmer ein, wovon sogleich etwelche von ihnen todter, die andere aber von dem entsetzlichen Knall getäubter vor todt dahin gefallen, welche Letztere, nachdem sie sich hinwiederum erholet, und um sich zu retten, den Thüren und Stiegen zugeeilet, alles schon von dem durch den Wetter-Streich entzündeten Feuer in voller Flamme angetroffen, und mithin sich in der äussersten Gefahr des erbärmlichen Undergangs gesehen, bevoraus weilen die entsetzliche Höhe durch die Fenster sich zu salviren, ihnen auch alle Hoffnung benommen. Da nun in solchem traurigen Spectacul ihnen allen der Tod vor Augen schwebte, liesse sich die Säug-Ammel förderist das junge Herrlein, und gleichsam die letzte Hoffnung des uralten Bodmannischen Geschlechts, so vor ihr in den Wiegen lage, auff das empfindlichste zu Hertzen gehen, solchen demnach nechst Göttlicher Hülff zu retten, ergriffe sie im heftigen Grimm eilfertig aus der Küche einen Kupfernen Kessel, legte das Kind hinein, wickelte es in die Bettlein, machte das Geschirr hierauff fest zu, doch dass der Knab noch Lufft schöpfen kunte, und gienge darnach zum Fenster, schrye auff die unden-stehende Leuthe, so zwar helffen wolten, aber wegen der in Flammen stehenden Stiegen und Zugängen keineswegs vermochten, mit heller Stimme: Dass sie dieses Kind dem Schutz der Allerheiligsten Dreyfaltigkeit, und des Heyl. Johannes des Tauffers dessen Nahmen es führete, hiemit befehlen thäte. Wormit sie es hinabgeworffen, und darauff samt allen Anwesenden, und dem völligen Schloss von dem wittenden Feüer verzehret worden. Den Knaben aber hat die Hand des Allerhöchsten ohne alle Beschädigung wundersam beyn Leben erhalten, so hernach den Bodmannischen Stammen fortgepflantzet. Dahero zum ewigen Andencken sothaner merkwürdigen Begebenheit, und des Erhalters ihrer Familie, alle aus diesem uralten Geschlechte abstammende Bodmannische Descendenten entweder mit dem ersten, oder dem andern Nahmen sich hernach Johannes nennen lassen. (259)

## *Die Markgräfin im Hotzental*

Z'Gersbach, im Hotzewald zue, gits witverstreuti uralti Höf. Dört het emol e Markgröfi gern uf ihrem große Hof glebt, un a e Mühli isch derbi gsi. In guete Zite het die Markgröfi z mahle gnueg gha. Do isch aber emol e ganz schlechti Zit chu un dermit e großi Hungersnot. Kei Chorn un drum au niene meh kei Brot hets gee. Au d Markgröfi het Hunger liide müeße wie alli andere. Si het nümi gwüßt, wu si Brot herneh soll für ihri Chinder un für ihri Lüt.
E steinerni Stapfle isch zue irem Hus ufegange, do isch si in ihrer Not obedruf gstande un het grüeft, derjenig, wu ihre e Laib Brot bringe chönn, krieg vu ihre e Stuck Feld oder Wald. Do het e mänke Bur vu siim wenige Brot gnu, hets zue der Markgröfi trait un het derfür e groß Stuck Feld oder Wald vu ihre gschenkt kriegt. Erst wu si alles verschenkt gha het, sin wider besseri Zite chu. D Markgröfi isch furtgange un isch nie meh uf Gersbach chu. So sin d Gersbacher zue ihre große Höf chu, wu si hüte noh hän. (260)

## *Das Hündchen von Bretten*

### a) Der Metzger

»Dir geschieht wie dem Hündchen von Bretten!« sagen die Leute in der Rheinpfalz. Damit deuten sie auf ein Wahrzeichen des Städtleins Bretten hin, und bezeichnen mit dem Spruch den Empfang des bekannten Teufelsdankes für gehaltene Treue. Zu Bretten war ein Mann, der hatte ein treues frommes Hündchen, das hatte er mit Fleiß abgerichtet zu allerlei Dienst und Kunststück, insonderheit brauchte er es zum Fleischholen. In einem Körbchen, darin eingewickelt das Geld lag und auf einem Zettel stand, was es bringen sollte, holte es beim Metzger Wurst und Fleisch, rührte davon nie einen Bissen an, so brachte es dem Metzger viele, viele Kreuzer ins Haus. Da fügte sich's, daß der Metzger einen Gesellen bekam, der war katholisch, der Mann aber, dem das Hündlein zugehörte, war evangelisch, und sandte es auch am Freitag zum Metzger, daß es, wie gewohnt, sein Fleisch oder Wurst hole. Solches verdroß den Metzgergesellen, und er sagte: Warte, Ketzer, ich will dir den dir gehörigen Schlünker schicken, nahm das Hündlein, hackte ihm auf dem Block das geringelte Schwänzchen grausam ab und legt's in den Korb. Das arme Tier faßte den Korb, lief blutend nach Hause, stellte den Korb vor seinen Herrn, legte sich hin, winselte, streckte alle viere von sich und starb. Die ganze Stadt Bretten war entrüstet über solch ungetreue Tat, der Gesell wurde alsobald ausgewiesen und des Hündleins Bild ohne Schwanz in Stein gehauen und übers Stadttor gesetzt, darüber aber ein Kranz, den Lohn der Treue anzudeuten. Dieses ist das Wahrzeichen von Bretten, in welcher kleinen Stadt der große Philippus Melanchthon geboren wurde. (261)

### b) Die List

Bei einer Belagerung Brettens wehrte sich die Einwohnerschaft so tapfer, daß die Feinde nur noch hofften, es durch Hunger zu bezwingen. Schon litten die Belagerten Mangel, da fielen sie auf eine List und mästeten den Mops des Befehlshabers so lange, bis er ungewöhnlich fett war. Dann ließen sie ihn, nachdem sie wieder zur Übergabe aufgefordert worden, hinaus in das Lager der Feinde laufen. Als diese das fette Hündlein sahen, glaubten sie, in der Stadt seien noch Lebensmittel in Fülle, und beschlossen, die Belagerung aufzuheben. Sie hieben nun dem Mopse den Schwanz ab, warfen dann jenen über die Stadtmauer zurück und zogen davon. Zum dankbaren Andenken ließ der Stadtrat das Hündlein ohne Schwanz in Stein aushauen und das Standbild außen an der Laurentikirche in der Höhe aufstellen. Dort steht es, als Brettens Wahrzeichen, noch heute, und wenn jemand in einer Sache übel wegkömmt, pflegt man von ihm in der Gegend zu sagen: »Er kömmt davon (oder: Er wird heimgeschickt) wie das Hündlein von Bretten.« (262)

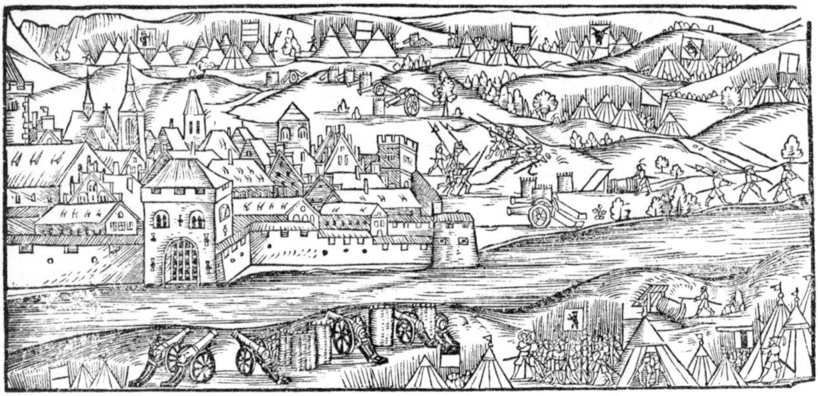

*Waldshut am Rhein. Holzschnitt aus Johannes Stumpff, Schweizer Chronik (Zürich 1548)*

## Der Stadt Waldshut Rettung

Im Jahre 1468 wurde Waldshut, das auf seiten des Erzherzogs Sigismund stand, von den Eidgenossen schwer bedrängt. Fünf Wochen, vom Maria-Magdalenen-Tag bis zum St. Ludwigstag, d. i. vom 22. Juli bis 25. August, lagen die Feinde vor der Stadt, in der wegen Mangel an Lebensmitteln bald Hungersnot und Krankheiten sich einstellten. Während in der Stadt das Elend groß war, schwelgte draußen der Feind in Saus und Braus und bahnte sich mit seinem Wurfgeschütz, durch Niederschmettern des unteren Tores, einen gewaltsamen Weg in die wegen Mangels an Kriegsmitteln fast wehrlose Stadt. Die Bürger waren von dem Wichtigsten entblößt; nur noch ein einziger Hammel und sonst kein zur Nahrung geeignetes Tier soll in der Stadt vorhanden gewesen sein. In Angst und Sorgen wartete man darum auf den nahen Sturm. Aber wo die Not am größten, da ist Gottes Hilfe am nächsten. Ohne auch nur eine letzte Anstrengung zu versuchen, zieht der Feind ab, und schon zwei Tage darauf wurde in Waldshut selbst der Friede abgeschlossen, der für die Stadt keinerlei Nachteile brachte. – Zur dankbaren Erinnerung an diese glückliche Rettung aus schwerer Not veranstaltete die Stadt eine ewige Jahrzeit zur frommen Fürbitte für die tapferen gefallenen Verteidiger, der Erinnerung an den Opfersinn der Bürger.

An diese kirchliche Feier, die Stadtkirchweihe, die nach Albbote, Beilage zum Verkündigungsblatt Nr. 67, 1852, allmählich eingegangen war, aber ums

Jahr 1852 wieder frisch gefeiert wurde, schloß sich eine weltliche an. In fröhlichem Festzug, in dem besonders der *Schützenverein* und der *Junggesellenbund* hervortraten, zieht man vor die Stadt hinaus auf den Festplatz. Dabei wird unter den Klängen des Kilbimarsches, der auch noch aus den Zeiten der Bedrängnis stammen soll, ein bekränzter Hammel im Zuge geführt, der sodann ausgespielt oder vielmehr ausgetanzt wird. (263)

## *Der geblendete Holzschnitzer*

Die schönen Schnitzbilder an den Stühlen und am Hochaltar der Kirche zu Blaubeuren rühren von Georg Sürlin aus Ulm her. Als der Meister sein Werk vollendet hatte, fragten ihn die Mönche des Benediktinerklosters: ob er wohl einen noch schöneren Altar zu machen im Stande sei? Als er dies bejahte, so stachen sie ihm aus Neid, daß er nicht anderswo einen solchen Altar verfertigen möge, die Augen aus. – Da schnitzelte er, ohne es sehen zu können, aus Holz sein eigenes Bildnis, welches sich jetzt noch an der Wand bei der Sakristeitüre befindet. (264)

## *Maria Schray*

Unweit Pfullendorf steht auf luftiger Höhe die schöne Gnadenkapelle »Maria Schray«, von der die Sage geht, sie sei von den durchziehenden Schweden im Jahr 1632 in Brand gesteckt worden. Dabei soll es sich zugetragen haben, während schon die Flammen das Innere des Kirchleins ergriffen, daß sich das Muttergottesbild plötzlich in die Luft erhob und, in Rauch und Feuer schwebend, ganz deutlich gesehen wurde. Als dann ein Schwede auf das Gnadenbild schoß, ist in den Lüften ein gellender Schrei gehört worden – woher denn auch der Wallfahrtsort seinen Namen hat.
Später ist von dem Wunder »Unserer Lieben Frau zu Schray« mancherlei erzählt worden. Nach der einen Überlieferung soll sich das Gnadenbild in die Arme zweier Bürger niedergelassen haben, die gerade aus der Stadt kamen, nach der anderen Überlieferung soll es sich in eine hohle Eiche gerettet haben, von wo es in unversehrtem Zustand wieder in das neuerbaute Kirchlein zurückgebracht worden. (265)

## *Die Schlorpengasse in Karlsruhe*

Noch im vorigen Jahrhundert trieben sich zwischen Basel und Frankfurt vierzigtausend Betteljuden, Männer, Weiber und Kinder, heimatlos umher. Bei Karlsruhe hatten sie in dem Wald südlich von der Stadt ihren Lagerplatz, wo sie häufig aus dort blühendem Holler und zusammengebetteltem Mehl und Schmalz sich Hollerküchlein bereiteten. Endlich wurde ihnen von der Karlsruher Judenschaft ein Haus in der Rüppurrertorstraße zur Herberge hergerichtet, und nun schlorpten (schlarften) sie bei Tag und Nacht hinein und heraus. Davon erhielt die Straße auch den Namen *Schlorpengasse*, welchen sie aber jetzt, wo die Herberge nicht mehr besteht, beinahe wieder verloren hat. (266)

## *Der Erlöser in der Wiege*

Im Lauratal bei Weingarten hauste einst Fräulein Laura. Sie saß im weißen Kleid, einen Bund Schlüssel am Gürtel und ein Wasserkrüglein in der Hand, auf ihrem Steinsitz. Von dort kam sie bisweilen, zumal in den heiligen Zeiten, zu einem Brünnlein im Scherzachtal, schöpfte dort Wasser und sprach dazu: »Ich muß eine Linde tränken so lange, bis der Baum groß und stark geworden. Alsdann wird aus diesem Baum eine Wiege gefertigt, in dieser wird das Kind gewiegt, das mich erlösen wird.« (267)

## *Der Eppeleinsprung*

### a) Die Roßtrappe

Eines Tages zog er aus, um das Schloß in Erkenbrechtshausen zu überfallen, das von Crailsheim abwärts gegen Kirchberg an der Jagst liegt. Aber der Freiherr Fritz Gaymann v. Crailsheim zog gegen ihn zu Feld und verjagte ihn. Nun läuft die Jagst bald unterhalb Crailsheims in einem tief eingeschnittenen Tal, oft zwischen jähen Felsen. Einer davon heißt der Beierlesstein. An diesen kam der Epple auf der Flucht vor dem Freiherrn. Was tun? Von allen Seiten gegen das Tal gedrängt, hatte er keinen andern Ausweg mehr, als sich in den Fluß zu stürzen. Nun stand er aber im Bund mit dem Teufel. Der hatte ihm ein Roß geschenkt, das sollte ihn in allen Nöten des Lebens herausreißen; dafür hatte der Epple dem Bösen seine Seele verschrieben. Das war jetzt seine einzige Hoffnung. Er rief dem Roß zu: »Appele, hopp!« gab ihm die Sporen und setzte damit über den Rand des Felsens in die Jagst hinunter. Die Wasser schlugen über ihm zusammen, aber unversehrt kam er am Ufer ans Land. Aber auf dem Felsblock in der Mitte des Flusses zeigte man noch nach Jahrhunderten die Spuren des Hufeisens, das Epples Roß beim Absprung in den Felsen gedrückt hatte. (268)

### b) Das Hufeisen

Als der Epple einmal in das Schloß des Freiherrn in Crailsheim eingebrochen war, hatte er frech sein Pferd im Schloßhof angebunden. Aber er wurde gefaßt und von des Freiherrn Knechten von Gemach zu Gemach gejagt. Mit Mühe gelangte er ins Freie und erwischte gerade noch sein Roß. Nun war das Hoftor inzwischen verschlossen worden. In seiner Not rief er: »Appele, hopp!« und sprengte damit über die Mauer des Schloßhofs. Dabei verlor sein Pferd ein Hufeisen. Das flog bei Epples Sprung auf das Dach eines Nachbarhauses. Dort blieb es fünfhundert Jahre lang liegen; erst vor vierzig Jahren wurde es von dort entfernt. Noch heute lebt in der Gegend von Crailsheim das Sprüchlein:
»Eppele Gaile von Dramaus
Reit't allzeit zu vierzehnt aus.« (269)

## *Das Votivbild an dem Schloßtor zu Sigmaringen*

Über dem Portale des Schloßtores der alten Sigmarsburg in Sigmaringen sieht man das steinerne Bild der Gottesmutter, welche den Leichnam ihres Sohnes im Schoße hält; daneben kniet ein Ritter mit entblößtem Haupte und mit zum Gebete gefalteten Händen. Es ist dies ein Sühnbild, welches sich auf folgende blutige Tat bezieht.
Auf der Sigmarsburg und dem benachbarten Heiligenberg wohnte zur Zeit des Kaisers Maximilian der Graf Felix von Werdenberg, nicht weit davon auf der über der Donau gelegenen Burg Scheer aber Graf Andreas von Sonnenberg. Beide standen hoch in des Kaisers Gunst, allein als dieser zur Hochzeitsfeier des Herzogs Ulrich von Württemberg mit der Herzogin Sabina von Bayern den Grafen Eitel-Fritz von Hohenzollern, den Grafen Sigismund von Lupfen und den Werdenberger als Gesandte abgeschickt hatte, so ergrimmte der Sonnenberger, der so schon den Werdenberger schwer beneidete, so sehr, daß, als diesem die Ehre zu Teil ward, die Braut zum Altar und

Vortanz zu führen, er laut seinen Feind seiner kleinen Gestalt wegen beim Vorübergehen verspottete, und als ihn der Werdenberger darüber nachher zur Rede stellte, sprach er: »Was willst Du Studentlein mir wohl anhaben? Legte ich Dir zwischen Deine Zähne meinen Finger, würdest Du doch nicht den Mut haben zuzubeißen!« Zwar duldete der Werdenberger für den Augenblick den bittern Hohn, allein er sann auf Rache. Der Graf von Sonnenberg hatte in Oberschwaben an der Donau ein Felsenschloß, der Bussen genannt, wohin er oft des Vogelfanges wegen zu reiten pflegte. Einst hatte der Sonnenberger sich an einem schönen Maimorgen auch dahin auf den Weg gemacht, allein der Werdenberger hatte Kunde davon erhalten. Er versteckte sich mit einigen Knappen in der Nähe der Donau, bei Hundersingen in einem Dickicht, und als der nichts ahnende Graf von Sonnenberg vorüber kam, überfiel er ihn, und ohne ihm Zeit zur Beichte zu lassen, ermordeten ihn des Werdenbergers Leute mit zwanzig Stichen. Zwar gewährte dem Mörder des Kaisers Vorliebe für ihn Straflosigkeit, zwar versuchte er durch Buße den Zorn des Himmels zu versöhnen, allein bald darauf traf ihn zu Augsburg das Strafgericht Gottes, eines Morgens fand man ihn plötzlich in seinem eigenen Blute erstickt. Da er ohne Beichte und Absolution gestorben war, hat man ihm jenes Votivbild errichtet. (270)

## *Das Häslein von Tüngental*

Der Graf von Limburg jagte einmal in der Gegend von Tüngental. Da stand ein Hase vor ihm auf, der flüchtete sich vor den Hunden in die Tüngentaler Kirche und hing sich an das Bild der Jungfrau Maria, das im Chor der Kirche stand. Daraufhin ließen die Hunde von ihm ab. Der Graf hieß den Hasen aus der Kirche hinaustragen und sagte zu ihm: »Liebes Häslein, du hast in diesem Gotteshaus Schutz gesucht, und die heilige Jungfrau hat ihn dir angedeihen lassen. So will auch ich dich deiner Freiheit nicht berauben; lauf hin in Frieden!« Sprach's und ließ das Häslein laufen. Die Tüngentaler aber ließen die Geschichte in Stein aushauen und stellten das Werk in ihrer Kirche auf. Dort steht es bis auf den heutigen Tag. (271)

## *Die S. Leonhardskette in Laupheim*

a) Die Seuche

In Laupheim herrschte einst unter den Pferden eine schwere Seuche. Schließlich hörte sie auf, als man zur Mutter Gottes, zu S. Georg und S. Leonhard betete. Zum Dank dafür ließ man aus den Hufeisen der gefallenen Pferde eine schwere, wohl fünfzig Meter lange Kette schmieden und sie um die Liebfrauenkapelle legen. Noch heute ist sie dort zu sehen; man heißt sie die S. Leonhardskette. (272)

b) Die Sühne

Andere sagen, ein Fuhrmann sei zur Strafe dafür, daß er geflucht habe, an dem Platz mit seinem Fuhrwerk steckengeblieben. Als er dann an der Liebfrauenkapelle wieder weitergekommen sei, habe er zum Dank dafür und zugleich als Sühne die Kette gestiftet. (273)

## *Der Geiger von Gmünd*

Ein armer Geiger klagte einmal vor einem Marienbilde in der Muttergotteskapelle, die zwischen Gmünd und Gotteszell hart am Wege liegt, seine Not; dann spielte er auf seiner Geige so rührend, daß das heilige Bild sich bewegte und ihm einen von seinen beiden goldenen Pantoffeln zuwarf. Als der Geiger nun aber den Pantoffel verkaufen wollte, ward er verhaftet und als Kirchenräuber zum Tode verurteilt. Er bat alsdann um die Gnade, daß er vor seinem Tode noch einmal vor dem Marienbilde spielen dürfe, was ihm auch gestattet wurde. Viel Volk hatte sich dazu versammelt. Und als er nun sein letztes Stück ausgespielt hatte, da bewegte das Gnadenbild sich abermals und warf ihm auch den andern Pantoffel hin, woraus das Volk unter großem Jubel die Unschuld des armen Geigers erkannte und ihm gern die goldenen Pantoffeln ließ. (274)

*Der Geiger von Gmünd. Holzschnitt von H. Springinklee (Nürnberg 1513)*

## *Der Ursprung der Todtmooser Wallfahrt*

### a) Die Stimme

Im Schwarzwald war vor Zeiten ein Sumpf, der wegen seiner tödlichen Ausdünstung das *Todtmoos* hieß. Später siedelten sich in den Wäldern um ihn mehrere Waldbrüder und Holzhauer an. Als einst einer der letzteren an dem Sumpf eine Tanne fällen wollte, rief aus ihr eine Stimme ihm dreimal zu: Halt ein! Er fragte, was sie wolle, worauf sie erwiderte: »Sage den Leuten, daß sie hier zu Ehren der Mutter-Gottes eine Kapelle bauen sollen.« Nachdem der Holzhauer dies ausgerichtet, untersuchte ein Priester den Baum und fand darin ein kleines hölzernes Vesperbild. Dasselbe kam auf den Altar der Kapelle, die man neben dem Tannenbaum errichtete. Bald wurde dahin gepilgert, und es geschahen bei dem Bilde viele Wunder. Gegenwärtig ist weder das Bild noch die Tanne mehr vorhanden; ersteres jedoch durch eine treue Nachbildung in lebensgroßen Gestalten ersetzt. (275)

### b) Der liebliche Gesang

Ein Einsiedler im Schwarzwald hatte öfters einen schönen Gesang gehört, ohne entdecken zu können, wo derselbe herrühre. Nachdem er hierwegen eifrig gebetet, ging er einst wieder dem Gesang nach und kam zu einer Tanne, in deren Stamm ein hölzernes Mariabild in einer Blende stand. Er verehrte es andächtig und verkündete das Geschehene in der ganzen Gegend, worauf zu dem Baume gepilgert und dabei so viel geopfert wurde, daß unweit desselben eine Kapelle errichtet werden konnte. Auf deren Altar stellte der Einsiedler verschiedene Mal das Bild, allein stets kehrte es von selbst in die Blende zurück. Da ließ er es endlich darin stehen und, als die Wallfahrten und Opfer immer zunahmen, über die Tanne eine schöne Kirche bauen, bei welcher das Dorf *Todtmoos* nach und nach entstand. (276)

### c) Der Bauplatz

Auf dem St. Antoniusberge wollte man eine kleine Kirche bauen, aber was man am Tag aufführte, ward in der Nacht durch unbekannte Gewalt wieder eingerissen. Da warf der Maurer von dort seinen Hammer in Gottes Namen in die Luft, um zu erfahren, wohin das Kirchlein kommen solle. Derselbe fiel, eine halbe Stunde davon, in einer sumpfigen Wüste, die das *Todtmoos* hieß, bei einer Tanne nieder. Auf diesen Platz beschloß man nun zu bauen, und als zu diesem Zwecke der Baum umgehauen wurde, fand sich darin ein hölzernes Mariabild. Zu dem Kirchenbau wollte man schöne Felsen in der Nähe verwenden, allein der Teufel machte sie unbrauchbar, indem er mit seinen Klauen die Ritze und Spalten hineinkratzte, welche heute noch zu sehen sind. Gleichwohl ward das Kirchlein aufgeführt und darin das Bild zur Verehrung ausgesetzt. Auf dem Antoniusberg errichtete man ein Kreuz, wobei die Pilger zu halten und zu beten pflegen. (277)

## *Regiswindis von Lauffen*

Beim Städtchen Lauffen bricht der Neckar durch einen Felsen und bildet dabei einen Strudel. Den haben die Schiffer in früherer Zeit gemieden, so gut sie konnten, ihm auch manches Opfer gebracht, damit er ihren Kahn nicht verschlinge. Manche sagen, man habe einst die Wetterglocke vom Wunnenstein darin versenkt, seitdem sei der Strudel nicht mehr so wild.
Auf dem Felsen am rechten Ufer des Flusses stehen die Trümmer der alten Kaiserpfalz Lauffen. Dort hauste einst Pfalzgraf Ernst. Der hatte ein einziges Kind, das hieß Regiswindis, die Freude ihrer Eltern. Es wuchs unter den Augen einer Wärterin heran. Nun hatte die Wärterin einen Bruder, der war des Pfalzgrafen Roßknecht; da er aber seines Dienstes nicht in allewege treulich waltete, ließ ihn der Graf einst mit Ruten streichen. Darüber erbost, schwur die Schwester ihrem Herrn Rache.
Als bald darauf der Pfalzgraf mit seinem ganzen Hof auf der Jagd war, nahm die Wärterin das Kind, erwürgte es mit dem goldenen Kettlein, das es am Halse trug, und stieß es dann vom Burgfelsen in den Strudel hinab. Als sie gesehen, welch grausige Tat sie getan, da wurde sie wie wahnsinnig; denn im Grunde hatte auch sie Regiswindis von Herzen liebgehabt. In Verzweiflung lief sie auf die andere Seite des Flusses, um sich von dort aus in den Fluß zu stürzen. Allein der Pfalzgraf, der eben von der Jagd zurückkam, ließ sie ergreifen und zur Strafe an der Stelle ihrer Untat in den Burgfelsen einmauern.
Nach drei Tagen erst gab der Strudel Regiswindis' Leiche zurück. Friedlich war der Ausdruck ihres Gesichts, ihre Ärmchen hatte sie kreuzweise über der Brust gefaltet, und ein Kränzlein von Rosen war ihr ins goldne Haar geflochten.
Als der Bischof von Würzburg davon erfuhr, da war er von dem Gefühl durchdrungen, daß das Kind selig verstorben und eine junge Heilige sei.

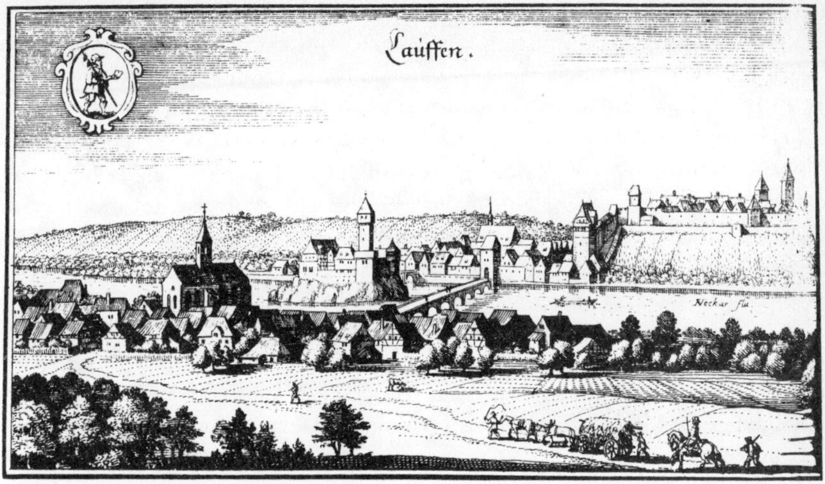


*Lauffen am Neckar. Kupfer aus der Topographia Suebiae von Mathaeus Merian (Frankfurt 1643)*

Darum riet er dem Pfalzgrafen, auf dem steilen Ufer des Neckar gegenüber seiner Burg der heiligen Regiswindis eine Kapelle zu erbauen und sie dort zu bestatten. Das tat der Pfalzgraf. Aus ihrem Grab wuchs von selbst ein wilder Rosenstrauch, und so oft der Vater Kapelle und Grab besuchte, dufteten die Rosen noch einmal so fein als sonst. (278)

## *Der Schäferbarthel von Markgröningen*

Über den Grafen Eberhard den Erlauchten von Wirtemberg hatte Kaiser Heinrich, der siebente des Namens, im Jahr 1310 nach des Herrn Geburt die Reichsacht ausgesprochen. Das Jahr hernach zog ein heller Heerhaufen Kaiserlicher, darunter ein starkes Aufgebot der Reichsstädte in Schwaben, in des Grafen Land, ihnen voran Graf Conradt von Weinberg. Diese nahmen dem Wirtemberger schier alle seine festen Schlösser, auch die Burg seiner Väter auf dem Rotenberg. Nur Hohenwittlingen, Seeburg und Hohenurach hielten noch stand, und am andern Ende der Grafschaft der Asperg. Diesem ritt Eberhard traurigen Mutes mit etlich wenigen Getreuen zu. Am Osterholz neben Eglosheim holten sie einen jungen Gesellen ein, der hinkte an einem Fuß. Der grüßte den Grafen ehrerbietig, worauf ihm dieser antwortete: »Gesell, dich sollt ich kennen.« Antwortet darauf der andere: »Mag wohl sein, hab ich doch den Staufenecker vom Pferd gestoßen, der im Treffen am Rotenberg erproben wollte, wie fest Euch der Helm sitze. Aber mich haben die Schelmen übel dafür zugerichtet, daß ich ihnen kaum entgangen bin.« Da lächelte der Graf und sprach: »Du werter Kampfgesell, daß ich dich hier in diesem Augenblick seh, ist mir viel wert. Helf Gott, daß bessere Zeiten kommen, so will ich dein auch nicht vergessen.«

Damit kam der Graf mit den Seinigen auf die Veste Asperg. Aber als er am andern Morgen mit dem Burgvogt nach den Mauern und Wällen sah, da gefielen sie ihm übel, also daß er beschloß, von dannen zu ziehen und Stadt und Burg seinen Feinden zu lassen. Am Abend machte er sich darum gen Besigheim auf. Dort sollte ihm sein Vetter, der Markgraf Rudolf von Baden, Schutz gewähren. »Wie lang brauchen wir, bis wir drunten sind?« fragte der Graf einen seiner Knechte, wie sie so in der Dämmerung hinritten. »Stark drei Stunden«, antwortete dieser. In demselben Augenblick huschte etwas durch das Gebüsch, das neben dem Weg hinlief. »Was war das?« fragte der Graf. »Wird ein Rehlein gewesen sein«, entgegnete der Knecht, »die haben ihren Wechsel hier.« Und schweigend ritt der Zug weiter, bis sie zum Städtlein kamen und freundlich empfangen wurden.

In derselben Nacht wachte im Torturm des unteren Tores im Städtlein Asperg eine hübsche Dirne, Margret mit Namen. Neben ihr schnarchte ihr Vater, der alte Torwart. Plötzlich – ein Pfiff! – Ja, das ist er! ... Sie eilte die Treppe hinab. Da stand vor ihr ihr Liebster, Barthel, am Fuß schwer verwundet. Aber sie hatte ihn wenigstens wieder. Und wie sie beieinander saßen auf dem Bänklein vor dem Tor, da wußte er nicht genug zu erzählen, wie er dem Grafen im Treffen das Leben gerettet und wie er ihn gestern habe dem Asperg zureiten sehen mit seinen wenigen Getreuen, wie ihn da der Graf freundlich angeredet und ihm versprochen, seiner zu gedenken, wenn einmal bessere Zeiten kommen. »Also, getrost! Dann wird wohl dein Vater nichts mehr gegen mich haben können, wenn wir in des Grafen Gnade stehen. – Und diese Nacht, wie ich eben zu dir will, hab ich gehört, wie er mit den Seinen Besigheim zugeritten ist, um dort Unterschlupf zu suchen, und – ich will ihm helfen, die Veste Asperg wiederzugewinnen, wenn du den Mund halten kannst und mithelfen willst.« »Gleich zeig ich dir, ob ich's kann und ob ich will«, erwiderte Margrete.

Und sie erzählte ihm, wie sie von ihrem Ähni oft habe sagen hören, daß von der Veste bis nach Markgröningen ein unterirdischer Gang führe. Fröhlich

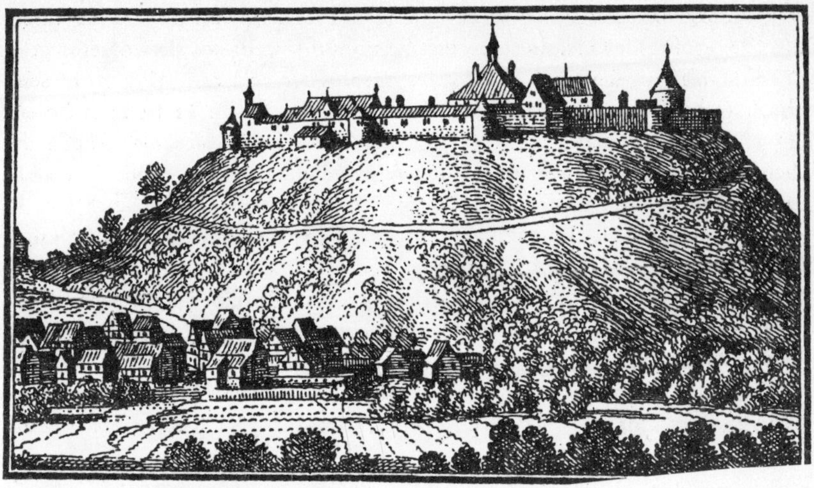

*Hohenasperg. Kupferstich um 1650*

zog Barthel von dannen und geradewegs nach Markgröningen. Inzwischen war Graf Konrad von Weinsberg vor die Veste gezogen und hatte sie zu belagern begonnen. Da erkundete der Schäfer von den Markgröningern, wo der Gang ausmünde, der auf den Asperg führe. Er fand ihn auch, aber er war verschüttet. Gleich fing er an zu graben und grub unermüdlich, bis er auf eine eiserne Platte stieß. Die hob er und, als er sie aufdeckte, da merkte er, daß unter ihr eine Wendeltreppe kam, die in einen weiten Gang führte. Behutsam deckte er die Platte wieder darauf und warf Schutt darüber.

Den andern Tag machte sich Barthel auf nach Besigheim und begehrte Einlaß beim Grafen. »Es ist kein Graf von Wirtemberg da!« gab man ihm zur Antwort. »Das muß ich wissen! Hab ich's doch aus seinem eigenen Munde. Saget nur dem Grafen, der Schäfer Barthel sei da, mit dem er am Osterholz unter Asperg so freundlich gesprochen.« Da wurde er vor den Grafen gelassen. Dem sagte der Barthel von dem verfallenen Gang. Der Graf zog seinen Ring vom Finger, gab ihn dem Schäfer und sagte zu ihm: »Geh hin nach der Veste zu meinem Burgvogt und meld ihm von meinem Aufenthalt! Und wenn er dir nicht glaubt, so zeig ihm diesen Ring.« Der Schäfer tat nach des Grafen Befehl und kam unter viel Beschwerden durch den Gang ins Innere der Veste. Dem Burgvogt meldete er des Grafen Auftrag. Auch konnte er Margret wiedersehen, seine Liebste. Und manchesmal ging er jetzt ab und zu, bald allein, bald mit manchem wackeren Gesellen und mancher Ladung Brot

und Wein für die droben. Auch mischte er sich zuweilen unter die, die vor der Veste lagerten, und brachte manches von ihrem Vorhaben dem Burgvogt zu Ohren. Und als der Feind den ersten Sturm wagte, da fand er alles fein auf seinem Posten und mußte mit blutigen Köpfen wieder abziehen. Wie aber das kleine Häuflein auf der Veste endlich der Übermacht weichen mußte, zeigte ihnen Barthel durch den Gang den Weg ins Freie, also daß alles wohlbehalten nach Markgröningen entkam und der Feind das Nest leer fand.
Nach etlichen Jahren kehrte der Graf wieder in sein Land. Zum Lohn für seine Dienste setzte er den Schäferbarthel zum Meister über die Schäferzunft zu Markgröningen und gab die Bestimmung, daß alljährlich an seinem Namenstag ein Fest zu seinen und der löblichen Markgröninger Schäferzunft Ehren gefeiert werde. Dies geschieht bis auf den heutigen Tag. Man heißt das Fest gemeinhin den Markgröninger Schäferlauf. (279)

## *Murrmaunk von Geiselwind*

Im dreißigjährigen Kriege kam ein Haufen Schweden nach Geiselwind im Schlüsselfelder Grunde und fing an zu plündern, zu verheeren und zu morden. Der Hauptmann begab sich ins Wirtshaus und wollte eine Wurst verzehren, aber, als er eben sie zum Mund führte, sprang ihm eine schwarze Katze auf die Achsel und langte mit ihrer Pfote nach der Wurst. Hierüber erschrak der Schwede, indem er die Katze für eine Hexe hielt, und zog mit seinen Leuten augenblicklich ab. So wurde durch die Katze das halbe Dorf gerettet. Zum Dank hierfür bildete man, an der Gartenmauer des Wirtshauses, die Katze ab, wie sie von des Hauptmanns Schulter nach der Wurst langt, und so ist sie daselbst noch heute zu sehen. (280)

## *Die Entstehung der Kinderzeche in Dinkelsbühl*

Zu derselben Zeit lagen die Schweden unter dem Obersten Sperreuther vor der Stadt Dinkelsbühl und bedrängten sie hart. Verschiedentlich hatte sie der Oberst schon zur Übergabe aufgefordert und hatte das letztemal durch seinen Abgesandten dem Rat der Stadt sagen lassen: »Es ist doch umsonst, daß ihr euch wehrt; Engel müßten vom Himmel niedersteigen und euch helfen, sollte Dinkelsbühl gerettet werden.«

*Der Teufel mit der Kuhhaut in der Kirche, Fresko, 14. Jahrhundert, Insel Reichenau*

Das hörte des Türmers Lorle und kam auf einen guten Gedanken. Sie hatte die Kinder der Stadt lieb, und oft saß ein Häuflein bei ihr in der Turmstube und freute sich an der schönen Aussicht dort oben und an den schönen Geschichten, die das Lorle erzählen konnte. So ging sie vor den Rat, wie er eben beschloß, die Stadt dem Feind zu übergeben und sagte: »Hat der Schwede gesprochen, es müßten Engel vom Himmel steigen, wenn Dinkelsbühl geholfen werden sollte, so sage ich, daß die Engel schon nach Dinkelsbühl heruntergestiegen sind und daß in jedem Haus einer oder etliche aus und ein gehen. Ich will eure Kinder um mich sammeln und dem Schweden entgegenziehen, ob er sich der Kinder und unser nicht erbarme.«

Sprach's, versammelte die Kinder der Stadt und zog mit ihnen dem Tor entgegen, zu dem eben der Oberst Sperreuther mit seinen Schweden hereingezogen kam; denn der Rat hatte ihm inzwischen die Schlüssel der Stadt übergeben. Das Kleinste aber führte das Lorle selber dem Zug voraus an der Hand, damit es sich vor den Schweden nicht fürchte. Als der Oberst des Kindes ansichtig wurde, vermeinte er, sein eigen Söhnlein zu sehen, das erst kürzlich verstorben war, wie ihm seine Frau ins Feldlager geschrieben. Da wurde

sein Herz von dem Anblick gerührt; er erhörte des Lorles Bitte um Gnade und Verschonung der Stadt und zog mit seinem Heer alsbald ab.
Alljährlich aber feiert man zur Erinnerung daran zu Dinkelsbühl ein Fest, das man die Kinderzeche heißt, bis auf den heutigen Tag. (281)

## *Es geht auf keine Kuhhaut*

Wir hören in St. Martins Lebensbeschreibung, daß er einmal die Messe las, und als er bei dem stillen Teil der Messe war, da half ihm St. Briccius zu der Messe singen. Und wie er da stand, da sah er den Teufel, der saß hinter dem Altar und schrieb auf einer breiten Kuhhaut (Pergament) die sündigen Gespräche der Leute auf, die sie in der Kirche führten. Und da ihm das Pergament nicht ausreichte, und weil er nicht mehr darauf schreiben konnte, da nahm der Teufel die eine Seite der Haut in die Klauen, die andere Seite in das Maul, und wollte sie auseinanderzerren, daß er mehr Platz zum Schreiben darauf hätte. Da rutschte ihm die Haut aus den Zähnen, und er schlug mit dem Schädel an den Altar, so daß er sein Gesicht zu einer Grimasse verzog. Als dies der heilige Briccius sah, mußte er lachen. (282)

# Schwanksagen und Ortsneckereien

## *Der Ochs am Bodensee*

In Oberschwaben fütterten die Bauern ehedem ihre Ochsen dergestalt, daß sie eine ungeheure Größe erreichten. Da behagte es einmal einem solchen Ochsen nicht mehr in seinem Stalle; er brach aus und lief fort, bis er an den Bodensee kam. Da stutzte er eine Weile, besann sich aber nicht lange, sondern spazierte in das Wasser hinein und nahm bei jedem Schritt einen Schluck zu sich, und das ging so fort, bis er durch den ganzen See hindurchgegangen war und er auf der andern Seite am Schweizerufer wieder herauskam. Da hatte er so nebenbei im Gehen den ganzen See ausgetrunken. Nun dachte der Ochs, er wolle sich doch auch die Schweiz ein wenig ansehen, und ging hinein. Wie er nun einmal still stand und sich die fernen Berge ansah, kam ein mächtiger Vogel und setzte sich auf das eine Horn des Ochsen. Nach einer Weile schüttelte der Ochs ganz ruhig nur ein wenig seinen Kopf, worauf der Adler fortflog und sich auf das andere Horn setzen wollte. Bis er dies aber erreichte,

*Lindau am Bodensee. Kupfer aus Daniel Meisner, Politisches Schatzkästlein. 1. Buch, 2. Teil (Frankfurt 1625)*

brauchte er nicht weniger als zwei volle Stunden. Da kann man sich wohl denken, was das für ein großer Ochs gewesen sein muß. (283)

## *Die Eisschreiber*

Als in einem kalten Winter der Bodensee zugefroren war, schrieben die Konstanzer dies Ereignis, um es der Nachwelt kundzutun, in die Eisdecke des Sees ein, die mit dem kommenden Frühjahr wieder zu Wasser wurde. (284)

## *Das gestörte Bankett auf der Konstanzer Junkerstube*

Die ritterschaft s. Jörgen schilts im Hegew hielt uf ain zeit ain große fasnacht zu Costanz, darzu ward der alt herr Gottfridt auch als ain Hegawer von wegen der güeter, die er in der Höre und dem Hegaw ligen het, berüeft. Der kam nur und wardt das banket uf der Katzen (ist der junkern stuben daselbs) ganz cöstlichen gehalten; deren von Costanz fürnembste burger und ire weiber und döchtern warden darzu geladen. Begab sich, das under andern fra-

*Konstanz. Kupfer aus Daniel Meisner, Politisches Schatzkästlein. 1. Buch, 2. Teil (Frankfurt 1625)*

wen und junkfrawen ainer under dem nachtessen etwas unversehenlichen von nöten wardt. Nun war domals der brauch, das man an langen, schmalen taffeln aß, wie in den clöstern noch gemainclich der bruch, und beschach der gueten junkfrawen, die allernechst bei herrn Gottfriden saß, so bang und so wehe, das sie lenger nit verziehen, sonder hünder der taffel uf wüschte, den langen schwanz an irem rock, wie domals der sitt was, umb den ainen arm wiklet, über die taffel, darzu ir dann die nechstgesessnen alle verholfen waren, steigen mueste. Es konnte aber so geschwindt nit zugeen, der gueten junkfrawen empfiel ain michels kegele uf den disch, nit weit von herr Gottfriden. Aber sie fuor darvon, [386] ir macht iederman platz. Herr Gottfridt schrie ir nach: »Botz mag! jungfraw, nemts mit!« Darvon entstuendte ain sollichs gelechter, und mueste man ain frischen disch machen. (285)

## *Der deutsche Bauer*

Ich wurde einsmahls mit einer Parthey von der Götzischen Armee, die damahl zur Newstatt uff dem Schwarzwald lag / in die Schwabenheit commandirt, da krigten wir einen Bauren der uns den Weeg am Bodensee weisen muste; diesen fragten wir per Spaß ob er Schwedisch oder Kayserisch seye? Er aber gedachte sagstu Kayserisch / so geben sich diese vor Schwedisch auß und Raumen dir den Buckel ab; sagstu aber Schwedisch so widerfahret dirs abermahl; Antworttet derowegen er wisse es nicht; Schelm / sagt ein Reuter zu ihm (dann damahls waren wenig redlich Leuth / weil die Soldaten die Bauren Schelmen nennten daß sie es höreten / und hingegen die Bauern die Soldaten Dieb schalten wann sie es nicht höreten) du wirst ja wissen wem du zugehörest? Nein ihr Herrn / antworttet der Bauer / diß ist ohne Gefahr nicht zu sagen / ich seye dann uff meinen Mist; darauff sagte der Officier / wann du mir die Warheit bekennest / und sagst wie es dir umbs Herz ist / so will ich dich wider gleich deines Weegs lauffen lassen / wo nicht / so mustu im Bodensee / neben welchem wir eben vorbey ritten / ohn alle Barmherzigkeit ersauffen; der Baur antworttet / ich hab mein Lebtag gehört ein ehrlicher vom Adel wie ich euch vor einen ansehe / halte sein Wort / darumb will ich eben so mehr uff solche Paloren die Warheit sagen (wann ich deren nur versichert bin) und lebendig davon kommen / als stillschweigen oder gar ligen im See versauffen; Ein Schelm ist der sein Wort nicht halt / antworttet der Officier; Da sagt der Baur es bleibt darbey / was aber meine afexion anbelangt / so wolte ich wünschen die Kayserischen Soldaten wären eine Milchsup so groß als diser See / und die Schwedische wären die Brocken drein / alsdann möchte der Teuffel sie mit einander außfressen; daß gab bey uns ein Gelächter und dem Bauren wider die Freyheit. (286)

## *Das Bild am Schwabentor zu Freiburg*

Dieses Gemälde zeigt einen schwäbischen Landmann bei einem vierspännigen Wagen, der mit zwei Fässern beladen ist, und neben dem eine Katze läuft. Über die Begebenheit, welche das Bild darstellt, bestehen folgende abweichende Erzählungen.

### a) Die Hexe

Ein Mann aus Schwaben führte zwei Fässer voll Gold, das zum Münsterbau in Freiburg bestimmt war, dahin; aber als er sie öffnete, waren sie mit Kieselsteinen gefüllt. Durch eifriges Nachforschen brachte er heraus, daß seine Frau (welche durch die Katze vorgestellt wird) eine Hexe sei und die Verwandlung vorgenommen habe, jedoch der Zauber gehoben werde, wenn er dessen Urheberin in Stücke haue. Ohne Bedenken tat er nun dies, und sogleich war, statt der Kiesel, wieder das Gold da. (287)

### b) Der reiche Bauer

Ein reicher Schwabenbauer hörte von der Schönheit Freiburgs und beschloß, es sich zu kaufen. Zu dem Ende lud er sein Geld in zwei Fässer, fuhr damit nach Freiburg und fragte: »Was kostet das Städtlein?« Daß es tausendmal mehr wert sei als sein Geld, setzte ihn in große Verwunderung, worüber ihn die Freiburger tüchtig auslachten und noch mehr verspotteten, als die Fässer geöffnet wurden, und darin, statt Geld, *Sand* zum Vorschein kam. Die Frau des Bauers hatte nämlich das Geld heimlich aus den Fässern geleert, dafür den Sand hineingefüllt, und hierdurch den Beweis geliefert, daß in Schwaben auch gescheite Leute zu finden seien. (288)

## *Der Ulmer Spatz*

Als die Ulmer ihr Münster bauten, sollten sie einstmals einen langen Balken durch eine schmale Türe der Kirche, die in den Grundmauern stand, ins Innere schaffen. Und wiewohl sie es immer wieder und wieder versuchten: die Türöffnung war zu schmal und der Balken zu breit. Mutlos wollten sie schon die Arbeit aufgeben, und der Balken hätte doch so notwendig hineingeschafft werden sollen. Doch was sollte man anfangen? Der ganze Bau wollte ins Stocken kommen.

Da sah ein biederer Geselle auf und bemerkte einen Spatzen, der mit einem Hälmlein im Schnabel durch eine schmale Luke am fertigen Bau ins Innere flog, und zwar nicht den breiten Weg, sondern den langen. Voll Freude darüber nahmen sie den Balken wieder zur Hand, der ihnen zuvor soviel Kopfzerbrechen gemacht hatte, und fuhren mit ihm den nämlichen Weg durch die Kirchentür wie der Spatz mit seinem Hälmlein.

Und wie das Münster fertig war, setzten die Ulmer als bleibendes Denkmal der Dankbarkeit einen goldnen Riesenspatzen mit einem goldenen Hälmlein im Schnabel auf das Dach des Münsters; nicht zu vergessen, daß man zur Erinnerung an diese Geschichte die Ulmer im ganzen Schwabenland Spatzen heißt bis auf den heutigen Tag. (289)

## *Die Weiber von Weinsberg*

Im Jahre 1140 belagerte der Hohenstaufe Konrad II. die Feste Weinsberg, die dem Herzog Welf von Bayern gehörte. Dieser zog zwar zum Entsatze heran, wurde aber schwer geschlagen, und die Feste fiel in Konrads Hände. Dabei hatte er den Weibern aus königlicher Milde die Erlaubnis erteilt, daß eine jede mitnehmen dürfte, was sie auf ihrer Schulter tragen könnte. Die Frauen dachten mehr an die Treue, die sie ihren Männern schuldig waren, als an die Rettung ihrer Habe. Eine jede ließ die wertvollen Dinge fahren, nahm ihren Mann auf die Schultern und trug ihn von der Burgfeste herab. Als nun der junge Herzog Friedrich, der Neffe des Königs, Einsprache gegen das Tun der Weiber erhob, weil eine solche Tat nicht die Meinung des Vertrages gewesen wäre und deshalb nicht zugelassen werden dürfte, lächelte der König über den listigen Anschlag der Weiber und erklärte zu ihren Gunsten, daß ein Königswort unwandelbar bleiben müsse. Seitdem wurde die Weinsberger Burg die Weibertreue genannt. (290)

*Hohenstaufen und Rechberg. Stahlstich von E. Grünewald, aus Gustav Schwab, Wanderungen durch Schwaben (Leipzig 1840)*

## *Die Weiber von Schorndorf*

Auch vor die Stadt Schorndorf unweit Waiblingen legte sich der General Melac, und es stieg die Not bei den Bürgern so hoch, daß der Rat sich versammelte und beriet, was zu tun sei, die meisten der Ratsherren auch der Ansicht waren, man müsse die Stadt übergeben.

Nun war die Frau Bürgermeisterin, Anna Barbara Walch, geborene Künkelin, ein beherztes Weib. Die ahnte, daß auch ihrem Eheliebsten das Herz in die Hosen gefallen sei, versteckte sich daher im Ofenloch, solange die Herren ratschlagten, und horchte, wo es hinaus wollte. Wie sie aber vernahm, daß es an dem war, daß der Rat beschloß, die Feinde einzulassen, kroch sie aus ihrem Ofenloch hervor, lief die Rathaustreppe hinunter und versammelte die

*Auszug der Frauen aus Weinsberg. Kupfer um 1860*

Weiber der Stadt vor dem Rathaus. Mit diesen zog sie in die Stube, da man zu Rat saß, und tat den Ratsherren kund, daß sie den wohlweisen Rat nicht aus der Stube gehen lassen werden, bis er beschlossen habe, die Stadt den Franzosen nicht auszuliefern.

So geschah es denn auch, und die Bürgerschaft auf den Mauern wehrte sich dem Beschluß des Rats zufolge also weidlich, daß der Feind abzog und die Stadt dergestalt erledigt wurde. (291)

*Hornberg. Kupfer aus der Topographia Suebiae von Mathaeus Merian (Frankfurt 1643)*

## *Das Hornberger Schießen*

Einstens als die Hornberger noch gut schwäbisch waren, sagte der Herzog einmal seinen Besuch an. Das gab eine nette Aufregung im Städtchen, und alles bereitete sich vor, den Landesvater würdig zu empfangen. Vor allem aber wurde ein Faß Pulver gekauft und die alten Kanonen aus Vätertagen auf den Schloßberg geschleppt, damit sie mit donnerndem Gruß den Fürsten empfingen. Als der große Tag anbrach, war schon seit dem frühen Morgen alles in Bewegung. In der hellen Morgensonne blinkten die blanken Bronzerohre, und die Schützengilde stand dabei und wartete auf den großen Augenblick. Sorgsam hatten die Feuerwerker das Pulver eingefüllt und ordentlich Papier nachgestopft, die glimmende Lunte war auch parat, aber es zeigte und zeigte sich nichts im Tal. Die Sonne stieg höher und höher, zu der brennenden Ungeduld kam der noch brennendere Durst, aber da gab's kein Weichen und Wanken, galt es doch den Herzog würdig zu empfangen, und nachher, ha, da wollte man sich schon gütlich tun in den kühlen Schenken. Endlich war die schwere Arbeit getan, das letzte Pulver verschossen und der Wagenzug drunten ins Städtchen eingerückt. Stolz zogen sie hinab im freudigen Gefühl der erfüllten Pflicht. Doch, o weh, der Herzog hatte nur sein Gefolge vorausgeschickt, er selbst rückte einige Zeit später sang- und klanglos in Hornberg ein. Drum sagt man seit jener Zeit, wenn eine mit viel Lärm angekündigte Unternehmung leer ausgeht: »Das geht aus wie's Hornberger Schießen.« (292)

## *Das Osterspiel zu Kreien-Heinstetten*

Bei zeiten, als Wolf von Bubenhofen das schloß Falkenstain sampt obgehörter seiner zugehördt noch ingehabt, hat er ain pfarrer daselbst gehapt, genannt herr Melcher Leichtenhendle, ist ain wunderbarlicher pfaff gewesen. Von dem sagen noch die alten, wie er uf ain zeit zu Hainstetten ain osterspill hab halten wollen und die historiam des palmtags, wie der herr Christus uf aim esel zu Jherusalem ingeritten, spilen, und namlich so hab er sein mesner uf ain mülleresel gesetzt, im ain langen rock angelegt; dem seien zwelf bauren nachgefolgt, wie die zwelf jünger; er aber, der pfaff, seie bei der kirchen mit den überigen bauren, auch jungen und alten gestanden, hab in mit dem gewonnlichen gesang entpfangen. Do hab ainer under dem haufen, der dem mesner sonst feindt gewesen, ain palmenast dem mesner uf ain aug geschosen, dardurch der mesner erzürnt, ab dem esel gefallen, darvon geloffen und gesagt, der teufel solle iren Hergot sein. (293)

## *Junker Gremlich spielt den heiligen Nikolaus*

Er hett uf ein zeit seinen pfarrer an s. Niclaus tag hören predigen die legendt desselbigen hailigen und wie er drei schöner, erwachsnen döchtern erledigt und verhüet, das sie nit zu schanden oder sünden kemen, sonder das sie in ehlichen stat kommen. Darab hett er auch sollichs wolgefallen, das er sich entlichen entschloß, er wellt auch ainmal s. Niclaus sein und in seinem dorf under den paurendöchtern umbher terminirn und sein liberalitett erzaigen. Damit er sich nun zuvor uf der ban beritte und sich versuchte, wie es im wellte ansteen, do legt er an sant Niclaus abendt ain alb an und ain dalmatik darüber; so hett er im vorhin ain gemalten bischofhuet und ain stab hierzu machen lassen. In solchem must im der messner beholfen sein und sein rüttmaister sein. War der mainung, er wellte uf der kirchen sich probieren; do hett es underm dach ain weite, große lauben, war ain kornschütte, die mogten die pauren im dorf brauchen und ire früchten dahin schitten und behalten.

Nun hetten aber die pauren desselbigen aubents etliche seck mit korn in die kirchen gepracht, die wolten sie uf die schüten hinauf gezogen haben; als sie aber vernamen, [483] das iren junker was gefert wolt selbigs aubends uf der lauben anrichten, do ließen sie die früchten in secken hieniden in der kirchen lige und vergaßen aber darbei, das sie das loch oben in der büne under dem zug nit wider zuthetten, ließens also ofen steen und die seck in der kirchen. Gegen aubents kompt der junker mit seinem messner und ainem bueben, geet uf die lauben; da legt man ine an in cappis et cotis, wardt aber in dem fahl übersehen, daz er vom messner nit gewarnet, sonder das zugloch noch offen stunde; villeucht hat ers auch nit gewist, oder het gern gesehen, das sie des narren weren abkommen. Also, wie sich der junker probiert und sant Niclausen simuliert, sicht er nit wol für sich, zudem auch der aubent anfieng und etwas dunkel war; derhalben trifft er das offen loch am zug und felt sampt der infel und dem stab in die kirchen hinab uf die seck. Die halfen im mit dem leben darvon.

Der messner und der bueb liefen die stieg hinab, aber der junker war vor inen in der kirchen. Der clagt sich des fahls gar übel, wiewol im nichs geschehen, allain der bischofstab, den hett er entzwei gefallen, aber dem bischofhuet manglt nichs; so stand es auch noch wol mit der kappen, daran die langen oren. Gleich ward ain groß zulaufen in die kirchen von bauren und allerhandt sorten volks. Also, do dem s. Niclausen nichts sonst braste, do füerten die bauren iren s. Niclausen wider heim ins schloß, und het die comedia ain ort. Hernach wolt er nit mehr s. Niclaus sein, het der santweis genug, dieweil ime das hailigenwesen im anfang so übel war geratten. Aber seine pauren hetten mit iren secken den junker erhalten, darumb ist der harnisch guet, sonderlich an dem ort, do man sein am bästen bedarf. In den kunkelstuben do hat er vils geferts gehapt. Er it unverheirat gestorben, und ein die güeter an sein brueder Wolfen kommen, der waist die seins gefallens wol zu gebrauchen. (294)

## *Das menschenfressende Kalb*

In der Triberger Gegend, bi de Fuchsfall, do isch emol frier Ainer ame Galge ghängt, a Hamberli. Der Galge steht hit noch.

Jetzt kunnt do an ondere Hamberli dezue, s'isch scho am Graue gsi.

No hetr halt der Kärle ogschaut, wo'er so do ghängt het. D'r Wind het'n so do hin und herbombelt.

Jetzt het'r gsähne, dass'er a paar scheni neue Schu ohet, un er het so a paar oghet, wo'er d'Fuesszeh vor nus schtreckt het. No het'er welle dem die Schu rusziige. No het'er zu'em gsait: »Due brchsch die Schuh jo doch nimmi un i kann sie so notwendig bruche!« Un het halt so mit'em geschwätzt.
No het'r'em die Schuh welle runterziige, do sin sie halt nit runtergonge. Der Kärli isch halt gschiif und gfrore gsi.
No het'r s'Messer ruszooge un het gsait: »waisch, i du dir jo garnit weh«, un het'em de Fuess am Knechel abtrennt un het no die Schuh mitgnumme im Fellise.
No mit dere Gschicht isch Nocht wore. No het'r gsähne e Liecht brenne bi'eme Hof. No het'r denkt: Do gang i jetzt hi, do kriegt i viellicht e Nochtquartier. Jetzt het'r halt gsähne vo drusse, dass do die Litt site am Disch. Mer het jo frier keine Vorhäng ghet.
No het'r klopft, no het dr Buur ufgmocht. No het'r aber vo druss scho gsähne, dass do e Kritz im Ecke hängt. No het'r denkt die sin Katholisch un het gsait: »Gelobt sei Jesus Christus!«
No het'r gfrog um e Nochtquartier un um ebbis z'esse.
No het's'em de Buur gebe un häm em a Lager gmocht uf de Ofebonk. Un die andere sin no ins Bett.
No het der Hamberli die Schuh rus und het sie unter s'Ofebonk gschellt. Er het denkt do underm Ofe wäre si warm, no konn er die Füess rusziige.
Jetzt in sellere Nocht het uf dem Hof a Kueh kälbert, un wils a so bitter kalt gsi isch, het die Magd s'Kälbli gnumme un het d'Schtubediir ufgmocht und het des Kälbli in Schtub niigschobe.
Jetzt, wo halt des Kälbli gege Morge uftaut is ischs halt in de Schtub rumdabt. No isch der Hamberli verwacht drol. No het'r gmaint, der Kärli, wo'r d'Schueh aweg gmocht het am Galge, kummt jetzt! Un no het'r's Fellise packt un s'Fenschter ufgrisse un nus! Het die Schueh schteh glosst.
Jetzt, wo's daget het am Morge, isch d'Magd kumme un het welle nach dem Kälbi schaue. No sieht sie die Schuh do schtehe un die Füess rusgucke. No ischi furtgrennt und het d'Händ überem Kopf zemmegschlage, un het gsait:
»Jesus Maria, jetzt het des Kälbli de Hamberli gfresse, un d'Schueh schtehn no drin. Die het's nit verzwunge!«
No sin sie aber nit in Schtub, hän zum Fenschder niiguckt.
No isch de Buur in a onderi Kommer, het's Gwehr gholt un het des Kälbli dodgschosse in de Schtub.
No het Büri zum gsait: »I ha dirs gli gsait, die schwarzscheckig Kueh bringt kei Glück!« Un jetzt heißt no der Hof: Käblischießerhof. (295)

## *Der Schwabenstreich*

Auf des Barbarossa Kreuzzug, sagt man, habe einer aus Ulm, welcher von großer Leibs-Statur und unüberwindlicher Stärke gewesen, und seinen Landsleuten weit dahinten nur zu Fuß nachgefolgt war, sein von dem Marsch ermüdetes Pferd geführt.

Als er nun von fünfzig Sarazenen von ferne mit Pfeilen beschossen worden, sei er unter seinem Schild und festen Panzer dann noch guten Muts fortmarschiert. Als aber einer von den Feinden sich das Herz gefaßt, nahe zu ihm hinzureiten und mit dem Degen auf ihn zuzuhauen: so habe dieser Deutsche mit seiner starken und heldenmäßigen Hand in einem Streich beide vordere Füße des feindlichen Pferdes abgehauen und gleich darauf dem auf dem fallenden Pferd noch sitzenden Reiter den Kopf, die Brust, den Bauch, auch zuteuerst den Sattel des Pferdes auf einen Hieb zerspalten, so daß der Rükken des Pferdes noch darzu verwundet worden. (296)

## *Der schwäbische Radnagel*

Als der Herzog Ulrich von Württemberg im Jahr 1504 Bretten belagerte, machten die Bürger einen glücklichen Ausfall. Bei der Flucht der Württemberger war der Nagel am Rade eines Kanonenwagens verlorengegangen. Damit nun aber das Rad nicht ablaufen möge, steckte ein getreuer Schwab seinen Finger hinein, der ihm nun alsbald abgedreht ward. Da rief er:
Au weih, au weih!
Nach Bretta komm i nimme meih.
Früher soll diese Geschichte am alten Rathaus in Bretten abgemalt gewesen sein. (297)

## *Der Kuckuck*

Die Leute von Haiterbach, einem alten Städtchen in Oberamt Nagold, sahen vor viel hundert Jahren im Wiestale zum erstenmal einen Kuckuck und erschraken nicht wenig über diesen unbekannten Vogel. Sie schlossen sogleich die Stadttore und verstopften sogar mit Kraut die untern Öffnungen der Tore, damit der Vogel doch ja nicht in die Stadt kommen möge; denn sie fürchteten, daß er ihnen Unglück bringe. Sie sollen deshalb sogar eine Betstunde in der Kirche gehalten und dabei ein Lied gesungen haben, das so anfängt:

Es ist ein fremder Vogel kommen
in dem Wiesthal unne dran.
Kyrie eleison!

Trotz aller Vorsicht, mit der man die Tore verrammelt hatte, kam der Kuckuck dennoch in die Stadt, indem er über das Stadttor flog. Seit der Zeit haben die Haiterbacher den Zunamen »Kuckuck« erhalten, hören's aber nicht gerne, wenn man sie an die Geschichte erinnert und ihnen den Namen zuruft. (298)

## *Der Ulmer Kuhhirt*

Der Ulmer Kuhhirt versah sein Amt dergestalt lässig und liederlich, daß der Stadtrat beschloß, ihn abzusetzen. Während dieser Beschluß gefaßt wurde, hatte jedoch der Ulmer Kuhhirt an der Tür gehorcht und trat deshalb, um seiner Absetzung zuvorzukommen, selbst herein und verlangte seinen Abschied. – Seitdem wiederholt sich die Geschichte öfters, daß ein Beamter abdankt »wie der Ulmer Kuhhirt«. (299)

## *Die Rottweiler Esel*

Die Bürger von Rottweil fanden einst, als ihre Stadt noch eine freie Reichsstadt war, einen großen Kürbis auf dem Felde und hielten ihn für ein Ei; konnten aber gar nicht herausbringen, was für ein Vogel es wohl gelegt haben möge. Sie beschlossen daher, um über das merkwürdige Ei ins klare zu kommen, daß der Bürgermeister es ausbrüten solle. Da half kein Weigern und Widerreden; es wurde kurz und gut dem Bürgermeister eine Frist angesetzt, binnen welcher er das Ei ausgebrütet haben müsse. Und so saß er nun Tag und Nacht und brütete. – Als aber nach Verlauf der bestimmten Zeit nichts Lebendiges zum Vorschein kommen wollte, beschloß man, das Ei, weil es vielleicht schon faul geworden, über die Mauer zu werfen. Und das geschah denn auch. Wie aber der Kürbis zur Erde fiel und zerplatzte, da sprang ganz erschreckt ein Hase, der an der Mauer geschlafen hatte, auf und davon, also,

daß man hätte glauben sollen, er sei aus dem Kürbis gekommen. Und die Rottweiler glaubten das auch steif und fest und schrien, als sie das langohrige Tierchen laufen sahen: »Da schaut, schaut! Ein junger Esel ist in dem Ei gewesen!« Seitdem führen sie den Spottnamen: die Esel.
Ein Maler, der diese Geschichte kannte, brachte einen Esel auf die Stadtfahne der Rottweiler. Er malte ihnen nämlich die Flucht Christi nach Ägypten darauf; malte aber alles mit Wasserfarben, nur zu dem Esel nahm er Ölfarbe. Als nun einst bei einer Prozession ein heftiger Regen fiel, wurden die Wasserfarben verwischt und fast ausgelöscht, und der Esel allein blieb auf der Fahne übrig. (300)

## *Die Eierleger*

Eine Bauersfrau von Jaxtheim, die nur wenige Hühner hatte, brachte dennoch immer eine große Menge Eier auf den Markt zur Krailsheim. Endlich schöpften ihre Nachbarinnen Verdacht, daß dies nicht mit rechten Dingen zugehe, und wandten sich an den Knecht der Frau, daß er ihr aufpassen möge. Hierzu verstand er sich um so williger, als es ihm schon aufgefallen war, daß die Bäuerin stets zweierlei Brot backte, halbweißes für sich allein und schwarzes für die übrigen Hausgenossen. Als sie nun wieder auf dem Markte war, suchte der Knecht die verschlossene Tischschublade zu öffnen, worin das halbweiße Brot lag, was ihm endlich auch gelang. Er schnitt nun ein tüchtiges Stück Brot ab und ließ es sich wohlschmecken. Kaum war er damit fertig, so erhob er ein Gegacker, wie ein Huhn, lief in den Hühnerstall, setzte sich auf das Nest und fing an Eier zu legen. Während er so da saß, hörte er seinen Herrn ihn rufen; weil er aber, wegen des fortdauernden Eierlegens, nicht vom Platz konnte, antwortete er demselben bittend, er möge doch zu ihm in den Hühnerstall kommen. Da kam der Bauer in den Stall, und der Knecht erzählte ihm, vom Nest aus, die ganze Geschichte, worauf jener, um sich selbst zu überzeugen, in die Stube ging und ein Stück von dem halbweißen Brot aß. Gleich nachher begann auch er zu gackern, lief in den Hühnerstall, setzte sich neben den Knecht, der schnell rückte, auf das Nest, und beide legten nun zwei große Haufen Eier. Jetzt war ihnen klar, woher die Frau, welche stets nur von dem verhexten Brot aß, ihre vielen Eier herbekam. Von derselben wollte aber, nachdem der Knecht die Sache ausgeplaudert, niemand mehr Eier kaufen, und die Jaxtheimer erhielten den Spitznamen *Eierleger*, welcher ihnen auch bis heute geblieben ist. (301)

## *Die Gelbfüßler*

Ein Bauer aus Derendingen hatte einst eine große Lieferung Eier zu besorgen und tat sie in einen Sack; weil aber nicht alle hineingingen, so nahm er seine Füße zu Hilfe und stampfte die Eier dicht zusammen, wovon ihm die Füße ganz gelb geworden. – Es ist zwar schon lange her, daß diese Geschichte passiert ist; allein man hat sie nicht vergessen und nennt die Derendinger deshalb noch immer »Gelbfüßler«.
Denselben Spottnamen führen von alters her auch die *Bopfinger*, wie wir aus der Geschichte von den *sieben Schwaben* wissen. Wer aber den guten Einfall zuerst gehabt haben mag, das hat man bis jetzt noch nicht herausbringen können. (302)

## *Der Spion von Aalen*

Als die Aalener Bürger einstmals mit dem Kaiser Streit hatten, wählten sie einen gar pfiffigen Mann aus ihrer Mitte, daß er des Kaisers Kriegsheer auskundschaften sollte. Selbiger Mann begab sich auch alsbald gradeswegs in das Lager des Feindes und sprach: »Grüß Gott, ihr Herre!« Als man ihn darauf fragte, wer er sei und was er wolle, so sagte er: sie sollten nur nicht erschrekken, er sei der Spion von Aalen und wolle sich nur das Lager ein wenig besehen, was man ihm denn auch gestattete. Aus Dankbarkeit haben die Bürger von Aalen diesem Spion später ein Denkmal gesetzt und ihn an der Rathausuhr leibhaftig abgebildet. Da drehte er seinen Kopf zugleich mit dem Perpendikel hin und her und schnitt Gesichter. – Man sagt noch, dieser Spion habe einmal die Garde Napoleons, als sie auf dem Marktplatz eine Parade abgehalten, in ein allgemeines, gewaltiges Lachen gebracht, und auch Napoleon habe lachen müssen, als ihm das Männchen an der Uhr gezeigt und die schöne Geschichte dazu erzählt worden. – Später sind die Aalener so ernsthaft geworden, daß sie ihren Spion fortgeschafft haben, wie die Baseler ihren Lallekönig. Indes das Andenken an beide wird nicht verschwinden. (303)

## *Der Esel von Neuffen*

Im dreißigjährigen Kriege hatten die Schweden die Festung Hohenneuffen bereits sieben Jahre belagert, und die Belagerten litten schon lange den bitter-

*Hohenneuffen. Kupferstich 1799*

sten Mangel. Da fütterten sie endlich mit ihrem letzten Simri Dinkel den Esel, der ihnen sonst das Wasser herauftragen mußte, schlachteten ihn darauf sogleich, um ihn zu verzehren, und warfen den vollgefüllten Wanst über die Mauer der Festung hinab. Als die Feinde, welche schon auf die Übergabe der Festung gehofft hatten, dies sahen, schlossen sie daraus, daß die Besatzung noch vollauf zu leben habe, und zogen ab. Seitdem aber bekamen die Leute in der Festung wie in der Stadt Neuffen den Spottnamen *Eselfresser* oder *Esel.* (304)

## Die Kanonetäler

De Lüt vu dem Dörfli Niedereggenen bi Müllheim sait me hüte noh »Kanonetäler«. In der Revolution vu anne 1848/49 hets zwüsche de Regierigstruppe un de Freischärler do un dört in der Gegnig e Schießerei gee, wie uf der Scheideck, z Riedlige un z Staufe. Wus im Summer 1849 wider neui Unrueihe gee het, sin dur mänki Gwalttätigkeite vu de Freischärler die meischte Niedereggener uf d Site vu de »Aristokrate«, de Regierigstreue gstande. Im herrschaftliche Iisewerk bi Badewiler sin Kanone un Chugele gosse worde, drum hän d Nidereggener au e Kanone ha wölle für alli Fäll. Aber sovil Geld hän si nit gha, aß si e Kanone hätte chaufe chönne, wil d Freischärler scho alles gholt gha hän. Dorum hän si s au mit ere Kanone vertribe wölle, un si hän überleit, wie si am billigste zue einer chu chönnte. D Burgerwehr het vum Dorfschmid Iisering um e hölze Brunnenrohr lege loo. Das hän si uf e Hinterwage ufmontiert. Aß si zuem Usprobiere hän chönne Blei spare, drum hän si ihri »Kanone« mit Erbse glade un zimli vil Pulver druftoo. Mit eme dicke rote Wiberunterrock hän si zletzt d Röhre fest zuegschoppt. Jetz hän si d Lunte azunde un hän sich scho gfreut druf, wie jetz ihri Kanone gli Für speue würd. Das isch au gar nit lang gange, un mit eme gwaltige Chnall isch ihri schöni Kanone mitsamt de Unterrockfetze in der Luft umegfloge. Si hän zuem Schade hi nit für der Spott sorge bruche. Un vu dört aa het me de Nidereggener »d Kanonetäler« gsait. (305)

## *Die Pfullendorfer Stegstrecker*

Den Andelsbach bei Pfullendorf mußte man lange Zeit durchwaten, weil diese Reichsstadt mit dem benachbarten Gebietsherrn sich nicht über den Kostenteil vereinigen konnte, welchen er am Stegbau übernehmen solle. Nachdem man endlich damit im reinen war, wurde der Steg gebaut, aber, als er fertig, zu kurz befunden. Da ließ der Stadtrat ihn ins Wasser legen, um ihn aufzulockern, und nachher an dessen beiden Enden Löcher bohren. An diese spannte man dann die Spitalpferde, je vier an ein Ende, und trieb sie nach entgegengesetzten Richtungen, um den Steg in die Länge zu dehnen. Dies hatte aber keinen anderen Erfolg, als daß es den Pfullendorfern den Namen *Stegstrecker* verschaffte, welchen sie bis jetzt noch nicht verloren haben. (306)

## *Der Herr von Zimmern hilft gestohlene Ochsen treiben*

Herr Wörnher freiherr von Zimbern ist gar ain güetiger, barmherziger herr gegen den armen leuten gewesen, wie solchs auß den hernach volgenden handlungen wol zu sehen; dann als er auf ain zeit zu unser Frawen jenet der Ablach zu Mösskirch gewesen und allain wider in die statt gangen, hat er underwegen ain frembden mann, der im unbekannt, etliche ochsen treiben sehen, dess sich herr Wörnher nichts angenomen; allain wie die ochsen so miedt gewesen und langsam gangen, derhalben sie in an seim gang geirrt, hat er mit aim stecken, den er ohne geverde in der handt gehabt, die ochsen geschlagen und die aus dem weg getriben. Desselben tags ist pottschaft geen Mösskirch komen, gemelte ochsen seien dieplicher weis empfiert, darumb der arm mann, o solchs gethon, gefangen und verwart worden; und wie er vom vogt und andern ambtleuten desshalben beclagt, hat er nit geleugnet, sonder gesprochen, herr Wernhern von Zimbern hab im zu solchem diebstall geholfen und im die ochsen helfen treiben. Wie solche antwurt herrn Wernhern angezaigt, hat er ain erbärmbde mit ime gehabt, und dieweil sein widerparthei aufs recht nit getrungen, hat er inen die ochsen wider zu geben bevolchen und den armen mann haißen für sich bringen und zu im gesagt: »Seitenmal kuntbar, das du die ochsen gestollen und ich sie dir hab helfen treiben, so will ich dich aufs pannholz (also haist ain gehülz bei Mösskirch) schicken, zwo widden, uns baide daran zu henken, mitzubringen«, hat in also ledig gelassen; der ist aber nit widerkommen, die widden zu bringen, sonder, als im dise genad bewisen, ist er in das Bayerland zogen, alda er sich hinfüro so erlich und wol gehalten, das er ain reiche fraw sampt ainer würtschaft überkomen. Und über etliche jhar hernach ist herr Wörnher geen Bayern geritten und ungeverde underwegen bei disem würt übernacht beliben; der hat im alle ehr bewisen, sich in gehaim zu erkennen geben, auch zum höchsten der gnaden, im bewisen, nit unpillich sich bedankt. (307)

## *Die listigen Bauern von Wittershausen*

Dises dorf Wittershausen ist vor dem Schwarzwaldt, im Müllbach ob Veringen, unferr von Oberndorf, gelegen, darinn vor jarn seer geschide, listige pawern gesessen gewesen und die ain solchen ruof irer geschwindigkait halben gehabt, das vill leut dozumal ires rats gephlegen, haben darneben vill schimpflicher reden und abenteurn sich beflissen, dardurch sie noch größern zulauf überkomen. Und als sie ainsmals erfaren, das obgemelter herr Johans von Zimbern zu nechst bei irem dorf hinreiten wurde, und wol gewist, wie ain seltzamer, abenteüriger herr er gewesen, sein iren vil für das dorf hinaus an die straßen in ain ring nidergesessen und ire füeß in ainandern geschrenkt und verwigklet, und wie herr Johanns fürgeritten, haben sie ain seltzams hadern und wilde geperden triben. Herr Johanns, als er solchs ersehen, hat er stillgehalten und denen abenteurlichen geperden zugesehen, doch sie zu letsten befragt, was sie darmit mainen, haben sie geantwurt, sie haben ire füeß under ainandern verloren und understheen sich alda ain ider die seinen widerumb zu bekomen. Und als er dessen wol lachen mögen, haben sie ine gepetten, er welle sie des kriegs entschaiden und sovil handlen, damit ir idem seine füeß wider werden; dargegen wellen sie ime ain jerliche gülte und namlich alle jar ain sack mit korn geben. Herr Johanns, sobald er dise schimpfliche abenteur gemerkt, ist er den nechsten abgestanden, hat ain stecken erwischt und denen paurn die schinbain wol erklopft. Sobald die pauren deren straich empfunden, hat ain ider seine schinbain an sich gezogen und den nechsten aufgestanden; haben herrn Johannsen seer gedanket, daz er inen also geholfen hab, und im aber dagegen die vorgenannte korngült, namlich ain sack mit korngült geschenkt. (308)

## *Seltsame Tafelrunde mit Götz von Berlichingen*

Grave Wilhalm von Fürstenberg kam auch uf werendem reichstag geen Speir, beschach in der vasten, den römischen könig, acht ich, anzusprechen oder aber das er sich erzaigen kunt, flaisch darauß zu speisen. Der künig, unangesehen aller vorgenden handlungen, sprach im ganz gnedig zu. Do kunt er sich so höfflich und mit sollichen ansehenlichen geberden erwisen, das sich menigclichen ab im verwundert. Er lag mit grosem costen zu Speir, hielt auch grose gastereien. Einsmals luede er sein brueder, grave Friderichen, grave Froben Christofen von Zimbern, den alten Getzen von Berl[ich]ingen mit der eisin handt und dann den Christof von Landenberg zum Schramberg. Das war ain seltzame compania zusammen. Man war zimlich frölich und guets gesprechs, aber da war kain vertrawen. Grave Friderrich, wie groser Hanns er war, sas er da und erzaigt sich, wie ein discipel gegen seinem preceptor. So het grave Wilhelm Zimbern und Landenberg zusamen oder neben ainandern gesetzt, der keiner redet mit dem andern oder das einer dem andern het fürgelegt, dann do war noch das alt häßle. Der alt Götz von Berl[ich]ingen gab iederman genug zu reden. Ich hab mehrmals gesehen, das grave Wilhelm Wernher uf [836] den römischen könig mit andern ufgewartet, das sich Christof von Landenberg neben den graven gestellt, ine auch oft angesehen, als ob er gern gehapt, das sich der graf gegen ime mit reden het ingelasen; villeucht hat er sich der fecht halben gegen ime entschuldigen wellen. Aber der graf ließ ine steen oder name sich ains andern an und gieng hinweg. (309)

*Götz von Berlichingen mit eigenhändigem Namenszug. Kupfer aus: Leben, Fehden und Handlungen des Ritters Götz von Berlichingen, zubenannt mit der eisernen Hand, durch ihn selbst beschrieben (Heilbronn 1858)*

## *Das Volksbuch von den sieben Schwaben*

### Wie die sieben Schwaben nach Augsburg kommen und sich allda Waffen holen

Als man zählte nach Christi Geburt eintausend und etliche hundert Jahr, da begab sichs, daß die sieben Schwaben in die weltberühmte Stadt Augsburg einzogen; und sie gingen sogleich zu dem geschicktesten Meister allda, um sich Waffen machen zu lassen; denn sie gedachten das Ungeheuer zu erlegen, welches zur selbigen Zeit in der Gegend des Bodensees übel hauste und das ganze Schwabenland in Furcht und Schrecken setzte. Der Meister führte sie in seine Waffenkammer, wo sich jeder einen Spieß oder sonst was auswählen könnte, was ihm anstand. »Bygost!« sagte der Allgäuer, »sind das auch Spieße? So einer wär mir just recht zu einem Zahnstürer. Meister, nehmt für mich nur gleich einen Wiesbaum von sieben Mannslängen.« – »Potz Blitz«, sagte der Blitzschwab, »Allgäuer, progle Dich nicht allzusehr.« Der Allgäuer sah den mit grimmigen Augen an, als wollte er ihn damit durchbohren. »Eigentlich hast du recht, Männle!« sagte der Blitzschwab und streichelte ihm den Kautzen, »und ich merke deine Meinung«, sagte er: *»Wie alle Sieben für einen, so für alle Sieben nur einen.«* Der Allgäuer verstand ihn nicht, sagte aber: »Ja«; und den andern wars auch recht. Und so ward denn ein Spieß von sieben Mannslängen bestellt, und in einer Stunde war er fertig. – Ehe sie aber die Werkstatt verließen, kaufte sich jeder noch etwas Apartes, der Knöpfleschwab einen Bratspieß, der Allgäuer einen Sturmhut mit einer Feder drauf, der Gelbfüßler Sporen für seine Stiefel – »sie seien nicht nur gut zum Reiten«, sagte er, »sondern auch zum Hintenausschlagen.« – Der Seehaas aber wählte einen Harnisch, sagend: »Vorsicht sei zu allen Dingen nütz; des Guten könne man nicht zu viel tun; und nutze es nichts, so schade es auch nichts.« Der Spiegelschwab gab ihm recht und sagte: »Auch er wolle einen tragen, aber nicht vorn auf der Brust, sondern hinten auf dem Hintern.« Der Seehaas meinte, der Geselle wolle ihn foppen; jener aber sagte: »Merks: Hab ich Mut und geh ich vorwärts, so brauch ich keinen Harnisch; gehts aber rückwärts, und fällt mir der Mut anderswohin, so ist dann der Harnisch am rechten Platz.« Und so ließ er sich denn den Harnisch zurecht machen, der, recht zu sagen, ein Barbiererbecken war aus der Rumpelkammer des Meisters. Und nachdem die sieben Schwaben, wie ehrliche Leute, alles richtig bis auf Heller und Pfennig bezahlt, auch als gute Christen bei St. Ulrich eine heilige Messe gehört, und zuletzt noch beim Metzger am Gögginger Tor gute Augsburger Würste eingekauft hatten, so zogen sie zum Tor hinaus und ihres Weges weiter.

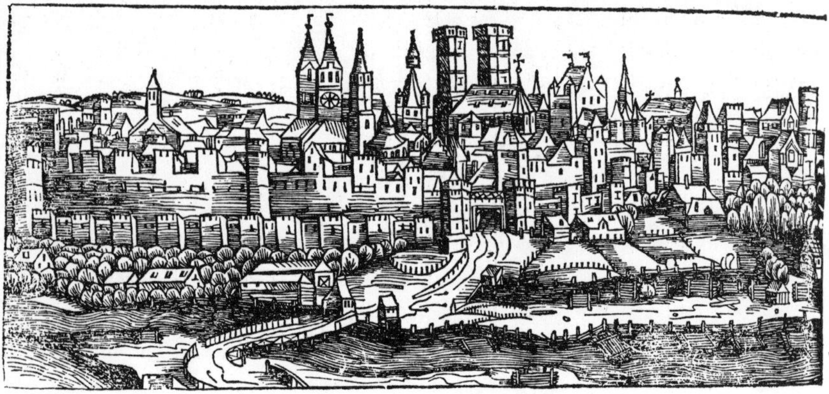

*Augsburg. Holzschnitt aus Hartmann Schedel, Liber chronicarum (Augsburg 1497)*

## In diesem und den andern Kapiteln wird erzählt, was sich vor der Hand mit den sieben Schwaben zugetragen hat

Es ist aber an der Zeit, daß ich Dich, günstiger Leser! mit den Helden dieser Geschichte näher bekannt mache, und was Dir sonst zu wissen nötig ist, aufrichtig erzähle. Vernimm also, daß der Seehaas ausgegangen ist – – – Du mußt aber wissen, daß dies ein Schimpfname für ihn geworden seit der Zeit, als die sieben Schwaben ihr Abenteuer gehabt, von welchem Du, wenn Du Geduld hast, am Ende hören wirst; er ist aber zu Überlingen am Bodensee zuerst Eschhay, dann Bannwart gewesen. Der traf unweit Freiburg im Breisgau den Nestelschwaben an, hinter einem Zaun, wo er etwas zu tun hatte, was der soeben getan hatte. Und sie machten sogleich Bekanntschaft, wie ehrliche Schwaben zu tun pflegen. Der Seehaas fragte ihn, was er für ein Landsmann sei. Jener sagte, er sei kein Landsmann, sondern nur ein Mähnbub bei jenem Bauern, der dort den Acker pflüge. Da merkte der Seehaas sogleich, mit wem ers zu tun habe; und so ein Dummrian war ihm gerad recht. Er tat ihm daher den Vorschlag, er solle mit ihm kommen als sein Knecht, der ihm den Bündel trage; und wenn er etwas erzähle, so solle er nichts sagen, als daß es wahr sei. Jener sagte, er wisse aber nicht, was wahr sei oder nicht wahr. Drauf der Seehaas: »Merk, Bauernlümmel, Hott bedeutet wahr, Wist nicht wahr.« So verstehe ers, sagte jener, und er wolle mit ihm gehen und ihm um einen Batzen Wochenlohn seinen Bündel tragen durch die ganze Welt und weiter. – Und die Geschichte weiß noch bis heutigs Tags nicht anzugeben, was dieser Mensch für ein Landsmann gewesen, ob ein Schwab oder ein

Schweizer oder ein Pfälzer, oder sonst einer aus dem deutschen Reich; denn er redete in allen Landessprachen, und in keiner recht. Er wird aber der Nestelschwab darum genannt, weil er, statt der Knöpfe, Nesteln hatte an Janker und Hosen; und da die meiste Zeit eine und die andere zerrissen war, besonders an den Hosen, so mußte er immer nachhelfen mit der einen Hand, was ihm dann so sehr zur Gewohnheit geworden, daß er auch dann so tat, wann er nicht hätte also tun dürfen. Beide zogen aber weiter und kamen zum Gelbfüßler, der in Bopfingen ansässig war.

## Vom Gelbfüßler, und was sich weiter begeben

Man erzählt, daß, als die von Bopfingen ihrem Herzog die jährliche Abgabe, die in Eiern bestanden, einstmals geben wollten, hätten sie die Eier in einen Krättenwagen getan, und damit recht viele hineingingen, mit den Füßen eingetreten, was denn ihrer Ehrlichkeit keine Schande macht. – Daher haben sie denn alle, die aus jener Gegend sind, in böser Leute Mund den Namen Gelbfüßler erhalten. Zu einem von diesen, der Bopfinger Bote war, kam nun der Seehaas und erzählte ihm: Wie daß in dem großen Wald am Bodensee ein fürchterliches Tier hause, welches Land und Leuten großen Schaden tue. Beschreiben könne er es ihm gar nicht; aber es sei so groß wie eine wilde Katz, doch weit scheußlicher und grauerlicher anzusehen; und Augen habe es im Kopf, so groß wie Goldgulden, die funkelten nicht anders als wie das höllische Feuer; und Ohren habe es – – »Nicht wahr, Landsmann?« »Wist!« sagte der Nestelschwab. »Hott!« sagte der Seehaas. »'s ist wägerle wahr«, sagte der Nestelschwab. Und jener fuhr fort: Er beschwöre daher den Landsmann um des gemeinen Besten willen, er möge ihm zu Rat und Tat sein, und ihm getreuliche Gespanen zu werben suchen aus allen schwäbischen Gauen. Der Gelbfüßler sagte: »Fechten könne er zwar nicht; aber seis mit dem Laufen getan, so könne er den Teufel auf dem freien Feld fangen.« Da der Seehaas sagte, so einen Mann könne er brauchen, so schlug der Gelbfüßler ein und sagte: »Er müsse nur noch seine Stiefele anziehn und sein Ränzle pakken.« Als dies geschehen, so zogen sie weiter. Anfangs waren sie uneins, wohin sie sich wenden sollten, ob gegen das Ries oder die Donau. »Im Ries, sagte der Gelbfüßler, gebe es wohl viele Gänse, hab er gehört, aber er wisse nicht, ob es auch Menschen dort gebe.« Der Seehaas aber meinte: »Das Sehen koste nichts; und erfahren wirs nicht neu, sagte er, so erfahren wirs doch alt.« Und damit gingen sie nach dem Ries.

*Historie von den sieben frommen und redlichen Schwaben mit dem Hasen. Scherzhaftes Flugblatt um 1680*

## Vom Knöpfleschwaben, und was sich weiter zugetragen

In dem gesegneten Schwabenland, besonders in jener Gegend, wovon soeben Meldung geschehen, besteht die löbliche Gewohnheit, daß man täglichs Tags fünfmal ißt, und zwar fünfmal Suppe und zweimal dazu Knöpfle oder Spätzle, daher denn die Leute dort in der Umgegend auch Suppen- oder Knöpfleschwaben genannt werden; und man sagt, daß sie zwei Magen hätten, aber kein Herz. – Der Seehaas brachte also seine Werbung an und sagte: »Wie daß in dem großen Wald am Bodensee ein fürchterliches Tier hause, welches Land und Leuten großen Schaden täte. Augen habe es im Kopf, feurige, die so groß wären wie ein Salzbüchsle.« »Hott!« sagte der Nestelschwab; aber der Gelbfüßler stieß dem Seehaasen in die Rippen, vermeinend, er solle nicht so lügen. Der aber ließ sich nicht irr machen, sondern fuhr fort zu erzählen: »Das Ungeheuer wachse zusehends, je länger man es anluge, und werde so groß wie ein Pudelhund. Er bitte ihn also um der Landsmannschaft willen, er möchte ihm zu Rat und Tat sein, und ihm beihelfen tüchtige Gesellen zu werben.« Der Knöpfleschwab sagte: »Fechten sei zwar seine Leidenschaft nicht; aber wenn sie einen brauchten, um ihnen Knöpfle zu kochen, so gehe er mit los auf das Abenteuer.« Als sie Handels einig wurden, packte der Knöpfleschwab Häfen und Pfannen auf und zog mit ihnen weiter. Und sie wendeten sich nun nach dem Lechfeld zum Blitzschwaben, den sie zu Meitingen im Wirtshaus bei einem Mäßle weißen Gerstenbiers trafen.

## Vom Blitzschwaben, und was sich sonst ereignet

Nachdem sich die Landsleute das »Gsegn Gott!« und »Dank Gott!« zugetrunken hatten, fing der Seehaas an zu erzählen, sagend: »Wie daß in dem großen Wald am Bodensee ein fürchterliches Tier hause, welches Land und Leuten großen Schaden täte. Es sei so groß wie ein Mastochs, und habe Augen im Kopf wie die Mondscheibe; und das Tier wachse zusehends, je länger man es anluge.« »Potz Blitz«, sagte der Blitzschwab, »das möcht ich einmal sehen; ich ließe mirs, beim Teuret! einen Dreibätzner kosten.« Der Seehaas sagte: »Er könne es umsonst sehen, er solle nur mitkommen und ihm und seinen Gesellen zu Rat und Tat stehen beim Abenteuer.« Darauf der Blitzschwab: »Fechten sei zwar sein Handwerk nicht, aber schimpfen könne er wie ein Rohrspatz, und fluchen wie ein Heid.« Der Seehaas meinte, man wisse nicht, wozu ein Ding gut sein könne, und er solle nur mitkommen. Jener schlug ein, nachdem er noch ein Känntle Branntwein zu sich genommen, um, wie er sagte, die Magenwinde zu verteilen, die das vermaledeite Bier mache. Dabei sang er – denn er war ein lustiger Vogel, was man ihm sogleich anmerkte – das Liedlein:

Wo soll ich mich hinkehren,
Ich dummes Brüderlein?
Wie soll ich mich ernähren,
Mein Gut ist viel zu klein;
Wie wir ein Wesen han,
So muß ich bald daran,
Was ich heut soll verzehren,
Ist gestern schon vertan.

Und drauf zogen die Gesellen weiter und kamen zum Spiegelschwaben, der in Memmingen zu Haus war.

## Vom Spiegelschwaben und dem Allgäuer, und was ferner geschehen

Zu derselbigen Zeit waren die Fazinetle noch nicht Brauch, und daher schlenzten einige das Ding gleich von sich weg, was jetzt die vornehmen Leute in den Sack stecken; andere schmierten es unter die Üchse oder zwischen die Grattel, wo es sich wieder von selbst abwetzte; andere dagegen, wie der Spiegelschwab, putzten es an den Vorderärmel, wo es sich zum Spiegel ansetzte und beim Sonnenschein glitzte. Zu diesem kam der Seehaas mit seinen Gespanen und stellte ihm das Anliegen vor, erzählend, »wie daß am See droben ein Ungeheuer hause, so groß wie ein Trampeltier, mit Augen wie Mühlsteine; und er bitte daher, er möge um des gemeinen Besten willen zu Rat und Tat stehen.« Der Spiegelschwab sagte: »Rat könne er geben, aber mit der Tat sehe es schlecht aus, indem er nicht einmal sein Weib meistern könne, die freilich sieben Häute habe, wie eine Memminger Zwiefel.« (Und hat also die Zigeunerin recht gehabt.) »Er wisse aber einen, der es mit dem Teufel selbst aufnehme: das sei der Allgäuer.« – Zu dem gingen sie nun miteinander, und der war gleich bereit, obwohl der Seehaas ihm das Ungeheuer noch viel schrecklicher vorstellte als den andern, indem er sagte: »Es sei so groß wie ein Haus, und habe Augen im Kopf wie Mühlräder, die im Um- und Umgehen Feuer auswürfen.« – »Bygost!« sagte der Allgäuer, »es wird halt dennest nur ein Vieh sein; und der Mensch ist stärker mit Gottes Hilfe, als alles Getier auf Erden.« – »Ja«, sagte der Seehaas, »und es geht ein Sprichwort: Gott verläßt keinen ehrlichen Schwaben nicht.« Durch diese Reden bekamen die übrigen noch einmal so viel Mut, und sie gaben sich alle getreulich die Hand, daß sie einander beistehen wollten als Freunde und Landsleute in allen Gefahren und Nöten Leibs und der Seele. Und so beschlossen denn die sieben Schwaben miteinander zuerst nach Augsburg zu gehen, wie schon oben erzählt worden, um, wie es tapfern Christenmenschen geziemt, sich vor allem mit Streitzeug zu versehen.

## Wie die sieben Schwaben auf einen Bären stoßen, und was sie dazu sagen

Wir wollen aber die sieben Schwaben auf ihrem Weg einholen, und da treffen wir sie, vier bis fünf Stunden außer Augsburg, in einem Hohlweg, den sie eben durchziehen. Und sieh da! Ein großmächtiger Bär liegt da am Weg, und der Allgäuer bemerkt ihn nicht eher, bis er fast mit der Nase auf ihn fällt. Der schreit was er kann: »Ein Bär! Ein Bär!« und stößt den Spieß aus Leibeskräften gegen das Tier. Doch das rührte sich nicht mehr, denn es war

*Die Sieben Schwaben mit totem Bären. Holzschnitt nach Ludwig Richter (Leipzig 1857)*

maustot. Drob erfreut, schaut der Allgäuer um und sieht die Gesellen alle auf dem Boden liegen, und, vermeinend, sie seien auch tot und er habe sie hinterrucks mit dem Spieß erstochen, fing er laut an zu lamentieren. Die aber waren, man weiß nicht, ob aus Schrecken, oder weil sie den Spieß zu fest gehalten, zu Boden gefallen; und als sie hörten, daß der Bär tot sei, standen sie frisch und gesund wieder auf und stellten sich um den Bären herum, und der eine rupfte ihn beim Pelz und der andere steckte gar seine Hand in den Rachen, und kein einziger fürchtete sich mehr vor ihm. Und als sie den Bären näher untersuchten und kein Loch an ihm fanden, als das, was er schon bei seinen Lebzeiten gehabt, so merkten sie wohl, daß er nicht erstochen sei, sondern verreckt; und der Spiegelschwab warf die Frage auf: woran er wohl gestorben sein mag. Der Knöpfleschwab sagte: »Woran denn sonst als am Hunger.« – »Nein«, sagte der Gelbfüßler, »aus Kälte.« Und so hatte denn jeder seine aparte Meinung, wie die Schildbürger ob des toten Wolfes. Erraten aber hats wohl nur der Spiegelschwab, der pfiffigste unter ihnen, welcher sagte: »Er sei, wo nicht an Wehtagen, doch am Tod gestorben.« Hierauf hielten sie Rat, was sie mit dem Luder anfangen wollten, und nach langem Hin- und Herreden beschlossen sie ihm die Haut abzuziehen; die sollte einst demjenigen zuteil werden, der sich beim Abenteuer am männlichsten halten werde. Das Aas wollten sie liegenlassen. »So mögen ihn die Schafe fressen, wie er zuvor die Schafe gefressen«, sagte einer, ich weiß nicht mehr, was für einer.

## Wie der Blitzschwab Händel bekommt mit dem Spiegelschwaben und wie sie wieder gut Freund geworden

Es war schon Nacht, als die sieben Schwaben ins Freie und auf die Landstraße kamen. Und der Mond ging soeben auf. Da sagte der Spiegelschwab: »Jetzt haben wirs gewonnen, Memmingen ist nicht mehr weit.« Der Blitzschwab fragte ihn: »Wie er das wissen könne?« – »Werd ja doch den Memminger Maun (Mond) kennen?« – »Potz Blitz, wie blitzdumm!« sagte der Blitzschwab. Dies kaum gesagt, hatte er schon seine Dachtel vom Spiegelschwaben, der alles leiden mochte, nur nicht daß man ihn für dumm halten sollte. »Daß dir der Blitz ins Maul platz«, schrie der Blitzschwab, »du Lalle, du Ginkel, du Takel, du Kog!« und so gings eine ganze Litanei durch. Der Spiegelschwab wurde auch immer wilder, und so kamen sie denn einander in die Haare und rauften sich ab wie zwei Metzgerhunde. Da bat der Seehaas den Allgäuer, er sollte Frieden machen. Der ließ sich nicht lang bitten, sondern packte sogleich den Blitzschwaben am Hosenbändel und hielt ihn in die Luft wie einen Frosch, und er mochte zappeln wie er wollte. Inzwischen ließ der Spiegelschwab nicht nach, dem Blitzschwaben aufs Brät zu klopfen; und daher packte denn der Allgäuer ihn auch mit der Linken, und hielt ihn am Leible, unter der Gurgel, so keif und fest, daß er bockstärr da stand und nicht mucksen konnte. »Bygost!« sagte er, »ich will euch Hores Mores lernen, ihr donnerschlächtige Strohkerle.« Und er schüttelte den einen und drosselte den andern immer ärger und ärger, bis sie endlich einander das Wort gegeben, daß sie wieder gut Freund sein wollten. Und das sind sie denn auch geblieben von der Zeit an bis in ihren Tod.

## Was für eine Gefahr dem Spiegelschwaben gedroht, und wie er sich daraus errettet

»Durch Memmingen gehen wir nicht, obwohl drin gute digene Würste zu haben sind«, sagte der Spiegelschwab. Und als man ihn fragte: warum? so sagte er: »Darum; und er müsse sich doch wohl am besten auswissen.« »Seis«, sagte der Nestelschwab, »wir können ja um die Mauern herum und dann zum andern Tor hinaus.« Die sieben Schwaben gingen also um die Mauer herum durch die Hopfengärten. Aber da hat sichs denn wiederum augenfällig gezeigt, daß der Mensch seinem Schicksal nicht entgehen könne. Denn ehe sichs der Spiegelschwab versehen, sprang aus einem Hopfengarten ein Weib auf ihn zu, eine rechte Runkunkel, und schrie in einem Ton, der durch Mark und Bein ging: »Bist du endlich wiederum da, du Schlingel? Wo bist du so lange Zeit herumkalfaktert, du Galgenstrick?« Der Spiegelschwab erkannte in ihr sogleich seine liebe Ehehälfte, und er rief: »Helft mir, alle Heiligen! Der Teufel ist los!« und huschte in den andern Hopfengarten hinein. Das Weib ihm nach. In der Herzensangst fiel ihm eine List ein. Er hatte nichts zu tragen, weil er nichts hatte, als das Bärenfell; das tat ihm nun guten Dienst. Er warfs in Eile über den Kopf, schloff in die Bratzen und kreiste nun auf allen vieren wie ein leibhafter Bär. Wie nun das Weib näher kam, richtete er sich auf und trappelte brummend auf sie zu. Die sah nicht sobald den Bären als sie laut aufschrie und über Hals und Kopf davonrannte. Der Bär aber holte sie ein und drückte und herzte sie, daß ihr fast die Sinne vergingen. Dann ließ er sie los und ging den Gesellen nach. Seit der Zeit, als dieser Schwank kund geworden unter den Memminger Frauen, werden die bösen Männer von ihnen Brummbären genannt.

## Wie sie gegen Wissen und Willen in die Stadt Memmingen kommen und dorten Bierbeschau halten

Die sechs andern Schwaben aber waren weitergegangen und standen jetzt vor einem Tor, welches man ihnen, auf ihr Befragen, wie es heiße, Leutkircher-Tor nannte. »Da müssen wir also hinaus«, sagte der Nestelschwab, oder ein anderer, gleichviel welcher. Sie gingen also durch das Tor und kamen in die Stadt, ohne es zu wissen und zu wollen. Wie aber kein Unglück ohne Glück ist, so hat sichs auch hier begeben. Denn das erste Haus, das ihnen auffiel, war ein Wirtshaus, vor dem ein Maienbaum stand, und ober der Tür war zu lesen: »Hier schenkt man Märzenbier aus.« Als das unsere Schwaben sahen, dachten sie, umsonst sei das Märzenbier mitzunehmen. Der Wirt, der sie kommen sah mit dem großen Spieß, kam ihnen erschrocken entgegen und fragte: was sie schafften. »Sie möchten ein wenig sein Bier kosten«, sagte der Allgäuer, und er ging mit den Gesellen in die Zechstube. Der Wirt, vermeinend, sie seien abgesandt von der schwäbischen Kreisregierung, um in Schwa-

*Die Sieben Schwaben als Oberbierbeschauer. Holzschnitt nach Ludwig Richter (Leipzig 1857)*

benland das Bier zu beschauen, und zu schätzen, ob es pfennigvergeltig sei – was wohl not täte auch zu unsern Zeiten –, der holte das beste, das er im Keller hatte, und es war noch nicht gut. Doch tranken die Gesellen eine Bütsche um die andere aus; und wie sies bis auf einen halben Eimer gebracht hatten, sagte der Wirt: »Er sehe mit Freuden, daß es ihnen wohlschmecke.« Der Blitzschwab meinte, es könnte besser sein und es sei zu wenig Malz und Hopfen drin. »Mit Verlaub«, sagt der Wirt, der ein Schalk war, »Hopfen und Malz ist nicht zu wenig drin, aber zu viel Wasser.« Drob lachten die Gesellen; und dem Blitzschwab fiel der Spruch ein und er sagte ihn:

Zu Langensalz
könnte ebensogut Memmingen heißen, sagte er –
Zu Langensalz
Braut man drei Bier aus einem Malz;
Das erste heißet man den Kern,
Das trinken die Bürgermeister gern;
Das andere heißt das Mittelbier,
Das setzt man gemeinen Leuten für;
Das dritte heißt Covent,
Trink dich potz schlapperment.

Drauf spielte er ein paar lustige Stücklein auf, dem Wirt zu Ehren. – Nachdem nun die Gesellen vollauf getrunken, so standen sie auf und gingen davon, als wären sie niemandem etwas schuldig. Der Wirt ließ sie gehen in der obgedachten Meinung; und er sagte, daß es ihm eine große Ehre gewesen, und sie sollten nur das Beste reden von seinem Bier. Das taten sie denn auch, und sie konnten sich nicht genug verwundern, daß man in Memmingen das Märzenbier ausschenke. Und so ward denn der Wirt gefoppt von seinen Landsleuten, ohne deren Wissen und Willen. Man sagt aber, daß ihm der freie Trunk wohl bezahlt worden sei von andern Landsleuten; wie man denn den Wirten gern viel Böses nachsagt.

## Wie unsere Schwaben durch das blaue Meer schwimmen, ohne zu ersaufen

Obwohl sonst ein wackerer Schwab, wenn es sein muß, seine fünf Mäßle Bier trinken mag auf einem Sitz, und er findet doch noch seine Wege und Stege: so haben doch unsere Schwaben zu tief in den Krug geguckt, und ist ihnen nicht recht just gewesen im Kopf, wie sich aus folgendem zu ergeben scheint, was eine wahrhaftige Geschichte ist. Denn sie waren kaum außer dem Tor, so verirrten sie sich in den Hopfengärten und verloren die Landstraße, und der Spiegelschwab suchte sie vergebens einzuholen auf dem Weg nach Leutkirch. Wie sie aufs freie Feld kamen, sagte der Allgäuer: »Bygost! Es ist ein Ding; haben wir keinen Weg, so machen wir uns einen; die Iller werden wir doch finden, und dann kann die Brücke auch nicht weit davon sein.« Und so ging es denn fort über das Brachfeld hopp, hopp! und der Allgäuer blies, der Blitzschwab sang: Ich laß ein klein Waldvögelein etc., der Knöpfleschwab keuchte und stolperte und fiel ein um das andere Mal, und mußte gleichwohl wieder aufstehen. Inzwischen fing es an dunkel zu werden, und sie irrten umher, obwohl der Allgäuer von fern noch den Gründten sehen mochte. Da standen sie auf einmal an einem Abhang, und unten, so däuchts ihnen, lag ein See, der Wellen schlug. Es war aber ein Feld voll Flachses, der in der Blüte war, und da der Wind heftig blies, so wallte und wogte es wohl; aber es war kein Wasser. »Potz Blitz!« rief der Blitzschwab, »was ist da zu machen? Durch müssen wir, sonst kommen wir nicht an Ort und Stelle. Allgäuer, mach den großen Christoph und trag uns hinüber.« »Bygost!« sagte der Allgäuer, »ins Wasser mag ich wohl gehen, aber weiter nicht als bis an den Hals.« Der Nestelschwab lamentierte, er könne nur mit einer Hand rudern, indem er mit der andern die Hosen zu halten habe; und der Knöpfleschwab stand betrübt da und lugte ins Wasser hinab, um zu schauen, ob keine Walfische drin seien. Das sah der Blitzschwab, und er ging ganz stät hinterrucks auf ihn zu und sagte: »Frisch gewagt, ist halb geschwommen«, und gab ihm einen Stoß, daß er, plumpf! drunten lag. »Der sinkt nicht«, sagte der Gelbfüßler, »es muß doch nicht tief sein, da kann mans wagen«, und hupfte flink und frisch hinunter, wie ein Laubfrosch. Dem folgte der Blitzschwab, nachdem er sich vorher in die Hände gespien und einen tüchtigen Anlauf genommen hatte. »Bygost!« sagte der Allgäuer, »der letzte will ich auch nicht sein«, und warf den Spieß voraus und hupfte nach. Der Nestelschwab aber hatte sich an dessen Hosenbändel gehängt und fiel darum unten gemächlicher auf als die übrigen; und war dies das einzige Mal, daß er gescheit getan. Da lagen sie nun alle, anfangs unbeweglich wie Holzblöcke, dann rührten und streckten sie ihre Glieder wie halb zerstampfte Würmer, dann krochen sie allmählich heraus wie Schnecken aus ihrem Häusle, endlich standen sie wiederum da wie andere Menschen, und sagten kein Wörtle, sondern griffen bloß nach ihren Rippen, ob sie noch ganz seien. Und nachdem sie den Spieß aufgefischt hatten, zogen sie querfeldein weiter.

## Wie die sieben Schwaben einer Herde Vieh begegnen, und wie der Allgäuer ein Stiergefecht hält

Bei Leutkirch (ist ein Nest, halb städtisch, halb bäurisch) mußten die sieben Schwaben mitten durch eine Herde Ochsen und Küh und Kälber und Roß und Huischele und Schaf und Böck, war alles durcheinander, schier wie die schwäbischen Herrschaften. Da, beim Vieh, war der Allgäuer so recht zu Haus, und er zog die Gespanen, sie mochten nun wollen oder nicht, mitten durch, und wist und hott, und hinter sich und für sich. Dies mochte den Gemeind-Hag verdrießen, und er ging brummend und schwänzelnd auf die sieben Schwaben los. Die nahmen sogleich Reißaus und liefen was sie laufen konnten nach dem nahen Zaun, wo sie sich hinaufschwenkten und sich festhielten an den Stauden, so daß es aussah als nisteten Wiedhöpfe drauf. Nur der Allgäuer räumte das Feld nicht; und wie er denn als ein ganzer Kerl beim Zeug war, wenn ers mit Ochsen zu tun hatte, so ließ er den Mollen ganz geruhig auf sich zukommen, und mir nichts dir nichts hatte er ihn bald beim Kragen, bald beim Schwanz, und zog und wurde gezogen, je nachdem er oder der Stier Herr und Meister war. Dies Spektakel dauerte eine ziemliche Weile, und die Wiedhöpfe auf dem Zaun lugten der Unfuhr zu und hatten ihre Gaudi an dem Mut und der Geschicklichkeit des Allgäuers. Das Gefecht kam aber näher gegen den Zaun hin, und der Ochs ersah sich seines Vorteils, so daß der Allgäuer Zeit hatte sich zu ducken und durch den Zaun zu schliefen, sonst wäre er gespießt worden. Der Stier aber, voller Zorn, rannte hier und dort gegen den Zaun an, und hier und dort, wo er anrannte, fiel ein Schwab um den andern herunter. Die schrien eines Schreiens um Schutz und Hilfe; und der Allgäuer, der sich ihrer erbarmen wollte, hupfte über einen Stiegel und ging wieder auf den Brummer los und schimpfelte mit ihm so lang, bis die Gespanen sich hinter den Zaun gerettet hatten und nun aussahen wie Hasen, die über ihren Jungen hocken. Dann nahm auch der Allgäuer wieder Reißaus; und der Hag und er sahen sich noch lang über den Zaun an, bis jener endlich den Gescheitern machte und davonging. Dann holte der Allgäuer den Spieß, und die sieben Schwaben zogen wieder fürbaß. Der Seehaas aber dachte in seinem Herzen: Wenns der allein mit einem Ochsen aufnimmt, so kanns uns gar nicht fehlen, da wir unserer Sieben sind.

## Von einem fahrenden Schüler und was er von Schwabenstreichen erfahren

In der Herberg, wo die sieben Schwaben diesmal übernachteten, trafen sie einen fahrenden Schüler an, und als sie ihn fragten, was er für ein Landsmann sei und was er auf Reisen tue, antwortete er: »Er heiße Adolphus und sei ein geborner Schwab; er habe aber viele Jahre im Norden studiert und ziehe nun im Süden umher, um Geschichten von den bekannten Schwabenstreichen zu sammeln, welche er dann im Druck ausgehen lassen wollte.« Der Seehaas sagte: »Er solle nur mit ihnen gehen, da könne er mehr als genug erfahren.«

Der Spiegelschwab aber raunte dem Allgäuer ins Ohr, er solle ihn nur gleich die Streiche fühlen lassen; der aber meinte, man müsse die Gelegenheit nicht vom Zaun brechen, sie werde sich schon finden. Und sie fand sich bald. Nachdem sie nämlich zu Nacht gegessen, legten sie sich auf die Streu, und der Allgäuer kam neben den Studenten Adolphus zu liegen. Der sagte zu ihm, ehe sie einschliefen: »Er solle nicht erschrecken, wenn er des Nachts umherschlage mit der Faust; es sei bloß eine Disputation und habe nichts zu bedeuten.« Der Allgäuer sagte: »Disputieren sei ja nichts Unrechtes; er tue es auch oft im Traum mit seinen Ochsen, wenn sie nicht vorwärts wollten.« In der Nacht kam wirklich dem Studenten Adolphus das Disputieren in den Kopf und in die Faust, und er gebärdete sich so hitzig, daß er dem Allgäuer auf die Nase schlug, der darob erwachte. »Bygost!« dachte er, »der hat schwere Träume, die muß ich ihm wohl vertreiben, wenn ich Ruhe haben soll.« Und er nahm eine Geißel, die an der Wand hing, und schnalzte lustig auf den Studenten Adolphus los, schreiend: »Hott, Bräunle! Wist, Bläßle! jihi, hott, wist!« und hieb dabei in die Kreuz und Quer. Der Student Adolphus schrie Zeter Morjo. Aber der Allgäuer tat als ob er fortträume, und trieb die Ochsen noch mehr an, indem er den Geißelstecken umkehrte und dreinschlug was er konnte. In der Höllenangst wußte der Student Adolphus nicht woan und woaus; da riß er ein Fenster auf, und der Allgäuer half ihm nach und gab ihm noch eine Schlappe auf den Weg mit. – Und so hatte denn der Student Adolphus von den Schwabenstreichen genug erfahren am eignen Leib; weiß aber nicht, ob er sie auch eingetragen habe in sein Buch.

Du Stupfer, du Hauser,
Du Rupfer, du Zauser,
Du Lecker, du Lauser,
Du Schlecker, du Mauser,
So soll es dir gehn,
Recht ist dir geschehn,
So soll es dir gehn.

## Wie die sieben Schwaben einem Juden begegnen, der sich mit ihnen in einen Handel einläßt

Zwischen Weingarten und Ravensburg begegneten die sieben Schwaben einem Juden. Wie der Spiegelschwab dessen ansichtig wurde, sagte er: »Den wollen wir schröpfen.« Sie gingen daher auf ihn zu und hielten ihm den Spieß vor, und der Blitzschwab schrie: »Zahle oder zable.« Jener sagte: »Bin ein armer

Jud; hab nix bei mir als wenig Lumpengeld; das ist nit für ehrliche Leut.« »Bygost! Das sind wir«, sagte der Allgäuer; aber beiten mußt du uns; und mach nur nicht viel Umständ.« »Na«, sagte der Jud, »ich beite nicht heute, muß sonst borgen auf morgen und der Morgen schiebts auf übermorgen.« Hat den Spruch, denk ich, sicher von der alten Hex, der Zigeunerin gelernt. »Potz Blitz«, sagte der Blitzschwab, »hältst du uns für Lumpen, die nicht bezahlen wollen?« Drauf der Jud: »Ehrlich wollen wir alleweil sein; wir könnens aber nicht alleweil sein.« Und so hielt er denn allen ihren Reden Stich; und wenn sie ihm gleich drohten, er müsse sonst morireln, so sahen sie ihm nicht darnach aus, daß sie mit dem Spieß Ernst machen wollten. Und er blechte nicht aus. Da nahm ihn der Spiegelschwab auf die Seite und sagte zu ihm: »Mauschele, weißt was? Wenn du doch nicht anders willst, so laß uns einen Handel machen; ich will dir die Bärenhaut da geben.« Der Jud riß die Augen angelweit auf und spitzte das Mäule und redete gar freundlich, und sagte: »Na, was mag sie wohl wert sein? Sechs Batzen geb ich drum.« Und sie wurden des Handels eins um einen Taler. Der Jud gab das Geld hin, aber der Spiegelschwab die Haut nicht; »denn, sagte er, er habe wohl vorher gesagt, daß er ihm die Bärenhaut geben *wolle;* jetzt aber sei er eines andern Sinnes geworden.« Der Jud mußte sichs wohl gefallen lassen, denn es waren ihrer Sieben gegen einen. Auch hatte er keine sonderliche Ursache, sich um den Taler zu balgen, wie sichs bald darauf gezeigt hat.

## Wie die sieben Schwaben sich die Ravensburger Würste schmecken lassen, und wie sie ihnen bekommen

Als die sieben Schwaben in Ravensburg angekommen, kehrten sie sogleich im nächsten besten Wirtshaus ein und verlangten sieben Ellen Ravensburger Würste. Und nachdem der Wirt sie gebracht, sagte der Knöpfleschwab: »Um keine Händel zu bekommen während dem Essen, wäre es am besten, ein jeder nähme das Maß nach seinem eigenen Leib und die Länge der Wurst darnach.« Der Allgäuer gab ihm recht; und wenn der einem recht gab, so galts. Also verteilten sie die Würste, und dem Nestelschwaben, an den zuletzt das Messen kam, blieb nur ein kleines Zipfele übrig; das steckte er ein, denkend: »Wenn die andern nichts haben werden, so werde ich doch etwas haben.« Der Spiegelschwab – denn so hatten sies ausgemacht – gab den Taler hin, um den er den Juden beschissen, und verlangte gute gangbare Münze heraus. Als aber der Wirt den Taler genauer ansah, merkte er, daß er falsch sei; und er schickte insgeheim nach den Stadtknechten, welche kamen und die

*Ravensburg. Kupferstich um 1750*

sieben Schwaben auf das Rathaus führten. Da wurden sie angeklagt als Falschmünzer und Gaudiebe, und es war drum und dran, daß sie gehenkt werden sollten. Und da hätte kein »Bygost!« des Allgäuers geholfen, und kein »Potz Blitz!« des Blitzschwaben, und kein Lamentieren der übrigen – wenn nicht der Jud für sie eingestanden wäre. Das ist aber so zugegangen. Der Jud hatte ihnen den Rang abgelaufen und war mit ihnen zu gleicher Zeit in die Stadt gekommen, und er klagte sie bei der Obrigkeit an als Straßenräuber. Den bemerkte nun in einem Eck der Spiegelschwab, und er sagte: »Der ist der Falschmünzer.« Der Jud mochte leugnen wie er wollte, er wurde beim Schopf genommen und in Eisen geschlagen; denn zur damaligen Zeit hatten sieben Christenmenschen noch mehr Credit als ein Jud, wogegen es in unsern Zeiten der umgekehrte Fall zu sein scheint. Da aber einmal die Gerechtigkeit im Gang war, und überdies noch der Steckbrief bei ihnen gefunden wurde, so ward im Rat beschlossen, daß jeder von ihnen dreißig Prügel minder einen bekommen soll, und das von Rechts wegen. Darauf wurden sie frank und frei gelassen. Und die Zech für dieses Tractament sind die sieben Schwaben und ihre Landsleute den Ravensburgern noch schuldig. Was aber den Juden anbelangt, so weiß ich nicht, was die Zigeunerin ihm prophezeit hat; ich denk aber, er lebe noch, wenn er nicht gehenkt worden.

## Wie die sieben Schwaben vor einem Galgen vorbeigehen und einen Gehenkten befreien

Außer Ravensburg kamen die sieben Schwaben vor einem Galgen vorbei. Du mußt aber wissen, wenn Du es nicht schon weißt, günstiger Leser! daß es nirgends mehr Galgen gibt im ganzen deutschen Reich, als im Schwabenland; woraus Du jedoch nicht den Schluß machen darfst, daß dort die Spitzbuben zu Haus seien, sondern sie laufen eben aus allen übrigen Gegenden Deutschlands zusammen, wo sie wissen, daß sie niemand fängt und henkt. Der Ravensburger Galgen stand aber nur selten leer, und war zu derselbigen Zeit der berühmteste nach dem Buchloer, an dem meistens ein halb Dutzend zugleich hingen. Und so pampelte denn auch einer an jenem Galgen, und er schien noch ein Frischling und nicht über einen Monat alt zu sein. Da fiel dem Spiegelschwaben ein, daß ein Diebsfinger geheime Kräfte habe, und man könne zu Geld kommen, ohne daß man es, was man so nennt, stehle. Er wollte daher dem Patron einen Finger abschneiden, vermeinend, daß er ihm doch nimmer weh tue; er krächselte den Galgen hinauf und setzte sich grattlings auf die Schultern des armen Sünders. Da brach der Strick und er fiel mitsamt dem Toten herunter, der, weil er ganz stärr war, aufrecht an das Lander sich hinlehnte, als wollte er drübersteigen; und der Spiegelschwab saß noch auf ihm. Das sahen die andern Gesellen; und im ersten Schrecken vermeinten sie, der Schächer sei lebendig geworden und wolle ihnen nachlaufen. Und sie rannten davon wie Spitzbuben, ohne umzuschauen, und rannten immer mehr, da sie hörten, daß wirklich einer hinter ihnen her trotte – es war aber der Spiegelschwab, der auch nicht säumte –, und sie wären vielleicht fortgerannt bis ans Ende der Welt, wenn ihnen nicht endlich der Schnaufer ausgegangen wäre. Da sahen sie nun wohl, daß niemand hinter ihnen her sei; aber nehmen ließen sie sichs nicht, es sei dem wirklich so gewesen, und der Spiegelschwab war derselben Meinung. »Der hat sicher den Gescheitern gemacht und ist nach Haus gelaufen, und die Ravensburger mögen sehen, wie sie ihn wiederbekommen« – so sagte einer; ich sags aber nicht, wer es gesagt hat.

## Wie der Nestelschwab seine Mutter findet, aber seinen Vater nicht

Vor Markdorf am Weg beim Brunnen saß ein altes Mütterle, die hatte Brillen auf und lugte so vor sich hin, als suchte sie etwas. Und wie die sieben Schwaben vorbeigingen, glaubten sie, es sei die Zigeunerin, und gingen auf sie zu. Die sah auf, und als sie einen nach dem andern angelugt, rief sie plötzlich: »Rudeli, liebs Sühnli!« Der Nestelschwab merkte, daß dies seine Mutter sei, und sagte: »Mämmeli, do bini jo!« Jene sagte: »Chetzer! wo bisch denn so lange Zit gsin?« – »In der Welt« sagte der; und er griff in den Sack und gab ihr das Zipfele Wurst hin, das er seinem Maul abgespart hatte in Ravensburg, und sagte: »Gott gsegnis!« Die Mutter sagte: »Luser, wie siehts auf dinem Grind us? Las lugen.« Und Rudeli legte sich demütig nieder und tat seinen Kopf in ihren Schoß, und die Mutter strählte ihm sein Haar und suchte was sie suchen konnte. – Als die Mutter mit Rudelis Grind fertig gewesen, sagte sie: »Jetzt soll er bei ihr bleiben.« Der aber fragte den Seehaasen insgeheim; und als dieser ihm zugeredet, sagt er zur Mutter: »Er müsse vorerst noch Taten tun, und die Mutter solle nur hier auf ihn warten, dann wolle er mit ihr zurück ins Schwyzerland.« Die Mutter bat: »Rudeli, liebs Rudeli!« Rudeli aber blieb dabei, er müsse Taten tun. Und er ging zu den Gesellen und mit ihnen weiter. Unterwegs fragte ihn der Seehaas: »Ob er denn also ein Schweizer sei?« Er antwortete: »Seine Mutter sei aus der Schweiz und habe als Marketenderin gedient unter den Rotmäntlern.« – Und so wissen wir denn bis heutigs Tags noch nicht, was der Nestelschwab für ein Landsmann gewesen, und ob er schon aus der Schweiz keinen Verstand mitgebracht, oder ihn erst in Schwaben verloren hat.

## Wie die sieben Schwaben des Sees ansichtig werden, und was sie dazu sagen

Als die sieben Schwaben des Sees ansichtig wurden, sagte der Seehaas: »Das ist der Bodensee.« Die blieben stehen und rissen Aug und Maul auf und lugten eines Lugens. »Bygost!« sagte der Allgäuer, »das ist eine Lache, so groß, man könnte den Gründen drin versäufen.« Und der Spiegelschwab fragte den Seehaasen: »Ob das Wildenten seien, so man dort in der Ferne sehe?« Es waren aber Schiffe. Und der Gelbfüßler: »Ob jenseits drüben auch Leute wohnen, wie diesseits?« Und einer um den andern fragte dies und jenes, und der Seehaas erzählte und sagte: »Es sei dies das deutsche Meer – müßten sie wissen – und es habe einen Umfang von wenigstens hundert Meilen – er lüge nicht, sagte er. – »Und der See«, sagte er, »habe gar keinen Grund und Boden; darum heiße er eben auch der Bodensee, wie leicht zu begreifen sei. Und bei stillem, hellem Wetter«, sagte er, »sehe man versunkene Städte und Schlösser drin, und ganze Landschaften – er sag es«, sagte er. – »Und Fische gab es drin«, sagte er, »so groß wie das Kostnitzer Münster, – er lasse nichts abmarkten«, sagte er. – »Auch Nixen geb es die Menge, zu Land und zu Wasser – sehen müßt ihrs«, sagte er. »Und wenn der See aber stürmisch sei, so werfe er Wellen – er übertreibe nicht – so hoch wie der Sentis (ist ein Berg). Und er könnte der Wunderdinge noch viel erzählen«, sagte er, »aber wers nicht selbst sehe, der glaubt es nicht.« – »Potz Blitz!« sagte der Blitzschwab ein um das andere Mal; die andern aber sagten kein Wörtle. – Nachdem sie sich nun schier die Augen ausgelugt, so zogen sie fürder, Überlingen vorbei, gegen den Wald zu, wo das Ungeheuer hauste. Um sich aber auf dem Weg dahin die lange Weil zu vertreiben und die bösen Gedanken, sang der Blitzschwab das schwäbische Wallfahrtslied, und die andern stimmten ein, wie folgt:

Jetzt stellen die Bauren ein'n Kreuzgang an,
Zu dem muß kommen Jedermann.
Es läuten schon die Glocken ein,
Der Pfarrer will nicht der Letzte sein.
Der legt ein zottlets Hemat an,
Unten und oben Zwickele dran.
Nacher tragt man ein große Stang voraus,
Zoberst hangt ein Fahnen heraus.
Man sagt uns viel vom ewigen Leben,
Und noch viel mehr vom Stuiren-geben.
Da geht man um den Altar hrum,
Daß keiner zspät zum Opfer kumm.
Beim roten Bären kehrt man ein,
Da muß es auch recht gloffen sein.
Der Pfarrer der geht da hinten drein,
Und schenkt mit dem Weihwedel ein.
Der Kreuzgang sich dem Dorf zuwendt,
Jetzt hat die Prozession ein End.

## Wie die sieben Schwaben zum letztenmal Mittag halten und dabei Todesbetrachtungen anstellen

Ehe sie aber in den Strauß gingen, wollten sie noch eine Herz- und Magenstärkung zu sich nehmen, und der Knöpfleschwab sparte weder Schmalz noch Salz, um das Henkersmahl recht appetitlich zu machen. Als sie nun so um die Pfanne herumsaßen und sich die gerbsteten Spätzle schmecken ließen, sagt der Allgäuer, indem er einen Seufzer holte bis vom untersten Zehen herauf: »s ist ein Sach, wenn man bei sich so recht bedenke, daß man zum letztenmal in seinem Leben zu Mittag ißt.« Das Wort fiel dem Blitzschwaben auf das Herz, und er tat auch einen Seufzer und sagte: »O Kätherle!« und sang gar kläglich und beweglich für sich hin:

Soll ich denn sterben,
Bin noch so jung, so jung!
Wenn es mein Mädle wüßt ,
Daß ich schon sterben müßt,
Sie tät sich grämen
Mit mir ins Grab.

Der Seehaas redete ihnen Mut zu, sagend: »Liebe Leute, denkt: Tod hilft aus aller Not. Wer im Grab liegt, dem ist wohl gebettet.« – »Aber nicht, wer im Rachen liegt des vermaledeiten Tiers«, sagte der Gelbfüßler. »Doch wir wissen ja noch nicht, ob unser Stündle gekommen ist.« Der Nestelschwab sagte: »Meine Mutter hat mir oft gesagt, daß mein Stündle gar nie kommen werde.« Und war noch der einzige, der sich das Sterben nicht zu Herzen hat gehen lassen. Aber der Allgäuer lugte immer noch finsterer drein und ließ den Kopf immer tiefer hangen, und holte wieder einen Seufzer und sagte: »s ist e Sach!« und der Knöpfleschwab fing an still vor sich hin zu heinen. Dann holte der Allgäuer zum drittenmal einen Seufzer und sagte: »s ist e Sach!« in so herzbrechender Weise, daß alle zu flarren anfingen und zu röhren. Nur der Spiegelschwab wußte nicht recht, ob er lachen oder weinen sollte, weil er sah, wie sich der Knöpfleschwab anstrengte, zugleich das Herz zu leeren und das Maul zu stopfen, so daß er ein Gefriß machte, wäre gut gewesen für einen, der die Kinder erschrecken wollte, daß sie die Fraiß bekämen.

## Wie die sieben Schwaben sich in Schlachtordnung stellen

Es war nun an der Zeit, daß sich die sieben Schwaben in Schlachtordnung stellten. Der Seehaas meinte, sie sollten alle sogleich in der Reihe losziehen, wie bis hieher; und der Knöpfleschwab gab ihm recht und meinte, man solle keine Neuerung machen. Aber der Allgäuer sagte: »Er wolle jetzt einmal der letzte sein, denn er sei lang genug der erste gewesen.« – »Kurasche«, sagte der Blitzschwab, »habe ich genug im Leib, das könnt ihr mir glauben, aber ich hab nicht genug Leib für die Kurasche und die Bestie.« Der Nestelschwab meinte: »Warum denn gerad einer der erste sein und einer der letzte? Sie sollten sich nur alle in der Mitte halten, so geschehe keinem kein Weh.« – »Und ich meine«, sagte der Spiegelschwab, »es sei am allerbesten, daß einer für alle sterbe. Knöpfleschwab«, sagte er, »was meinst? Wie ist dir? Du wärst so der rechte Bissen.« Der aber schrie und stampfte und zappelte mit allen vieren, als wenn er schon an dem Spieß steckte. Nun nahm der Seehaas das Wort und sagte: »Liebe Freunde und Landsleute! Frisch gezuckt ist halb gefochten. Es ist nichts besser, denn ein guter Mut in bösen Sachen. Das gute Herz sieget in allem Übel. Verzagt Mann kam mit Ehren nie vom Plan.« Darauf wandte er sich an den Gelbfüßler und sagte zu ihm: »Gang, Jackele, gang du voran, du hast Sporen und Stiefele an, daß dich das Tier nicht beißen kann.« Und der Gelbfüßler ließ sich dazu bewegen; denn er dachte an das Wort der Zigeunerin und er sagte zu sich selbst: »Entweder lauft das Tier davon, dann laufe ich ihm nach; oder es lauft mir nach, dann lauf ich davon, und so kriegen wir uns beide nicht unser Leben lang.«

## Wie die sieben Schwaben den Strauß bestehen

Da es nun aber an dem ist, daß ich Dir, günstiger Leser, das größte und gefährlichste Abenteuer erzählen soll, welches die sieben Schwaben bestanden: so befinde ich mich in keiner kleinen Verlegenheit, wie ich die Sache der Wahrheit gemäß darstellen soll. Denn weil ich die Tat, leider! nicht selbst mitgetan, so mußte ich sie eben von jenen vernehmen, die, wie verlautet, dabei gewesen; absonderlich von dem Seehaasen, dem Anführer der Helden und dem Verkündiger ihres Heldentums. Der aber, wie Du weißt, ist ein Erzlügner gewesen, ein Windbeutel, ein Ploderer, ein Mährensager von Haus aus. Und die übrigen, mit Respekt zu melden! verdienen wohl ebensowenig Glauben; denn jeder, wie leicht zu vermuten, wird nur zu eignen Gunsten erzählet und seinen Part am Abenteuer herausgestrichen haben. In solcher Not, was soll der Geschichtsschreiber tun? Ohne Zweifel das Beste. Und so will ich denn die Historie also nehmen und geben, wie sie mir als die natürlichste und wahrhaftigste erscheint. Andere machen es auch nicht anders im andern. – Es sei also kund und zu wissen, wie daß die sieben Schwaben in den Strauß zogen, hübsch langsam voran, gegen den Busch zu, wo, wie der Seehaas sagte, der Drache sein Nest hatte. Als sie schon ganz nahe waren, sagte der Spiegelschwab: »Mich grimmts im Bauch, und ich muß abseiten.« Das wollte der Allgäuer nicht leiden, und er sagte: »Er sollte mit den andern mitmachen und nicht apart tun.« Der Spiegelschwab versetzte: »Er wolle ja nur spionieren gehen, wo das Tier stecke.« »Laß es stecken«, sagte der Allgäuer, »wo es steckt, und bleib, sag ich.« »Jetzt seid stät und haltets Maul«, rief der Seehaas, »und lugt und lost.« Und wie sie nun gegen den Busch weiter vordringen und lugen und losen, siehe, da liegt ein Has im Busch, der lugt und lost auch, und macht ein Männle und erschrickt und lauft davon. Die sieben Schwaben aber blieben stehen ganz erstaunt und erstarrt »Hasts gesehn? Hasts gesehn?« rief einer um den andern; und »Es war so groß wie ein Pudelhund – wie ein Mastochs – wie ein Trampeltier« sagte einer um den andern. »Bygott!« sagte zuletzt der Allgäuer, »wenn das kein Has gewesen, so weiß ich den Gürndten von keinem Büchel zu unterscheiden.« – »Nun ja, Has hin, Has her!« sagte der Seehaas, »ein Seehaas ist halt größer und grimmiger als alle Hasen im heiligen deutschen Reich.« Und das hat er gut gemacht. – Dieses Tiergeschlecht aber, mein ich, wird seit der Zeit wohl ausgestorben sein, wie die Mammut.

## Wie die sieben Schwaben ein Siegeszeichen errichten und in Frieden und Freuden in Überlingen einziehen

Nachdem die sieben Schwaben das Abenteuer glücklich überstanden, wären sie bald einander selbst in die Haare gekommen. Der Seehaas nämlich tat Meldung vom Bärenfell und sagte, daß es abgeredtermaßen billig ihm gehöre, denn er sei es doch, der sie alle angeführt habe (worauf auch die Zigeunerin bildlich angespielt). Das wollten die andern nicht zugeben, und der Gelbfüßler sagte: »Ob er ihn verdiene oder nicht, darüber wollte er nicht streiten; aber er sei einmal an der Spitze gestanden, und mithin –« »Und ich bin an der Spitze gegangen«, sagte der Allgäuer, und »Bygott!« sagte er, »ich will den sehen, der mir es nimmt.« Nachdem sie lange Zeit so fort gehadert, nahm der Seehaas das Wort und sagte: »Liebe Landsleute und Freunde, ich will euch was sagen: Die Welt wird einmal voll sein von unserer Tat, und es tut darum not, daß ein Siegeszeichen vorhanden bleibe auf ewige Zeiten. Weil wir nun aber dem Seehaasen selbst nicht die Haut abziehen konnten, sintemal wir ihn nicht erwischt, sondern fortgejagt haben über den Rhein hinum ins Franzosenland, wo er um sich beißen soll, so viel er mag; so wollen wir statt dessen die Bärenhaut – ist ein Ding«, sagte er – »samt dem Spieß ausstellen in meiner Vaterstadt Überlingen, in deren Nähe die Tat vollbracht worden. Ists euch recht, so hebt den Finger auf und saget ja.« Die andern hoben den Finger auf und sagten ja; und der Allgäuer sagte: »Ich sage nicht nein«, und gab die Bärenhaut her, die sie dann an den Spieß steckten. Und so zogen die sieben Schwaben in Frieden und Freuden in Überlingen ein, und gingen in die Kirche, wo sie Gott lobten und dankten für die glücklich überstandene Gefahr. Nachher aber gingen sie ins Wirtshaus zum goldenen Kreuz, um auch ihren Leib zu laben mit Seewein.

## Von der Kapelle zum schwäbischen Heiland

Die Überlinger, als sie die Tat ihres Landsmanns vernommen und das erbeutete Siegeszeichen gesehen, beschlossen einmütiglich eine fromme Stiftung zu machen, und sie erbauten eine Feld-Kapel am See, wo der Spieß aufgehängt werden sollte zum ewigen Andenken. Die Kapel aber wurde erbaut zur Ehre des Erlösers, und ein Bildschnitzer bekam den Auftrag, einen schönen Herrgott aus Holz zu machen, sieben Ellen hoch; das tat er, und auf das Gestell schrieb er mit vergoldeten Buchstaben: Heiland der Welt. Aber die Überlinger wollten die Inschrift nicht gutheißen, sondern, da der Herrgott den sieben Schwaben geholfen hätte aus ihren Ängsten und Nöten, so solle er auch der *schwäbische Heiland* genannt werden. Und so geschah es denn auch. Der Seehaas aber baute sich eine Hütte neben dem Kirchlein und wurde ein Klausner; und es kamen viele Pilgrime nach Überlingen, denen der Klausner die Geschichte der sieben Schwaben erzählte mit allen Umständen, weshalb noch jetzt die Welt davon voll ist. Und der schwäbische Heiland war zu derselbigen Zeit so berühmt als der große Herrgott in Schaffhausen. Im Schwedenkrieg aber wurde die Kapel zerstört, und die Schweden haben das Siegeszeichen mit sich fortgenommen. (310)

# Literatur


| | |
|---|---|
| Baader 1851 | Bernhard Baader, Volkssagen aus dem Lande Baden und den angrenzenden Gebieten, Karlsruhe |
| Baader 1859 | Bernhard Baader, Neugesammelte Volkssagen aus dem Lande Baden, Karlsruhe |
| Barack 1869/1881 | Karl August Barack, Zimmerische Chronik, 4 Bde., Tübingen (1. u. 2. Aufl.) |
| Bechstein 1853 | Ludwig Bechstein, Deutsches Sagenbuch, Leipzig |
| Binder 1842 | W. Binder, Alemannische Volkssagen, Geschichten und Märchen, Stuttgart |
| Birlinger 1859 | Anton Birlinger, Zwergsagen aus Schwaben, in: Zs. f. dt. Mythologie und Sittenkunde 4 (1859), Göttingen |
| Birlinger 1861 | Anton Birlinger, Volkstümliches aus Schwaben, I, Freiburg |
| Birlinger 1874 | Anton Birlinger, Aus Schwaben, 2 Bde., Wiesbaden |
| Bolte 1924 | Johannes Bolte (Hrsg.), Joh. Pauli, Schimpf und Ernst, I, Stuttgart |
| Decker-Hauff 1964 | Hansmartin Decker-Hauff, Die Chronik der Grafen von Zimmern, Bd. I, Darmstadt |
| Decker-Hauff 1967 | Hansmartin Decker-Hauff, Die Chronik der Grafen von Zimmern, Bd. II, Darmstadt |
| Dünninger 1964 | Josef Dünninger, Fränkische Sagen vom 15. bis zum Ende des 18. Jahrhunderts, Kulmbach 2. A. |
| Fischer 1922 | L. Fischer, Schwäbische Sagen und Geschichten, 2. A. v. F. Lämmerer, Augsburg |
| Frauenfelder 1933 | Reinhard Frauenfelder, Sagen und Legenden aus dem Kanton Schaffhausen, Schaffhausen |
| German 1900 | W. German, Chronik von Schwäbisch-Hall, Schwäbisch Hall |
| Grässe 1867/1871 | J. G. Th. Grässe, Sagenbuch des Preußischen Staats, 2 Bde., Glogau |
| Grimm 1865 | Jacob u. Wilhelm Grimm, Deutsche Sagen, 3. A., Berlin (Neuausgabe 1959) |
| Hermann o. J. | Paul Hermann, Zimmerische Chronik, 4 Bde., Meersburg |
| Kapff 1926 | Rudolf Kapff, Schwäbische Sagen, Jena |
| Kerner 1859 | Justinus Kerner, Bilderbuch aus meiner Knabenzeit, Braunschweig |
| Künzig 1930/1965 | Johannes Künzig, Schwarzwald-Sagen, Jena, Düsseldorf |
| Meier 1852 | Ernst Meier, Deutsche Sagen, Sitten und Gebräuche aus Schwaben, Stuttgart |

| | |
|---|---|
| Meier 1853 | Ernst Meier, Schwäbische Sagen, in: Zs. f. dt. Mythologie und Sittenkunde I (Göttingen) |
| Mittermaier 1849 | L. Mittermaier, Das Sagenbuch der Städte Gundelfingen, Lauingen, Dillingen, Höchstädt und Donauwörth, Dillingen |
| Moser-Rath 1964 | Elfriede Moser-Rath, Predigtmärlein der Barockzeit, Berlin |
| Petzoldt 1970 | Leander Petzoldt, Deutsche Volkssagen, München (= DVS) |
| Petzoldt 1976 | Leander Petzoldt, Historische Sagen I, München |
| Petzoldt 1977 | Leander Petzoldt, Historische Sagen II, München |
| Petzoldt 1989 | Leander Petzoldt, Dämonenfurcht und Gottvertrauen. Zur Geschichte und Erforschung unserer Sagen, Darmstadt |
| Petzoldt 1990 | Leander Petzoldt, Kleines Lexikon der Dämonen und Elementargeister, München |
| Petzoldt 1990 | Leander Petzoldt, Sagen rund um den Bodensee, Karlsruhe |
| Petzoldt 1992 | Leander Petzoldt, Sagen von Zauberinnen, Kaisern und weltlichen Herren, München |
| Peuckert 1962 | Will-Erich Peuckert, Deutsche Sagen II, Mittel- und Oberdeutschland, Berlin |
| Reiser 1894 | Karl Reiser, Sagen, Gebräuche und Sprichwörter des Allgäus I, Kempten |
| Schmitt 1895 | E. Schmitt, Sagen, Volksglaube, Sitten und Bräuche aus dem Baulande, Baden-Baden (Höh. Mädchenschule Baden, Jahresbericht... 1894/95) |
| Schönhuth 1860 | O. F. H. Schönhuth, Burgen, Klöster, Kirchen und Kapellen Württembergs, Stuttgart |
| Uhland 1863 | Ludwig Uhland, Schriften zur Geschichte der Dichtung und Sage, Stuttgart |
| Waibel/Flamm 1898 | Josef Waibel, Hermann Flamm, Badisches Sagenbuch I, Freiburg |
| Waibel/Flamm 1899 | Josef Waibel, Hermann Flamm, Badisches Sagenbuch II, Freiburg |


# *Abkürzungen*

| | |
|---|---|
| A: | Aufzeichner (eines Sagentextes) |
| DVS: | Deutsche Volkssagen (vgl. Petzoldt 1970), hier weitere Anmerkungen |
| E: | Erzähler |
| ed.: | herausgegeben von |
| KA: | Konferenzaufsatz (vgl. hierzu: K. Bohnenberger, Volkstümliche Überlieferungen in Württemberg, 2. A. 1963, Stuttgart) |
| Mda | Mundart, mundartlich |
| ZA | Zentralarchiv der deutschen Volkserzählung, Marburg |
| Zs | Zeitschrift |

# Anmerkungen und Quellennachweise

[1] Baader 1851, S. 190, Nr. 207
[2] Birlinger 1861, S. 186, Nr. 294. (Mündlich)
[3] Birlinger 1861, S. 180, Nr. 281. (Mündlich aus Ertingen)
[4] Birlinger 1861, S. 180, Nr. 282. (Mündlich) vgl. DVS 19
[5] Bechstein 1853, S. 654 f, Nr. 796
[6] Meier 1852, I, S. 36, Nr. 33. (Mündlich). Vgl. DVS 272
[7] Schmitt 1895, S. 10, Nr. 18. (Hettingen)
[8] Meier 1852, I, S. 22 f, Nr. 15.1
[9] Panzer 1855, II, S. 54 f, Nr. 67
[10] Grimm 1865, Nr. 486
[11] Panzer 1855, II, S. 194, Nr. 331
[12] Aufzeichnung Paula Hollenweger, Feldberg. (Mündlich aus dem Markgräflerland). (unveröffentlicht)
[13] Meier 1851, I, S. 496, Nr. 221. (Mündlich aus Derendingen, Rotenburg, Wurmlingen)
[14] Meier 1851, I, S. 167, Nr. 188. (Mündlich)
[15] Ebda
[16] Baader 1851, I, S. 327 f, Nr. 367
[17] Ebda
[18] ZA 203085. (Nachlaß Schönwerth. Mündlich aus Neuenhammer/Oberpfalz, um 1860). (unveröffentlicht)
[19] W. German: Chronik von Schwäbisch-Hall, Schw. Hall 1900, S. 183. Vgl. Kapff 1926, S. 159
[20] ZA 159011. (Mündlich aus Dillingen, vor 1897). (unveröffentlicht)
[21] Birlinger, in: Alemannia 4 (1876), S. 161 f. (Nach Aufzeichnungen d. protest. Pfarrers Köhler, Marschalkenzimmern)
[22] Schmitt 1895, S. 11, Nr. 22
[23] Birlinger 1874, I, S. 320, Nr. 356
[24] KA 1900; A: G. Hensinger, O: Hengstfeld, Krs. Crailsheim. (unveröffentlicht)
[25] E: Josef Bitsch, 54 J., Elektroinstallateur; A: Gabriele Mensing, 1974; O: Sasbach (Kaiserstuhl). Mda: Lissele = Leiselheim; Schlienge = Schliengen. (unveröffentlicht)
[26] Birlinger 1861, I S. 301, Nr. 479. (Aus der Umgebung von Leutkirch)
[27] Birlinger 1874, I, S. 20, Nr. 21.3. (Aus Leutkirch)
[28] Meier 1852, I, S. 182 f, Nr. 199. (Mündlich aus Derendingen)

[29] Kapff 1926, S. 95. (Nach Meier 1852, I, S. 163, Nr. 182). (Mündlich aus Heubach; Zusätze v. Kapff)
[30] Baader 1851, I, S. 24 f, Nr. 32
[31] J. J. Hoffmann, Schapbach und seine Bewohner, in: Alemannia 23 (1895), S. 31 f. (Aus Schapbach). Vgl. Künzig 1930/1965, S. 23
[32] Meier 1852, I, S. 184 f, Nr. 203. (Mündlich aus Bühl)
[33] E: Lina Fischer, 77 Jahre; A: Gabriele Mensing 1974; O: Sasbach/Kaiserstuhl. (unveröffentlicht)
[34] Meier 1852, I, S. 186 f, Nr. 205. (Mündlich aus Reutlingen)
[35] Meier 1852, I, S. 180, Nr. 197. (Mündlich aus Calw). Vgl. DVS 36
[36] KA 1900. A: G. Hensinger; O: Hengstfeld, Kr. Crailsheim. (unveröffentlicht)
[37] Schönwerth 1857/59, I, S. 132 f, Nr. 3. Vgl. DVS 44
[38] Birlinger 1861, S. 303, Nr. 482. Vgl. DVS 85
[39] Birlinger 1861, S. 301 f, Nr. 480
[40] J. J. Hoffmann, Schapbach und seine Bewohner, in: Alemannia 23 (1895), S. 87 f. Vgl. Künzig 1930/1965, S. 35
[41] Baader 1859, S. 14, Nr. 19
[42] Langheinz: Sagen aus Hirschhorn, in: Archiv f. Hessische Geschichte und Altertumskunde 14 (1879), S. 23. Mda: Bäsel = Base, Cousine; Brammen – Besen = Besen aus Pfriemenkraut
[43] Meier 1852, I, S. 190 f, Nr. 213. (Mündlich aus Wurmlingen)
[44] Baader 1851, S. 308
[45] Meier 1852, I, S. 190, Nr. 212. (Mündlich aus Wurmlingen)
[46] Decker-Hauff 1967, S. 340 f
[47] Birlinger 1861, S. 316, Nr. 505
[48] Baader 1859, S. 20 f, Nr. 28
[49] Meier 1852, I, S. 208 f, Nr. 236. (Mündlich aus Wurmlingen)
[50] Decker-Hauff 1972, S. 122
[51] Birlinger, in: Alemannia 2 (1873), S. 146 f. (Nach dem protest. Pfarrer Köhler, Marschalkenzimmern)
[52] Birlinger 1861, S. 116 f, Nr. 173
[53] Birlinger, in: Alemannia 4 (1876), S. 173 f. (Nach Aufz. des ev. Pfarrers Köhler, Marschalkenzimmern)
[54] A: Sybille Mayer 1974; nach Erzählung ihrer Großmutter, die dies 1923 erlebt hat. O: Rot a. d. Rot. (unveröffentlicht). Mda: A'ma = an einem (Morgen); Kloschtertante = Tante der Erzählerin, die in einen Orden eingetreten war. Die Erzählerin berichtet einen weiteren Fall von Todansagen aus dem 2. Weltkrieg: »D' Familie isch z'ammag'seßa ond hot mein Geburtstag g'feiert. Mir hant ons alle iber mein' jingschta Sohn onterhalta, der domols en Kenigsberg em Lazarett g'leaga isch. Weil mir endlich mol alla wissa hant wella, wia's ihm goht, ha'mir beschlossa, daß mir ihn a'ruafet.
Mir send alle em Wohnzimmer g'wea, des neaber onserer Kiche war. Ond

zwischa dene zwoi war a kloina Durchreiche en d'r Wand, dia ma mit ema Glasfenschter zuag'macht hot.
En d'r Zwischazeit isch es scho demmrig gwea, so daß mir d' Petroleumlampa a'zendet hant. Pletzlich hot oina vo de Fraua aufg'schria ond isch ganz weiß em G'sicht worra. Mit ihrem Fenger hot se bloß emmer auf dia Glasscheib zoigt. Ond na hant mir alle des g'seha: a Hand mit em a verkrippelta Finger isch emmer kroisfermig om dia Scheib g'fahra. I hau glei so a Vorahnung g'hett, daß mei Bua ons hot ebes saga wella. De andere waret it so recht iberzeigt d'rvo. Aber a Woch schpäter ha' mir d' Todesnachricht vo mei'm Soh' kriagt. Sei Schterbezeit hot genau uf da Zeitpunkt vo dera komischa Erscheinung paßt.«

[55] E: Josef Bitsch, 54 J.; A: Gabriele Mensing, 1974; O: Sasbach/Kaiserstuhl. Eine ähnliche Erzählung wird aus Rot a. d. Rot berichtet:
»Als mei Bruader en Rußland g'falla isch, send bei uns alle 2 Geil los'bonda em Schtall 'romg'laufa ond alles Zaumzeig isch zerschtrait auf 'm Schtallboda g'leaga. Des war am 6. September 1943 ond am 27. November ha'mir erfahra, daß er genau an dem Tag en Rußland g'falla isch.«
(A: Sybille Mayer, 1974 aufgezeichnet nach Erzählung ihrer Großmutter. O: Rot a. d. Rot; unveröffentlicht)

[56] Justinus Kerner: Die Seherin von Prevorst, Stuttgart o. J., S. 63. – Es handelt sich um Friederike Hauffe, geb. 1801 in Prevorst, gest. 5. 8. 1829 in Weinsberg, die zwei Jahre im Hause Kerners lebte.

[57] Meier 1852, I, S. 145 f, Nr. 166. (Nach: Lacorn: Chronik der Stadt Schwäbisch Hall, 1700, S. 378). Vgl. das Gedicht von Ludwig Uhland »Junker Rechberger«.

[58] Baader 1859, S. 38 f, Nr. 54

[59] Meier 1852, I, S. 6 f, Nr. 4.1. (Mündlich aus Pfullingen)

[60] Grässe 1871, S. 664, Nr. 734

[61] Baader 1851, S. 186, Nr. 201

[62] Meier 1852, I, S. 303, Nr. 339, nach: Anzeiger für das dt. Altertum ed. Mone, 1834)

[63] A. Herrlein, in: Bayerland 9 (1898), S. 611 f

[64] Baader 1851, S. 142, Nr. 153

[65] Waibel/Flamm 1898, I, S. 175 (gekürzt)

[66] Birlinger 1874, I, S. 76, Nr. 93

[67] Meier 1852, I, S. 270, Nr. 302. (Mündlich aus Gomaringen)

[68] Meier 1852, I, S. 277, Nr. 312. (Mündlich aus Ehningen)

[69] Birlinger 1874, I, S. 231 f, Nr. 234

[70] Birlinger 1861, I, S. 248, Nr. 380

[71] Baader 1859, II, S. 38, Nr. 52

[72] E: Lina Fischer, 77 J.; A. Gabriele Mensing, 1974, O: Sasbach/Kaiserstuhl. (unveröffentlicht)

[73] Die Hofer Chronik des Enoch Widmann, S. 113 f. (Vgl. Dünninger 1964

S. 32, Nr. 21)
[74] Meier 1852, I, S. 276, Nr. 311. (Schriftlich vom Heuberg)
[75] Meier 1852, I, S. 114.3. (Mündlich aus Lustnau)
[76] Meier 1852, I, S. 270 f, Nr. 303. (Mündlich)
[77] Birlinger 1861, S. 286, Nr. 448. (Mündlich)
[78] Meier 1852, I, S. 272, Nr. 306.1. (Mündlich aus Lustnau)
[79] Ebda, S. 273, Nr. 306.4. (Mündlich aus Bühl)
[80] Birlinger 1861, I, S. 220, Nr. 336. Vgl. Panzer 1848, I, Nr. 213. (Mündlich)
[81] Meier 1852, I, S. 121, Nr. 136. (Mündlich aus Neresheim)
[82] Württembergische Jahrbücher für Statistik und Landeskunde, Stuttgart 1904, S. 98. Vgl. Kapff 1926, S. 33 f
[83] Schmitt 1895, S. 8, Nr. 8
[84] KA 1860. A: Josef Peter; O: Waldsee/Krs. Ravensburg. (unveröffentlicht)
[85] Die Hofer Chronik des Enoch Widmann; zum Jahr 1518. Vgl. Dünninger 1964, S. 32, Nr. 20
[86] Decker-Hauff 1964, S. 159 f
[87] ZA 202922. (Nachlaß Schönwerth, Oberpfalz, um 1860). Vgl. L. Petzoldt Der Tote als Gast. Volkssage und Exempel, Helsinki 1964
[88] Hermann o. J., I, S. 626–629. Vgl. Franz Ginzkey »Ballade von den drei Gehenkten«, in der dieser Stoff behandelt wird
[89] Baader 1851, S. 187, Nr. 203
[89a] A: Sybille Mayer; nach Erzählung ihrer Großmutter aufgezeichnet 1974; O: Rot a. d. Rot (unveröffentlicht)
[90] Johann Manlius: Locorum Communium. Der erste Theil . . . Vgl. Dünninger 1964, S. 30 f, Nr. 18. Siehe Foto vor S. 113
[91] Baader 1859, S. 36 f, Nr. 50. Diese und die folgende Sage besitzen eine lange Tradition. In der Chronik des Thietmar von Merseburg heißt es: »In einem schwäbischen Gau in der Grafschaft des Grafen Bezelin geschah ein gar schreckliches Wunder. Hingerafft durch plötzlichen Tod war eine verheiratete Frau verstorben. Ihre Leiche wurde gewaschen, ordentlich besorgt und dann vom Trauergefolge in die Kirche überführt. Hier richtete sie sich plötzlich von der Bahre empor, so daß alle Anwesenden fortliefen; sie aber rief ihren Mann und ihre übrigen Angehörigen herbei, trug ihnen ein ganz besonderes Anliegen auf und tröstete sie mit sanften Worten. Dann erst fand sie Ruhe und Frieden. Mein Bericht ist merkwürdig, aber ich erkenne darin nur ein Werk unseres wunderbaren Gottes. Damit niemand an der Wahrheit dieses Vorfalls zweifeln kann, will ich einen unanfechtbaren Zeugen dafür nennen: Der Graf hat es dem Kaiser als Tatsache berichtet, und der selbst hat es mir in Anwesenheit vieler Mitbrüder erzählt. Es kommt wohl oft vor, daß der böse Feind dem Menschen in der Gestalt von Toten erscheint und versucht, ihn auf die verschiedenste Art zu berücken. Alle Toren meinen, hier sei es auch so gewesen. Doch ich verkündige allen Gläu-

bigen die Wahrheit, daß der entseelte Leib nach der Rückgabe seiner Seele und nach sorgsam erfüllter Christenpflicht der Bestattung sich niemals mehr vor der unbezweifelbaren künftigen Auferstehung allen Fleisches erheben kann, es sei denn um gerechter Verdienste willen aus besonderem Anlaß. Das aber geschieht nur dann, wenn sie die Welt durch ihren glorreichen Wandel zum Blühen gebracht haben. Ich glaube, diese Frau war viel wert, da ihr, nachdem sie schon den Tod geschmeckt hatte, ein berechtigter Wunsch erfüllt wurde; dann aber durfte sie von neuem ohne Klage in den Schlaf des Friedens zurücksinken.« (Thietmar von Merseburg: Chronik. Neu übertr. u. erl. v. Werner Trillmich, Darmstadt 1957 (= Ausgewählte Quellen zur Dt. Geschichte d. Mittelalters Bd. IX) S. 387/389) Vgl. DVS 201

[92] Reiser 1894, S. 411 f, Nr. 497

[93] Baader 1851, S. 143, Nr. 156

[94] Baader 1851, S. 377 f, Nr. 434. Vgl. DVS 215

[95] Meier 1852, I, S. 136 f, Nr. 152. (Mündlich aus Wurmlingen)

[96] Meier 1852, I, S. 131, Nr. 145.1

[97] Meier 1852, I, S. 134, Nr. 150. (Mündlich aus Kalmbach)

[98] Meier 1852, I, S. 132, Nr. 145.2. (Mündlich aus Mittelstadt)

[99] Meier 1852, I, S. 132 f, Nr. 147. (Mündlich aus Owen)

[100] Meier 1852, I, S. 114, Nr. 125. (Mündlich aus Neubulach)

[101] Meier 1852, I, S. 124 f, Nr. 139.1

[102] Meier 1852, I, S. 125, Nr. 139.1. (Mündlich aus Gernsbach und Loffenau). Letzter Satz gestrichen

[103] Meier 1852, I, S. 108, Nr. 124. (Mündlich aus Tübingen)

[104] Meier 1852, I, S. 109, Nr. 124

[105] Ebda S. 112, Nr. 124.5

[106] Ebda S. 112, Nr. 124.7. (Mündlich aus Lustnau, Kusterdingen und Kirchentellinsfurt

[107] Joh. Pauli: Schimpf und Ernst, ed. J. Bolte, I, 1924, Von Ernst das 228.

[108] Hermann, o. J., II, 155 f

[109] Birlinger 1861, S. 52 f, Nr. 67. (Mündlich von Katharina Uebelen)

[110] Birlinger, in: Alemannia 4 (1876), S. 177 f. (Nach Aufzeichnungen des ev. Pfarrers Köhler, Marschalkenzimmern)

[111] Meier 1852, I, S. 42 f, Nr. 45. (Mündlich aus Bühlerhaun)

[112] Reiser 1894, S. 332, Nr. 431

[113] Birlinger 1861, S. 289, Nr. 454. (Mündlich aus Herbertingen)

[114] Jos. Rühfel: Volkskundliches aus der Augsburger Gegend, in: Bayer. Hefte f. Vk, VI (1919), S. 180, Nr. 24

[115] R. Weber: Oberpfälzische Sagen, in: Die Nachbarn II (1954), S. 144. A: Weber; O: Eidenthal/BA Roding, 1952

[116] Meier 1852, I, S. 271, Nr. 305

[117] Birlinger, in: Alemannia 6 (1878), S. 165. (Mündlich aus Aichhalden)

[118] KA 1902, E/A: L. Schwaderer; O: Münster/Krs. Mergentheim. (unver-

öffentlicht)
[119] Birlinger 1861, S. 59
[120] Einblattdruck von 1667. Stadt- und Universitätsbibliothek Frankfurt/M. Vgl. Dünninger 1964, S. 61 ff, Nr. 39 a; Schöppner 1852/53, I, S. 230 ff
[121] Birlinger 1874, I, S. 77 f, Nr. 96. (Aus dem Apostel- und Missionsbuch oder Abdias, einer der 70 Jünger Jesu und ersten christl. Bischofs in Babylon. Geschichte aller 12 Apostel . . ., Stuttgart 1835, S. 371 f)
[122] Birlinger 1861, S. 187, Nr. 295.1. (Ertingen)
[123] Meier 1852, I, S. 230 f, Nr. 257.3. (Mündlich)
[124] Meier 1852, I, S. 234, Nr. 258.3. (Mündlich aus Derendingen, Pfullingen)
[125] Baader 1859, S. 52 f, Nr. 74
[126] Birlinger 1874, I, S. 74
[127] Meier 1852, I, S. 222, Nr. 251. (Mündlich aus Horb)
[128] Baader 1851, S. 280, Nr. 299
[129] Baader 1851, S. 319, Nr. 354
[130] E: Josef Bitsch, 54 J., Elektroinstallateur; A: Gabriele Mensing, 1974; O: Sasbach/Kaiserstuhl. (unveröffentlicht)
[131] Birlinger 1874, I, S. 77, Nr. 94. (Mündlich)
[132] Schönwerth 1857, I, S. 130, Nr. 1
[133] Waibel/Flamm 1899, II, S. 51
[134] Frauenfelder 1933, S. 26, Nr. 16. (Rüdlingen)
[135] Langheinz: Sagen aus Hirschhorn, in: Archiv f. Hessische Geschichte und Altertumskunde 14 (1879), S. 52
[136] A: Doris Dürr, 1959; O: Unterdeufstetten/Krs. Crailsheim (KA, Stuttgart). (unveröffentlicht)
[137] Birlinger, in: Alemannia 7 (1879), S. 140 f. (Aufzeichnungen des ev. Pfarrers Köhler, 1812)
[138] Meier 1852, I, S. 74, Nr. 81. (Mündlich aus Empfingen/Hechingen)
[139] Birlinger 1874, I, S. 192, Nr. 171. (Mündlich)
[140] Schöttle, in: Alemannia 7 (1879), S. 141 f
[141] Meier 1852, I, S. 292, Nr. 327. (Mündlich aus Hirschau)
[142] KA 1860. A: Jos. Peter; O: Waldsee/Krs. Ravensburg. (unveröffentlicht)
[143] Decker-Hauff 1967, S. 342 f
[144] Decker-Hauff 1967, S. 346
[145] Meier 1852, I, S. 80 f, Nr. 87. (Mündlich aus Markgröningen)
[146] A. Birlinger, Zwergsagen aus Schwaben, in: Zs. f. dt. Mythologie und Sittenkunde 4 (1859), S. 167 f
[147] Birlinger 1861, S. 52, Nr. 66. (Mündlich aus Ulm)
[148] Birlinger 1861, S. 50 f, Nr. 64. – Die gleiche Sage konnte 1974 aus der mündlichen Überlieferung aufgezeichnet werden:
»Vo 1397–1402 hot d'r Abt Petrus I., a'taufter Jud', s Kloschter regiert. Durch seine Betriagereia ond sei schleachta Bewirtschaftung hot'r es fascht vor da totala Ruin ond Ontergang brocht. Viele vo dene weitverschtraite

Besitztimmer send verpfändet od'r verkauft ond verschenkt wora. Als d'r Abt Petrus dann nix me aus dem Besitz hot 'raushola kenna, hot er d'Kloschterkassa g'schtohla ond isch hoimlich verschwonda.
A paar Johr schpäter hent d'Kloschterbriad'r g'merkt, daß a Goischt en de Wirtschaftsgebeide, dia heit no schtandet, sei Oweasa trieb. Täglich isch vo obekannter Hand ond mit ema großa Gepolter s'Tennaloch iaber de Schtäll aufg'macht ond Omenga vo Hai 'ronterg'worfa wora. D'Schweizer konntet dem G'scheha bloß domit a End macha, daß se zur Fuatterzeit g'schria hant: ›Bobbohle, kei Hai 'ra, it z'viel ond it z'wenig!‹ Wehe, wenn se des mol vergessa hant. Dann isch d'r ganze Haischtock ronterkomma. Ond s'weitere war, daß d'r Bobbohle sich en d'r Nacht zo de Geil em Schtall g'schlicha hot ond aus dene ihre lange Schwenz dicke Zepf g'flochta hot.
D'r Goischt trieb sei Oweasa emmer schlemmer ond nix war me vor'm sicher. Doraufna hant de aweasende Pater noch lange Iberlegunga den Goischt en a Giaßkanna v'rbannt ond em Wald v'rgraba. Des war ab'r it so oifach, d'rum hot ma en fromma Bischof bittet, dia V'rbannung durchzufiahra. D'r Bobbohle hot aber zearscht no an Bedingung g'schtellt: daß'r nämlich jed's Johr om oin Hahnaschritt weit wieder noch dem Kloschter Mönchsrot 'reikomma deff. Dann isch dia V'rbannungszeremonie vo dem hoha Gaischtlicha vollzoga worra ond dia Giaßkanna mit de Geil en da Wald 'zoga ond do en d'r Abtailong 17 v'rgraba worra.
Ganz hot er sei Oweasa aber trotzdem nia aufgeaba. Es isch öfters vorkomma, daß'r d'Fuahrleit mit ihre G'spanner derart wirr g'macht hot, wenn se iber den Platz d'r Ei'grabung g'fahra send, daß se schtondalang em Krois 'rom g'irrt send ond nemme hoimg'fonda hant. Erscht, wenn a Holzhacker oder a Jäger komma isch ond ihna da Weag nach Rot zoigt hat, send se aus dem Deifelskrois rauskomma.«
(A: Sybille Mayer, 1974, von ihrer Großmutter; O: Rot an der Rot, unveröffentlicht)

149 Meier 1852, I, S. 80, Nr. 86. (Mündlich aus Rotenburg a. N.)

150 Birlinger 1861, Nr. 62. (Mündlich)

151 Birlinger, Zwergsagen aus Schwaben, in: Zs. f. deutsche Mythologie und Sittenkunde 4 (1859), S. 168

152 Meier 1852, I, S. 266f, Nr. 298. (Mündlich aus Immenhausen, Hinternweiler, Gomaringen)

153 Meier 1852, I, S. 76f, Nr. 85.1

154 Ebda, Nr. 85.2

155 Ebda, Nr. 85.3

156 Meier 1852, I, S. 78, Nr. 85.4

157 Ebda, Nr. 85.5

158 Ebda, Nr. 85.6

159 Meier 1852, I, S. 45f, Nr. 50.1

160 Baader 1859, S. 66f, Nr. 93. (Schluß gestrichen). Vgl. DVS 388

[161] Georg Widmanns Chronica. Geschichtsquellen der Stadt Hall. II. Bd., S. 79. (Württemberg. Geschichtsquellen, 6 Bd. 1904). Vgl. Dünninger 1964, S. 28, Nr. 13

[162] A. Fries: Sagen aus Unterfranken, in: Zs. für dt. Mythologie und Sittenkunde I, Göttingen 1853, S. 25 f

[163] Baader 1851, S. 20, Nr. 26

[164] Meier 1852, I, S. 61, Nr. 68. (Mündlich aus Röthenberg)

[165] Meier 1852, I, S. 56, Nr. 64.3. (Mündlich aus Lustnau)

[166] Meier 1852, I, S. 63, Nr. 71. (Mündlich aus Neubulach

[167] Birlinger, Zwergsagen aus Schwaben, in: Zs. f. dt. Mythologie u. Sittenkunde 4 (1859), S. 168 f, Nr. 4

[168] Meier 1852, I, S. 58, Nr. 65. (Mündlich aus Schlath)

[169] Oberamtsbeschreibung Balingen (Stuttgart 1824 ff), S. 129. Vgl. Kapff 1926, S. 44

[170] Meier 1852, I, S. 16, Nr. 8.1. (Mündlich aus Pfullingen)

[171] Zimmerische Chronik, ed. Barack, Freiburg u. Tübingen $^{2}$1881, IV, S. 237 ff

[172] KA 1902. A: L. Schwaderer; O: Münster/Krs. Mergentheim. (Unveröffentlicht)

[173] Georg Widmanns Chronika. Geschichtsquellen d. Stadt Hall, II. Bd., S. 78 f. (Württ. Geschichtsquellen d. Stadt Hall, 6. Bd., Stuttgart 1904). Vgl. Dünninger 1964, S. 27, Nr. 12

[174] Grässe 1871, S. 665, Nr. 736

[175] A. Fries: Sagen aus Unterfranken, in: Zs. f. dt. Mythologie u. Sittenkunde I, Göttingen 1853, S. 29. Vgl. DVS 343, 338

[176] Baader 1851, S. 39 f, Nr. 48

[177] Birlinger 1861, S. 133, Nr. 201

[178] Birlinger 1861, S. 130

[179] Birlinger 1874, I, S. 193, Nr. 174

[180] Birlinger, in: Alemannia 2 (1873), S. 152

[181] N. Sittler, in: Oberpfalz 2 (1908), S. 107 f. (Nach: N. Sittler: Sagen u. Legenden d. Oberpfalz, 1906)

[182] Meier 1852, I, S. 96 f, Nr. 108. (Mündlich aus Hall)
Die gleiche Geschichte findet sich in Georg Widmanns Chronica. aus der Mitte des 16. Jahrhunderts. Geschichtsquellen d. Stadt Hall, II. Bd. (Württ. Geschichtsquellen, 6. Bd., Stuttgart 1904, S. 91):
»Es ist auch ungeheüer umb solchen saltzbronnen gewesen, dahero man viel jahr mit heylligthumben alleweg am dienstag nach dem sontag vocem jucunditatis umb diesen bronnen ist gangen. Man sagt eine fabel, es solle bey nacht der bösze feindt einem kiebel mit haiszem siedendem saltzwaszer, alsz er saltz gesotten, mit einer grosen nasen erschienen sein und die nasen durch ein spalt in dasz halhausz gestoszen und gesagt haben: wie gefellt dir diese

naasz, kan dasz auch eine nasze sein? Habe der sieder denn kieabel mit heiszem siedendem waszer dem teuffel uf seine naszen geschüttet und gesagt: kan dasz nicht ein guesz sein? Darauff der teuffel den sieder erwischt undt über den flusz der kocher uff den berg der Gännszbühel genandt – ist die hohe ietzundt bey dem mittel gärberthürlein zue Hall – geworffen und gesagt: kan dasz nicht ein wurff sein?« (Vgl. Dünninger 1964, S. 28, Nr. 14)

183 Birlinger 1861, S. 271 f, Nr. 420. (Mündlich aus Neckarsulm)

184 J. Demmel, in: Oberpfalz 7 (1913), S. 23

185 Baader 1851, S. 11 f, Nr. 16

186 Richard Weber: Oberpfälzische Sagen, in: Die Nachbarn II (1954), S. 143, Nr. 1. – A: Weber; O: Eidenthal, BA Roding; 1952

187 Baader 1859, S. 7, Nr. 12

188 R. Weber: Oberpfälzische Sagen, in: Die Nachbarn II (1954), S. 152, Nr. 11. – A: Weber; O: Obertrübenbach, 1952

189 Baader 1851, S. 266, Nr. 282

190 Baader 1859, S. 3, Nr. 4

191 Jos. Rühfel: Volkskundliches aus der Augsburger Gegend, in: Bayerische Hefte f. Vk VI (1919), S. 174, Nr. 9. (Aus Leitau u. Klimnach)

192 Sebastian Koppiz, Nürnbergische Chronika, 1567 (Staatsarchiv Nürnberg, Rep. 52 a, Nr. 160). – Vgl. Dünninger 1964, S. 31, Nr. 19

193 Birlinger 1861, S. 268, Nr. 415. Vgl. DVS 481

194 Meier 1852, I, S. 160 f, Nr. 179. (Mündlich). Vgl. DVS 457

195 Meier 1852, II, S. 327, Nr. 364 (Crusius, Schwäb. Chronik, Bd. I, S. 285 f; nach: Aventin, Bair. Chronik IV)

196 August Sieghardt, in: Oberpfalz 7 (1913), S. 156 f

197 Kapff 1926, S. 35 f

198 Baader 1851, S. 399 f, Nr. 178

199 Kapff 1926, S. 36 f. (Vgl. Meier 1852, S. 154)

200 Baader 1851, S. 332 f, Nr. 374

201 Birlinger 1861, S. 254, Nr. 401. (Marchtall. Chronik, S. 61)

202 Birlinger 1874, I, S. 194. (Mündlich)

203 Kapff 1926, S. 96

204 Birlinger 1874, I, S. 194 f, Nr. 179. (Mündlich)

205 Meier 1852, I, S. 224 f, Nr. 255.3. (Mündlich aus Rotenburg und Niedernau)

206 Panzer 1855, S. 77, Nr. 112. (Anfang gestrichen)

207 Meier 1852, I, S. 211, Nr. 238.3. (Mündlich aus Lustnau)

208 Panzer 1855, S. 78, Nr. 113

209 Zimmerische Chronik, ed. Barack, Freiburg u. Tübingen [2]1881, II, S. 154

210 Meier 1852, I, S. 206, Nr. 232. (Mündlich aus Derendingen)

211 Schmitt 1895, S. 10, Nr. 20

212 Kapff 1926, S. 99. (Vgl. Meier 1852, I, S. 240)

213 Grimm 1865, S. 117 f, Nr. 84. (Nach: Grimmelshausen, Galgenmänn-

lein, 3. Teil)
[214] Birlinger 1861, S. 332 f, Nr. 557. (Aus Ertingen)
[215] Birlinger 1861, S. 104 f, Nr. 148. (Von X. Bernhard)
[216] Langheinz: Sagen aus Hirschhorn, in: Archiv f. Hessische Geschichte u. Altertumskunde 14 (1879) 5
[217] Baader 1871, S. 376, Nr. 431
[218] Meier 1852, I, S. 37 f, Nr. 36. (Mündlich aus Brackenheim)
[219] Meier 1852, I, S. 36 f, Nr. 34. (Mündlich aus Bietigheim)
[220] KA 1900. A: L. Graf; O: Mittelbronn, Gde. Frickenhofen/Krs. Backnang. (unveröffentlicht)
[221] Möking, B., Sagen und Schwänke vom Bodensee, Konstanz 1964, S. 108
[222] Baader 1859, S. 37, Nr. 51. (Aus amtlichen Verhandlungen)
[223] Baader 1851, S. 318 f, Nr. 353. (Schluß gestrichen)
[224] Schmitt 1895, S. 9, Nr. 12
[225] Baader 1851, S. 398, Nr. 474
[226] Baader 1851, S. 68 f, Nr. 78
[227] KA 1860. A: Rosa Mayer, Lehrgeh.; O: Bergatreute/Krs. Ravensburg. (unveröffentlicht)
[228] KA 1860. A: Jos. Peter; O: Waldsee/Krs. Ravensburg (aus Eberhardszell/Krs. Biberach). (unveröffentlicht)
[229] Jos. Rühfel: Volkskundliches aus der Augsburger Gegend, in: Bayer. Hefte f. Vk VI (1919), S. 186, Nr. 8
[230] Birlinger 1861, S. 254 f, Nr. 403. (Mündlich)
[231] Frauenfelder 1933, S. 23, Nr. 11
[232] Kapff 1926, S. 90 f
[233] Baader 1851, S. 64 f, Nr. 74
[234] Birlinger 1861, S. 147, Nr. 227. (Mündlich). Vgl. DVS 539 a
[235] E: Jos. Bitsch, 54 J.; A: Gabriele Mensing, 1974; O: Sasbach/Kaiserstuhl. (unveröffentlicht). Sponeck = Burgruine zwischen Jechtingen und Leiselheim.
[236] Kapff 1926, S. 104
[237] Waibel/Flamm 1898, I, S. 32 f
[238] Meier 1852, II, S. 355f, Nr. 394. (Mündlich aus Mittelstadt)
[239] KA 1902. A: L. Schwaderer; O: Münster/Krs. Mergentheim (unveröffentl.)
[240] Baader 1851, S. 22, Nr. 29
[241] Meier 1852, II, S. 332f, Nr. 396. (Nach: Crusius, Schwäb. Chronik I, S. 485)
[242] Meier 1852, II, S. 339f, Nr. 373. (Nach: Crusius, Schwäb. Chronik I, S. 358)
[243] Zimmerische Chronik, ed. Barack, Freiburg u. Tübingen ²1881
[244] W. Binder 1842, 2, S. 173
[245] Meier 1852, II, S. 350, Nr. 388. (Nach: Crusius, Schwäb. Chronik II, S. 77). Vgl. das Gedicht von J. Kerner »Der reichste Fürst«

[246] Kapff 1926, S. 156f. – Die Sage geht auf Hauffs Roman »Lichtenstein« (1826) zurück

[247] Birlinger 1861, S. 256f, Nr. 405

[248] Meier 1852, II, S. 329, Nr. 366. (J. Hoch: Kleine Chronik der Stadt Beilstein, 1823, S. 54)

[249] Th. Lachmann, in: Alemannia 17 (1889), 263. Vgl. Birlinger 1874, II, S. 449ff. – Auch: J. P. Hebel, Schatzkästlein d. rhein. Hausfreunds

[250] KA 1900. A: L. Joos; O: Wangen/Allgäu. (unveröffentlicht)

[251] Baader 1851, S. 400f, Nr. 479

[252] Beschreibung der württembergischen Oberämter, OA Ellwangen, S. 163, Stuttgart 1824ff (nach Kapff)

[253] L. Uhland: Schriften zur Geschichte der Dichtung und Sage, Stuttgart 1865–1873, VII, 614ff

[254] Meier 1852, II, S. 346f, Nr. 381.1. (Mündlich aus Unterkochen)

[255] Ebda Nr. 381.2. (Mündlich aus Berg bei Cannstadt)

[256] Zimmerische Chronik, ed. Barack, Freiburg u. Tübingen $^{2}$1881, I, 174

[257] Grimm 1865, Nr. 521. Die gleiche Sage als Predigtexempel bei Athanasius v. Dillingen: Vinea Evangelica . . . Das ist: Evangelischer Weinberg . . . Dillingen 1962, II, 12. wie folgt:
»Irmentrudis Isenbardis eines Graffen von Altdorff Gemahl gebahre zur Straff eines falschen gefällten Urtheils auff einmal zwölff Söhn, von da das Hoch-Adeliche Geschlechtt der Wölffen herrühret, Margarita, ein Gräfin von Henneburg so vil als Tag im Jahr seyn, Knäblein und Mägdlein dreyhundert vier und sechzig an dem Charfreytag umb 9 Uhr Vormittag. Guido Bischoff zu Mastrich tauffte sie, die Büblein wurden Johannes, die Mägdlein Elisabeth genennt, starben bald hernach sambt der Mutter und wurden in ein Grab zusammen gelegt, die Kinder waren nit grösser als ein außgeschloffenes Hünlein.« – Vgl. Moser-Rath 1964, Nr. 263, Anm.

[258] Meier 1852, II, S. 337f, Nr. 372.1. (Schriftlich aus Mühlhausen)

[259] Leopold v. Bodman: Geschichte d. Freiherrn von Bodman, Lindau 1894, S. 55f. (Nach: A. Sartorius: Vom Ursprung der uralten Marianischen Gnaden-Statuen auff dem zum Stifft Salmansweyl gehörigen Berg Bodman . . ., Prag 1708). In einem im Stadtarchiv Konstanz aufbewahrten Manuskript wird der Vorfall ebenfalls berichtet:
»Bodman verbrunnen. Anno 1307 schlug der strall in das Schloss Bodman, dasz zundt er an, so verbrunnen darin volgende personen: Her Hans von Bodman, ritter, Herr Hans von Schellenberg, Anna von Bodman, Hainrich von Blumenegg, Adelheit von Bodman, Gottfrid von Kraygen, Katrina von Bodman, Cunrat von Bodman.
Adelheid des jungen Kindes sögam die sturzt des jung Kind das ein Kneble in einem grossen Ehrinhafen und warff es zum laden usz, das ist im Hafen den berg ab gewalet, von dem selbigen kummen die von Bodman all her,

den die ander im schloss all verbrunnen.
Es verbrunnen auch zwo arm frowen, die droben gedienett.« (Christ. Schulthaiss Hist. Collect. I, 47½, Konstanz). Vgl. Bodman, a. a. O. S. 56

[260] A: Paula Hollenweger, Feldberg/Markgräflerland. Nach mündl. Erzählung. (unveröffentlicht)

[261] L. Bechstein: Deutsches Sagenbuch, Leipzig 1853, S. 35, Nr. 39

[262] Baader 1851, S. 288 f, Nr. 308

[263] J. Waibel u. Flamm: Badisches Sagenbuch, I, Freiburg 1899, S. 295 f

[264] Meier 1852, II, S. 354, Nr. 391. (Mündlich aus Blaubeuren)

[265] Möking, wie Nr. 221, S. 67

[266] Baader 1851, S. 84 f, Nr. 115

[267] Kapff 1926, S. 54

[268] Kapff 1926, S. 146 f

[269] Ebda

[270] Grässe 1871, S. 674 f, Nr. 753

[271] Kapff 1926, S. 120

[272] Ebda, S. 118

[273] Ebda

[274] Meier 1852, I, S. 44. (Mündlich aus Gmünd; Schluß gestrichen)

[275] Baader 1851, S. 9. Nr. 14.1

[276] Ebda, Nr. 14.2

[277] Ebda, S. 10. Nr. 14.3

[278] Kapff 1926, S. 116 f

[279] Kapff 1926, S. 140 ff

[280] Baader 1851, S. 401, Nr. 480

[281] Kapff 1926, S. 162 f

[282] Robert Wildhaber, Das Sündenregister auf der Kuhhaut, Helsinki 1955, S. 19

[283] E. Meier: Schwäbische Sagen, in: Zs. f. dt. Mythologie u. Sittenkunde I, Göttingen 1853, S. 439

[284] Baader 1859, S. 2, Nr. 1

[285] Decker-Hauff 1967, S. 31

[286] Grimmelshausen: Des Abenteurlichen Simplicissimi Ewig=währender Calender . . ., Nürnberg 1670. (Neudr. Konstanz 1976)

[287] Baader 1851, S. 44, Nr. 52.1

[288] Ebda, S. 45, Nr. 52.2

[289] Kapff 1926, S. 171

[290] Meier 1852, II, S. 341, Nr. 374

[291] Kapff 1926, S. 165

[292] A: K. A. Haas; O: St. Georgen, 1926. (Vgl. Künzig 1930/1965, S. 290)

[293] Decker-Hauff 1967, S. 233 f

[294] Ebda, S. 146

[295] W. Werner: Die Kalendergeschichte bei Grimmelshausen u. ihre Zuordnung zum Volkslesestoff, Freiburg 1950, S. 88 f. – A: Werner, um 1948/49;

E. Jos. Braun, Steingutdreher, 65 J.; O: Zell am Harmersbach. Die gleiche Erzählung findet sich bereits bei Grimmelshausen (Courasche) und lautet dort:
»Als wir einst im Kintziger Tal lagen, ging ein Musquetier in Lumpen verkleidet und einer Axt auf der Achsel, in Gestalt eines armen wanderden Zimmermanns, einige Briefe an Ort und Ende zu tragen. Es war damals von grimmiger Kälte gleichsam Stein und Bein zusammengefroren, so daß mich das arme Schaf auf seiner Reise schier gedauert hätte. Unterwegs aber fand es auf seinen Abwegen einen toten Körper, welcher ohne Zweifel eines Offiziers war, weil er ein Paar roter scharlachener Hosen mit silbernen Galaunen verbrämt anhatte, welcherlei Gattung die Offiziere damals zu tragen pflegten; so war sein Koller samt Stiefeln und Sporen den Hosen gemäß. Der Koller gefiel ihm sowohl, daß ers ihm auszog, und da er dasselbige hatte, gelüstet ihm auch nach den Hosen, welche zu bekommen er zuvor die Stiefel abziehen mußte. Solches glückte ihm auch, als er aber die Hosen herabstreifen wollte, waren Schenkel und Hosen wie ein Stein zusammengefroren. Er hingegen wollte diese Hose nicht dahinten lassen; und weil der Tropf sonst kein ander Mittel in der Eil sah, eines vom andern zu ledigen, hieb er dem Corpo mit seiner Axt die Füße ab, packte solches samt Hosen und Koller zusammen und fand mit seinem Bündel bei Bauern eine solche Gnad, daß er bei ihnen hinterm warmen Stubenofen übernachten durfte. Selbe Nacht kälbert dem Bauern zu allem Unglück eine Kuh, welches Kalb seine Magd wegen der großen Kälte in die Stube trug und zunächst bei meinem Mann auf eine halbe Well Stroh zum Stubenofen legte. Indessen war es gegen Tag und meines Manns eroberte Hosen allbereit von den Schenkeln aufgetaut; derowegen zog er seine Lumpen zum Teil aus und hingegen die Hosen und das Koller an, ließ sein altes Gelümp samt den Schenkeln beim Kalb liegen, stieg zum Fenster hinaus und kam wieder glücklich in unser Quartier.
Des morgens frühe kam die Magd wiederum, dem Kalb Rat zu schaffen. Als sie aber die beiden Schenkel samt des Musquetiers Lumpen und Schurzfell dabei liegen sah, finge sie an zu schreiben, als wenn sie mitten unter die Mörder gefallen wäre. Sie lief zur Stuben hinaus und schlug die Tür hinter sich zu, als wenn der Teufel sie gejagt hätte, von welchem Lärmen nicht allein der Bauer, sondern die ganze Nachbarschaft erwachte und sich einbildete, es wären Krieger vorhanden, dessenwegen ein Teil ausriß, der andere aber sich in die Wehr schickete. Der Bauer selbst vernahm von der Magd, welche vor Forcht und Schrecken zitterte, die Ursach ihres Geschreis, daß nämlich das Kalb den armen Zimmermann, den sie über Nacht geherbergt, bis auf die Füße gefressen und ein solches gräßliches Gesicht gegen sie gemacht hätte daß sie glaube, wenn sie sich nicht aus dem Staube gemacht, daß es auch an sie gesprungen wäre. Der Bauer wollte das Kalb mit seinem Knebelspieß niedermachen, aber sein Weib wollte ihn in solche Gefahr nicht

wagen, noch in die Stube lassen, sondern vermittelte, daß er den Schultheißen um Hülf ansuchte. Der ließ alsobald der Gemeind zusammenläuten, um das Haus gesamter Hand zu stürmen und diesen gemeinsamen Feind des menschlichen Geschlechts bei Zeiten auszureuten, ehe er gar zu einer Kuh aufwüchse. Das sah man nun ein artiges Spektakel, wie die Bäuerin ihre Kinder und den Hausrat zum Kammer laden nacheinander herauslangte, hingegen die Bauern zu den Stubenfenstern hineinguckten und den schröcklichen Wurm samt den bei ihm liegenden Schenkeln anschaueten, welches ihnen genugsames Zeugnis seiner großen Grausamkeit einbildete. Der Schultheiß gebot das Haus zu stürmen und dieses greuliche Wundertier niederzumachen; aber es schonete ein jeder seine Haut. Jeder sagte: Was hat mein Weib und Kind davon, wenn ich umkäme.
Endlich wurde auf eines alten Bauern Rat beschlossen, daß man das Haus mit samt dem Kalb, dessen Mutter vielleicht von einem Lindwurm oder Drachen besprungen worden, hinwegbrennen und dem Bauern selbst aus gemeinem Säckel eine Ergötzung und Hilfe tun solle, ein anderes zu bauen. Solches wurde fröhlich ins Werk gesetzt, denn sie trösteten sich damit, sie müßten gedenken, es hätten solches die Diebskrieger hinweggebrannt.
Diese Geschichte machte glauben, daß der Musquetier würde trefflich Glück in dergleichen Stücken haben, aber der Tropf war viel zu eselhaftig und hundklinkerisch dazu; überdas ist er auch bald hernach in dem Treffen vor Herbsthausen tot geblieben, weil er keinen solchen Scherz verstehen konnte.«
(Vgl. Werner, a. a. O. S. 85 f)

[296] Kapff 1926, S. 138

[297] Meier 1852, II, S. 357, Nr. 396. (Mündlich aus Bretten)

[298] E. Meier: Schwäbische Sagen, in: Zs. f. dt. Mythologie u. Sittenkunde I, Göttingen 1853, S. 440 f. (Aus Nagold)

[299] Meier 1852, II, S. 363, Nr. 405. (Mündlich)

[300] Meier 1852, II, S. 262 f, Nr. 404. (Mündlich aus Rottweil)

[301] Baader 1851, S. 270, Nr. 286

[302] Meier 1852, II, S. 364, Nr. 407. (Mündlich)

[303] Meier 1852, II, S. 368, Nr. 411. (Mündlich)

[304] Meier 1852, II, S. 355, Nr. 393. (Mündlich aus Neuffen u. Owen)

[305] A: Paula Hollenweger, nach mündl. Erzählungen; O: Feldberg/Markgräflerland. (Unveröffentlicht)

[306] Baader 1851, S. 2, Nr. 4

[307] Decker-Hauff 1964, S. 207 f

[308] Ebda, S. 161

[309] Decker-Hauff 1972, S. 241

[310] G. O. Marbach (ed.): Geschichte von den sieben Schwaben, Leipzig 1838 (Volksbücher 7)

# Ortsregister

Die angegebenen Zahlen beziehen sich auf die Nummern der Sagen.